U1019034

基金项目： 辽宁省教育厅基本科研项目“社会化商务情境下用户在线行为模式及演化机制研究”（LJ112410147045）
辽宁省教育厅基本科研项目“生活方式绿色化提升居民幸福感的路径及政策创新研究”（LJ112410147040）

社会化商务情境下农村居民在线行为驱动及演化机制研究

刘 莹 著

中国财经出版传媒集团
中国财政经济出版社
·北京·

图书在版编目（CIP）数据

社会化商务情境下农村居民在线行为驱动及演化机制研究 / 刘莹著. -- 北京：中国财政经济出版社，2024.10

ISBN 978-7-5223-2964-2

Ⅰ. ①社… Ⅱ. ①刘… Ⅲ. ①农村－居民－网上购物－消费者行为论－研究－中国 Ⅳ. ①F713.365.2

中国国家版本馆 CIP 数据核字（2024）第 058144 号

责任编辑：彭　波　　　　责任印制：史大鹏

封面设计：卜建辰　　　　责任校对：张　凡

社会化商务情境下农村居民在线行为驱动及演化机制研究

SHEHUIHUA SHANGWU QINGJINGXIA NONGCUN JUMIN ZAIXIAN XINGWEIQUDONG JI YANHUA JIZHI YANJIU

中国财政经济出版社 出版

URL：http：//www.cfeph.cn

E-mail：cfeph@cfeph.cn

（版权所有　翻印必究）

社址：北京市海淀区阜成路甲 28 号　邮政编码：100142

营销中心电话：010-88191522

天猫网店：中国财政经济出版社旗舰店

网址：https：//zgczjjcbs.tmall.com

中煤（北京）印务有限公司印刷　各地新华书店经销

成品尺寸：170mm×240mm　16 开　15.25 印张　221 000 字

2024 年 10 月第 1 版　2024 年 10 月北京第 1 次印刷

定价：78.00 元

ISBN 978-7-5223-2964-2

（图书出现印装问题，本社负责调换，电话：010-88190548）

本社图书质量投诉电话：010-88190744

打击盗版举报热线：010-88191661　QQ：2242791300

前　言

社会化商务是利用社会化媒体和Web 2.0技术的在线商务应用程序。作为一种新型电子商务模式，社会化商务支持社交互动和用户生成内容，是推动社会环境由以往以产品和服务为导向转变为以用户和社交为导向的深刻变革。社会环境的变革反映并重塑了用户的消费观念与行为模式，尤其对农村居民群体的消费心理和消费行为产生了更为深远的现实影响。鉴于社会化商务对外部社会环境和内在行为模式的改变，全面深入地解析社会化商务情境下农村居民的在线行为成为亟待探究的重要议题。依循“提出问题—分析问题—理论推演—实证检验/仿真模拟—解决问题”的研究范式与逻辑思路，本书以农村居民作为研究对象，基于媒体系统依赖理论、准社会互动理论和社会认同理论，利用调查研究、结构方程建模和系统仿真研究等方法，探讨社会化商务情境下农村居民在线行为的驱动因素与作用结果。具体研究内容和结论如下：

第一，提出了农村居民在社会化商务平台的用户生成内容行为及其差异化驱动因素与作用结果。研究发现，基于行为视角，用户生成内容可分为消费、参与和创建三种行为模式。理解依赖关系是消费和参与行为的显著预测因素，目标依赖关系和娱乐依赖关系是消费、参与和创建行为的显著预测因素。消费、参与和创建行为能够有效提高农村居民的商业活动参与意愿，而商业活动参与意愿能够进一步预测实际商业活动参与行为。

第二，揭示了农村居民在社会化商务平台的用户生成内容行为对商业活动参与意愿的内在作用机制和边界条件。实证分析发现，在影响者的作用下，农村居民的用户生成内容行为对商业活动参与意愿具有促进效应，准社会关系和社会认同在两者之间发挥链式中介作用。同时，准社会关系能够增强影响效应，在两者之间发挥中介和调节的双重作用。

第三，构建了社会化商务平台中用户生成内容行为与商业活动参与行为之间的外在动态演化模型。基于系统动力学衍生模型，提出建模依据和建模思想，再通过提出假设、构建模型、确定模型规则和配置参数等过程，模拟仿真计算模型平衡点并调整参数进行敏感性分析，细致地描述两种行为的转变过程，确定提升行为状态转化模型效率的对策。

第四，提取了农村居民在社会化商务平台的商业活动参与行为特征。基于改进 RFM 模型指标，依据农村居民在社会化商务平台的用户行为数据，采用 K－Means 算法进行聚类分析。按照用户价值排名，将农村居民群体划分为重要保持型用户、发展型用户和一般型用户，构建反映农村居民商业活动参与行为的用户价值画像。

本书在社会化商务的整体框架下，围绕农村居民的用户生成内容行为形成层级递进的逻辑框架，逐渐深入地剖析农村居民的在线行为。研究成果深化且丰富了农村居民群体的异质性研究，拓展并延伸了用户在线行为的研究情境及应用范畴，为平台企业、平台商家和广告商更有效地制定符合农村居民群体和市场发展规律的管理策略提供了重要参考。

目录

1 绪　论

1.1 问题提出

近年来，社会化商务（Social Commerce）作为电子商务的一种新范式，逐渐成为学术研究和企业实践关注的核心议题[1,2]。社会化商务是利用社会化媒体和 Web 2.0 技术的在线商务应用程序，为用户提供了一个协作环境。用户将社会化媒体作为协作工具，用以分享在线购物体验以及与产品和服务相关的信息[2]，有助于作出更优的购买决策[3]。社会化商务引起社会环境的改变，由最初的以产品和服务为导向转变为以用户和社交为导向[4]。越来越多的研究开始关注社会化商务背景下用户自发的社交互动、信息共享和内容创建，即用户生成内容（User Generated Content，UGC）[5]。研究发现，个体通过用户生成内容进行自我呈现、分享经历或获取信息，用户生成内容作为个体参与行为表达，对其认知和行为产生重要影响，如购买意向和冲动购买行为[6]。然而，现有研究大多将用户生成内容视为一个整体性概念[7,8]，忽视了用户生成内容的不同维度。事实上，用户生成内容不仅可以理解为一个单维度的综合概念，也可将其视为一个多维度的“伞概念”。基于行为视角，邵（Shao，2009）[9]将用户生成内容细分为消费、参与和创建三种维度。赵宇翔等[10]基于内容功能角度，将用户生成内容划分为娱乐型、社交型、商业型、兴趣型和舆论型。邵（Shao，2009）[9]和唐（Tang，2014）等[11]进一步指出，不同类型的用户生成内容通常表现出不同特征，且具有独特的驱动因素和影响结果。可见，对用户生成内容的相关研究需要从不同维度进行更加深入地探讨。

用户生成内容作为一种高度动态的媒体形式，在实践活动和理论研究中扮演着重要角色。一方面，社会化商务平台的快速发展促进用户生成内容、分享内容以及消费和传播其他用户生成的内容[12]，改变了信息生产者与信息接收者力量缺乏平衡的状况，也从根本上改变了用户在传统权力结构中的地位。用户生成内容拓宽了个体购买途径和信息来源渠道，使得用户主动将其他个体创建的信息作为决策参考依据[13]。这一发展趋势意味着要更多地关注用户消费媒体内容的动机[14]，因为有效识别用户生成内容的动机来源，可以建立更稳健、有效的行为预测模型。另一方面，用户生成内容已经成为被高度讨论的营销工具，个体的态度、购买意愿和购买行为都会受到其他用户生成内容的影响[11,15]。其中，一些用户能够施加更多的社会影响，这类用户被称为意见领袖[16]或社会化媒体影响者。影响者作为接触用户的沟通工具，了解用户对产品或服务的意见、态度以及购买经验等信息[17]，用户与影响者之间自发的互动行为有助于信息共享和知识传播[18]。用户之间的人际传播相较于大众媒体，对决策过程和实际行为的影响程度更大[19]。传统的传播模型通常认为用户是被动的信息接收者，没有考虑信息源与接收者之间的复杂交互。因此，对用户生成内容驱动因素和作用结果的研究需要针对社会环境的具体变化，建立一个综合性、多层面的理论框架。

社会化商务改变外部社会环境的同时，也改变了群体性消费行为。农村消费市场是我国消费市场的重要组成部分，在经济发展中释放出前所未有的活力。社会化商务为农村居民重建社会关系、加强分享交流提供有效渠道，此类互联网技术的不断发展从需求侧和供给侧两个方面共同刺激农村消费，改变了农村居民的消费观念与消费模式，丰富其消费结构[20,21]。现有研究主要从农村居民的消费结构、影响因素以及城乡居民的消费差异等方面探讨农村消费问题[22]。研究发现，我国长期以来存在的城乡二元结构特征使得城乡居民消费差异明显，我国农村居民的消费相较于城镇居民更加谨慎，具有明显的短视性和阶段性特征，有较强的从众心理和消费意愿[22]。然而，相关研究对不同群体的异质性尚未展开深入探讨，既有研究结论可能不适用于农村居民群体，结论的普适性和说服力受到一定影响。从整体来看，对当前农村居民消费问题的研究还不全面，缺乏系统性[22]。社会化商务带来消费环境和消费模式的改变，刺激农村消费市场逐渐由传统的线下实体店转向线上网络电商平台[23]，提高了农村居民消费水平，改变了农村居民购买行为。因此，从理论上厘清农村居民在社会化商务情境中的用户心理与在线行为，有助于进一步释放农村居民的网络消费潜力，对于开拓农村消费市场规模具有重要的理论价值和实践价值。

基于当前实践需要和已有理论不足，本书立足于社会化商务的情境特征，以农村居民为研究对象，在充分梳理有关文献的基础上，逐步深入地剖析农村居民在线行为的理论知识，探究社会化商务背景下农村居民在线行为的驱动机制及演化机制。其中，在线行为主要涉及用户生成内容行为和商业活动参与行为。只有明晰这一问题，才能为平台服务商或期望通过平台进行营销活动的企业制定切实有效的管理政策并提供决策依据。在具体研究过程中，着重解决以下问题：

第一，理论研究中缺少针对农村居民这一研究对象的在线行为研究。一方面，以社会化商务平台为代表，涵盖社交功能和商务功能的新兴平台快速发展，逐渐形成“社交＋电商”的新趋势。新的商业模式为传统商品提供多元化销售渠道，促进消费便利，消费环境的改变使农村居民的心理与行为在不断异化中受到影响。同时，在城乡二元结构的作用下，农村居民与城镇居民在消费心理和消费行为等方面存在群体异质性，以往针对其他用户群体得出的研究结论可能并不适用于农村居民。另一方面，农村居民只要使用社会化商务平台，就会产生用户生成内容行为。可以将用户生成内容行为理解为个体参与的一种行为表达，但不能将其理解为一般的行为模式，而是包含消费、参与和创建三个维度。现有研究尚未充分关注这三个维度，通常将其视为一般行为和整体性概念进行探讨。对用户生成内容行为的驱动机制研究中，通常基于使用与满足理论，认为用户使用社会化媒体是为了寻求功能性和情感性的价值满足[24]，但并未探讨不同驱动因素是如何影响用户消费、参与和创建特定活动的，对于消费、参与和创建行为产生的差异化作用结果也无法有效揭示。因此，关于农村居民这一群体的在线行为是本书关注的首要问题。

第二，商业实践中平台企业和平台商家难以提升用户生成内容行为对商业活动参与行为的作用效果。社会化商务平台被认为是广告推广的高效渠道，为用户提供建议信息，使用户可以利用平台访问特定领域的专业知识。拥有专业知识、吸引众多用户关注并且能在数字和物理空间与关注者互动，把广告整合到内容中以实现获利的第三方通常称为影响者。影响者作为一种接触消费者的沟通工具，能够直接促进消费者产生购买行为，但现有研究对于这一作用路径尚不明晰。社会化商务平台中普遍存在的影响者所提供的高质量信息有助于提高信息可信度，并且伴随亲密度的提高，用户会在心理层面与影响者产生联系。现有研究认为用户通过社会化媒体沉浸在影响者创建的情境时，更有可能与影响者进行准社会行为[25]，利于建立准社会关系。部分学者在后续研究中发现准社会关系的重要作用[26,27]，认为准社会关系是社会化媒体的核心，用户通常利用评论、点赞或分享等用户生成内容行为与影响者互动。研究发现，此类互动行为与形成准社会关系显著正相关[28]。用户与影响者之间的重复性接触有助于形成准社会关系，同时也会促进用户对影响者形成社会认同。理论上，社会认同是一种比准社会关系更强的参与形式，具有更高的心理强度，涉及态度、认知或行为的变化[25]，个体更倾向于认同他们熟悉的媒体人物。因此，基于影响者视角，以用户与影响者之间的准社会关系和社会认同为切入点，揭示用户生成内容行为对商业活动参与意愿的内在影响机制是本书研究的一个关键问题。

第三，商业实践中平台企业和平台商家难以有效描述用户在线行为转变的理论“黑箱”。社会化商务平台的蓬勃发展为个体提供良好的消费情境与消费体验，在解决社会化商务情境下用户生成内容行为的驱动因素分析和行为规律挖掘这一问题的基础上，开展对用户行为演化过程的研究，能够加强对用户行为的动态理解，有助于全面解析伴随时间、用户交互动态变化的行为演化特征。研究过程主要回答以下四个问题：（1）结合科学知识水平理论和传染病 SIR 模型（Susceptible Inflected Recovered Model）建立建模思想及依据；（2）如何构建社会化商务平台用户行为状态转化的演化模型；（3）模型的平衡点和阈值的数学表达式是怎样的；（4）对用户行为状态转化模型进行仿真，并通过调整参数进行敏感性分析，确定提升行为状态转化模型效率的对策。因此，对用户生成内容行为与商业活动参与行为的外在演化过程构建是本书研究的一个重要问题。

第四，商业实践中平台企业和平台商家尚未有效提取农村居民的商业活动参与行为特征。农村居民在商业活动参与行为中的表现会直接影响平台企业和平台商家对其进行针对性的管理策略制定。行为研究领域中，RFM（Recency - Frequency - Monetary）用户价值模型是最为经典且最为常用的行为分析工具，具备良好的用户群体细分能力。用户画像要建立在用户细分的基础上，通常通过提取用户属性、用户行为以及用户生成内容三类信息对用户特征进行深度挖掘，利用 K - Means 算法对用户进行聚类分析形成用户群体画像。农村居民群体在社会化商务平台的商业活动参与行为往往存在显著差异，一般来说，农村居民的活跃度、贡献度和忠诚度明显不同。为了有效识别并分析农村居民的行为特征与表现差异，本书考虑情境差异，在 RFM 模型的基础上改进既有指标，利用 K - Means 聚类算法，基于农村居民的商业活动参与行为数据进行聚类分析，更加科学准确地提取商业活动参与行为特征，构建多维农村居民群体画像。因此，提取农村居民的商业活动参与行为特征是本书研究的一个必要问题。

1.2 研究意义

1.2.1 理论意义

第一，探究农村居民群体在社会化商务研究情境中的在线行为，丰富了不同用户群体行为异质性的研究成果。基于消费视角，农村消费是我国新的消费热点和潜在增长点，系统地研究农村消费，找到开拓农村消费市场的有效方式具有重要理论意义[22]。从整体来看，现有研究对农村消费的主体，即农村居民的相关研究多聚焦在传统购物平台[29]或传统社会化媒体平台，对农村居民在社会化商务背景下的在线行为探讨不足。一方面，我国城乡二元社会结构的现实背景，造成农村居民与城镇居民存在消费差异，但现有研究并未有效揭示两者之间的差异[22]。研究对象的不同使得以往针对城镇居民或不区分用户群体的研究结论无法直接应用于农村居民。为了弥补这一研究缺口，有必要在理论上对农村居民群体进行深入剖析和探索。鉴于此，本书突破以往研究对象的局限，对农村居民这一细分群体的在线行为展开研究，进一步深化了在线行为的群体异质性研究和本土化研究。另一方面，社会化媒体技术对消费领域的渗透改变了农村居民的消费观念、消费行为及重构生活方式，使得农村居民的消费不再受时间和空间的制约。在这一社会变革的背景下，农村居民的消费心理与行为深受外部环境的影响。鉴于不同群体间消费行为、消费习惯等存在明显的异质性[30]，本书将农村居民置于新的社会环境中，赋予其新的研究情境，考察社会化商务情境中的农村居民在线行为，在一定程度上延伸并扩展了农村居民群体的情境化研究。

第二，探讨用户生成内容行为的动因与结果，丰富了用户生成内容行为的研究成果，拓展了用户生成内容行为在社会化商务领域的应用范畴。近年来越来越多的学者开始关注用户生成内容行为[7,13,31,32]，认为用户生成内容行为重塑了媒体的消费与生产方式，深度改变了个体的社会互动形式[33]，成为行为学领域的关键研究内容。但现有研究通常将其视为一个整体性概念[7,8]，忽视了用户生成内容行为具有多个不同的维度，并且随着社会环境的改变，不同维度的用户生成内容行为会受到不同因素的驱动[9]。同时，当用户生成内容行为的社会性转化为产品交易的经济性时，作用路径也存在差异性，而现有研究尚未区分这种差异。基于此，本书首先基于行为角度区分用户生成内容行为的不同维度，全面探讨不同维度行为的前置驱动因素与后置作用结果，弥补了用户生成内容行为缺乏细粒度研究的理论不足。其次，本书并不是在社会化商务情境中简单地复制或应用与用户生成内容行为有关的概念和理论，而是根据社会化商务情境与传统媒体情境的不同，构建新的分析框架和理论逻辑，弥补以往研究情境适用性不足的局限。在社会化商务情境中，传统媒体情境下不可见的个体情绪、观点或行为能够通过视频、音频等生动直观的方式被更多并不相识的同侪所观察和了解[34]，个体可以通过点赞、评论等不同用户生成内容行为模式突破时间和空间的限制，与同侪实现社会交互。现有用户生成内容行为研究大多局限于传统媒体情境[35,36]，尚未充分考虑社会化商务情境所具有的独特特征并对其进行深入的理论研究。因此，本书考察了社会化商务情境下不同维度的用户生成内容行为的动因与结果，丰富并拓展了用户生成内容行为的研究深度与研究情境。

第三，揭示用户生成内容行为与商业活动参与意愿的内在作用机制，深化了准社会互动理论与社会认同理论的研究成果。随着用户生成内容的重要性被不断认知，越来越多的学术研究开始关注用户生成内容的作用结果[6,37,38]。一方面，现有研究大多基于内容特征视角对其作用结果展开讨论，发现用户生成内容可以有效地影响个体购买意愿[6,39,40]。然而基于行为视角，用户生成内容行为具有不同的参与水平[9,41,42]，现有研究忽略了不同参与水平对个体认知和行为的差异化作用效果。另一方面，社会化商务的交互性与功能性更为突出，为用户进行准社会互动提供了更多有利条件，进而影响最终的消费决策[43]。用户能够在社会化商务平台通过关注、评论等用户生成内容行为追随社会化媒体用户。通过发布内容获得大量追随者的社会化媒体用户被称为影响者[44]，影响者可与追随其的用户共同构建账户的社会环境与群体规范[45]。有关影响者的研究通常从信息源特征切入，探讨影响者的可信度和吸引力[46]对用户认知及行为的作用效果，但缺乏对影响者与用户之间关系形成的内在机制探讨[47]。社会认同有助于用户对影响者所提供的信息形成积极评价、作出积极反应，对影响者群体的社会认同起到启发式作用，使用户对信息和建议产生正面态度和意图[45]。基于此，本书基于准社会互动理论与社会认同理论，聚焦在影响者的作用下，不同维度的用户生成内容行为对个体行为意愿的作用机制，拓展了用户生成内容行为研究的理论视角，丰富了准社会互动理论与社会认同理论的研究成果。

第四，探讨用户生成内容行为与商业活动参与行为的动态演化机制，通过跨学科研究扩展了用户在线行为的理论边界与研究视角。用户生成内容行为呈现出反应性和个性化特点，具有高度动态特征[33]。然而，现有研究通常采用实证调研或结构方程模型等静态分析方法，无法提供行为的动态特征信息，缺乏对作用过程与作用路径的精准刻画，难以全面反映用户生成内容行为与商业活动参与行为的复杂演变过程。基于此，本书根据信息行为学和传播学领域的相关内容，将用户生成内容行为的主体分别描述为消费者、参与者与创建者，将商业活动参与行为的主体描述为购买者，借鉴SIR传播模型，运用系统动力学方法构建群体行为的动态演化模型，分析演化模型的稳定性条件与演化规律。本书利用系统动力学的计算机模拟仿真与动态演化相结合的动态研究方法，实现对既有研究采用静态方法探讨两者关系的有效补充。跨学科研究过程，弥补了传统模型难以描述用户行为动态特征的研究局限，指明了管理学与信息行为学、传播学领域的边界和交叉点。跨学科探索的有益尝试，丰富了用户生成内容行为的研究方法与理论范式。

1.2.2 实践意义

第一，有利于平台企业和平台商家深入了解农村居民的群体心理与行为特征，有助于判断农村居民在线行为的动机与状态。本书着重探讨社会化商务背景下用户生成内容行为的驱动因素与作用结果，以期厘清农村居民消费决策背后的基本逻辑。社会化商务平台凭借便捷性、易操作性迅速积累了大量农村居民用户，使社会网络和新型商业模式下沉至农村市场。农村居民的规模基数较大，消费习惯和消费行为与城镇居民存在显著差别，因此，识别农村居民群体的行为特征非常重要。无论对于社会化商务平台这一载体，还是开展商业活动的企业主体，对农村居民行为的深入了解都具有重要实践价值。研究结果有助于把握农村居民行为反映的心理过程，找到特定社会情境下鼓励农村居民参与商业活动的重要突破点。管理实践中，平台企业和平台商家可以根据差异化动机制定符合农村居民内在需求的刺激和激励策略，有效干预用户生成内容行为和商业活动参与行为。因此，本书对农村居民在线行为驱动因素和作用结果的刻画，有利于平台企业和平台商家对农村居民的状态进行判断，准确识别其心理和行为，对已有研究进行有效验证和补充。

第二，为平台商家在社会化商务平台制定和实施影响者营销的实践活动提供参考与启示。本书为商家如何实施影响者营销策略才能促进绩效提升提供了理论依据。研究成果能够帮助平台商家更清楚地理解影响者的作用机制和边界条件，进而帮助平台商家和平台企业实现经济效益。社会化商务平台的经济价值是平台流量经济的具体体现，经济价值是所有平台企业、媒体影响者等产业链中成员共同关注的核心问题。农村居民作为在线消费的重要群体，应密切关注其需求和行为变化，这将更有利于实现社会化商务平台的经济价值。因此，探究用户生成内容行为对商业活动参与意愿及参与行为的影响机制探究，有助于更好地掌握农村居民的心理需求与行为偏好，为有效预测个体行为提供决策参考，为平台企业和平台商家实现获利提供有价值的探索。除此之外，影响者还可以根据农村居民的用户生成内容行为特征，作出恰当的策略调整。

第三，构建农村居民用户画像，实现对农村居民客群的准确分层，有助于平台企业和平台商家实现精准营销和精细化管理。我国潜力最大的消费群体在农村[48]，互联网技术的开放性与共享性打破并重塑了农村居民传统的消费理念与消费习惯，形成对农村传统消费的替代效应，居民消费纷纷从实体场所转向网络平台[49]。通过对网络平台中农村居民的消费行为特征分析，了解消费金额、消费频率和消费近度等数据表现，构建用户画像，挖掘用户特征和属性，无论对平台企业还是平台商家都具有重要的实践价值。因此，本书基于改进 RFM 模型，利用 K - Means 聚类算法实现对农村居民群体的划分以及群体价值的探讨，将农村居民群体细分为重要保持型用户、发展型用户和一般型用户，提高用户细分精准度，同时明晰各类别之间的关联所在，有助于平台企业或平台商家根据农村居民群体特征进行精细化运营与分层管理，针对不同群体制定差异化战略提供决策依据，更加符合用户需求。本书针对农村居民群体的细粒度，挖掘分析符合一般场景的实际状况，落地应用价值较高。

1.3 研究内容与结构安排

1.3.1 研究内容

本书以社会化商务平台为研究背景，以农村居民为研究对象，基于用户行为视角，聚焦以下四个内容：（1）基于媒体系统依赖理论，通过理论推演和模型构建，探讨农村居民不同用户生成内容行为模式驱动因素及其影响结果的差异化作用路径。(2) 基于准社会互动理论和社会认同理论，借鉴影响者营销的相关研究成果，阐明农村居民的用户生成内容行为如何在影响者的作用下促进商业活动参与意愿，识别用户生成内容行为对商业活动参与意愿的直接影响和间接影响，阐明准社会关系和社会认同的链式中介作用以及准社会关系的调节作用。(3) 基于系统动力学理论衍生模型，提出建模依据和建模思想，构建社会化商务平台的用户生成内容行为和商业活动参与行为之间的动态演化模型。(4) 基于农村居民在社会化商务平台的行为数据，提出一种识别用户价值的改进 RFM 模型，并利用 K - Means 聚类算法提取农村居民的商业活动参与行为特征。具体研究框架如图 1 - 1 所示。

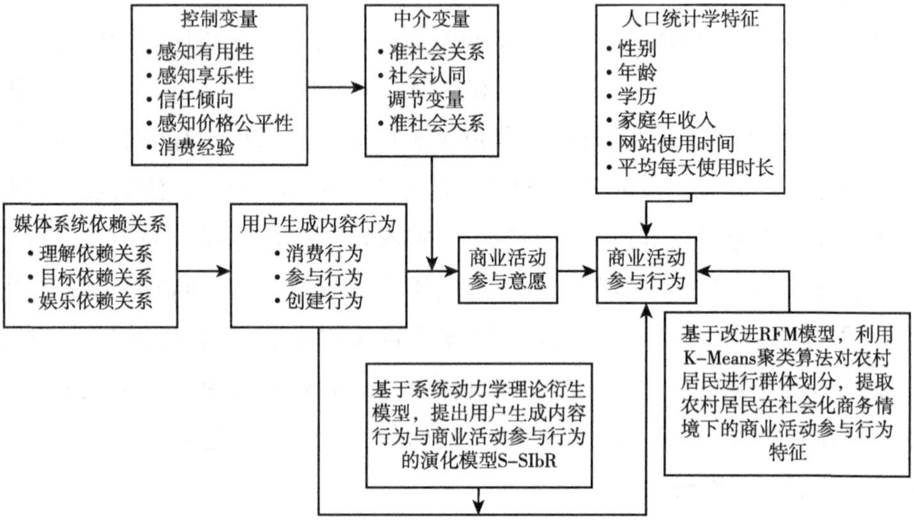

图 1 - 1　研究框架图

研究一：农村居民用户生成内容行为的动因与结果研究。该研究以社会化商务平台为研究背景，以农村居民为研究对象，利用媒体系统依赖理论，基于用户行为视角，探讨不同用户生成内容行为模式的驱动因素及其影响结果的差异化作用路径。社会化商务平台的特性反映了用户行为模式的变化，农村居民在社会化商务平台表达自我或与他人交流互动，产生用户生成内容行为和商业活动参与行为。用户的信息搜索和加工与参与程度密切相关，不同类型、不同程度的用户生成内容行为对用户的认知和情感具有差异化影响，并作用于个体的购买决策。研究一明确了农村居民在社会化商务平台中用户生成内容行为的前置驱动因素和后置作用结果，探索性地揭示了用户生成内容行为对商业活动参与意愿及参与行为存在影响，为探讨其中的作用机制奠定了理论基础。此外，研究一的结论揭示了用户生成内容行为和商业活动参与行为存在转化的可能，前者在一定条件下可转变为后者。因此，在研究二和研究三中，进一步将用户生成内容行为与商业活动参与意愿及参与行为分别基于内在作用机制和外在动态演化过程两个视角阐述两者之间的关系。同时，作为重要结果变量，在研究四中进一步对农村居民的商业活动参与行为进行特征分析，以期全面细致地深化对农村居民在线行为的理解。

研究二：农村居民用户生成内容行为对商业活动参与意愿的作用机制研究。研究二在研究一的基础上，基于内在心理层面，将准社会互动理论、社会认同理论与影响者营销的研究成果相结合，在社会化商务研究框架下分析农村居民的用户生成内容行为对商业活动参与行为的内在作用机制。用户生成内容行为作为个体的社会化媒体联系，对购买意愿具有积极影响[50]。影响者的出现为用户提供更多的信息获取渠道，使用户可以有效、便捷地利用相关信息制定购买决策，用户生成内容行为也可作为与影响者沟通交流的有效途径。具有相似兴趣的个体可以通过社会化商务平台创建一个虚拟空间来讨论和分享观点，而长期共享信息将有助于建立牢固的社会关系[51]。与他人的交往互动，或称为良性互动是实现社会认同的主要路径。社会认同揭示了个体如何通过比较、认同和分类来增强自我肯定和自尊。因此，考虑到用户与影响者之间的双向作用关系，引入准社会关系和社会认同作为中介变量，引入准社会关系作为调节变量，识别用户生成内容行为对商业活动参与意愿的直接影响和间接影响，阐明模型的中介机制及边界条件。研究二解释了用户生成内容行为对商业活动参与意愿的独特作用机制，深化了对农村居民在线行为的认知和理解。

研究三：社会化商务平台的用户在线行为动态演化过程。研究三在研究一与研究二的基础上，基于外在行为层面，探讨社会化商务背景下用户生成内容行为演化为商业活动参与行为的动态机制“黑箱”。该研究以系统动力学理论衍生模型为基础，提出建模依据和建模思想，构建社会化商务平台中用户生成内容行为与商业活动参与行为之间的演化模型，并使用Python编译软件实现模拟和数值仿真。在研究三中，根据社会化商务平台用户产生商业活动参与行为过程可能的外在行为特征，将用户分为三种状态，分别为易感者（Susceptible）、感染者（Infective）和免疫者（Removal）。其中，根据用户生成内容行为的差异，将感染者细分为消费感染者、参与感染者和创建感染者，随后对模型中的主体状态转移方式和参数设定进行动态设计，构建用户生成内容行为与商业活动参与行为之间的动态演化模型，模拟仿真动态演化过程。研究三为用户参与商业活动的演化研究提供了新视角，揭示了社会化商务平台用户生成内容行为与商业活动参与行为两者之间的转化机理，与研究二探讨的两者之间的内在作用机制形成互补关系。加深对社会化商务环境下用户行为的理解，有助于深化对用户在线行为的认知，为平台企业和平台商家更好的进行营销活动提供参考。

研究四：农村居民商业活动参与行为特征分析。研究四在研究一和研究二的基础上，以RFM模型为基础，考虑社会化商务平台和农村居民商业活动参与行为的实际情况对模型进行优化，提出一种改进RFM模型。基于农村居民在社会化商务平台的商业活动参与行为数据，对农村居民的价值进行识别与细分，以期深入了解农村居民行为特征。在研究四中，为适应社会化商务平台的农村居民价值细分要求，构建以平均消费时间 $\overline{R}$（Recency）、消费频次F（Frequency）、平均消费金额 $\overline{M}$（Monetary）和平均网站使用时长 $\overline{T}$（Time）为用户价值分类指标的RFMT修正模型。基于RFMT模型框架和K－Means聚类算法提取农村居民在社会化商务平台的商业活动参与行为特征，并将其区分为重要保持型用户、发展型用户和一般型用户，实现不同用户价值的差异化识别。该研究以农村居民的实际购买行为数据为基础，引入并改进用户价值细分领域的RFM模型，对农村居民群体进行聚类细分，同时建立具有不同特征的社会化商务平台商业活动参与行为群体的用户画像。

1.3.2　本书结构安排

本书的结构安排如下：

第 1 章为“绪论”。首先提出本书研究的核心问题，并阐述问题的重要性，厘清现有研究缺口。在此基础上，提炼本书拟解决的四个研究问题。随后，阐明研究的理论意义与实践意义、研究内容与结构安排、研究方法与研究技术路线以及创新点。

第 2 章为“文献综述与理论基础”。本章的目的是介绍有关概念、梳理相关文献以及阐述理论基础。首先，明确研究对象与研究背景，梳理了农村居民和社会化商务的概念界定，提取社会化商务的特征及类型；其次，对用户生成内容与影响者营销的内涵进行清晰的概念界定，着重分析与本书有关的应用成果，并进行研究述评；最后，对媒体系统依赖理论、准社会互动理论和社会认同理论的相关文献进行梳理与总结，依次全面地介绍其理论内涵以及与本书相关的研究成果和理论内容，并进行研究述评，明确该理论在本书中的独特性和必要性，同时指出主要研究缺口。

第 3 章为“农村居民用户生成内容行为的动因与结果研究”。本章内容主要为第一个子研究，以农村居民在社会化商务平台的用户生成内容行为作为切入点，通过实证研究，分析用户生成内容行为的前置驱动因素和后置作用结果。本章包括理论推演与假设提出、研究设计、数据分析与假设检验和结果讨论四个小节，完整地论述了研究一的理论建构和实证分析过程，发现用户生成内容行为与商业活动参与意愿和参与行为之间的联系，为后续研究奠定基础。

第 4 章为“农村居民用户生成内容行为对商业活动参与意愿的作用机制研究”。本章内容主要为第二个子研究。在研究一结论的基础上，结合影响者相关内容，进一步探讨农村居民群体在社会化商务平台中的用户生成内容行为对商业活动参与意愿的内在作用机制和边界条件。本章包括理论推演与假设提出、研究设计、数据分析与假设检验和结果讨论四个小节，对两者之间的内在机制进行系统的理论推理和假设检验，揭示了用户生成内容行为对商业活动参与意愿的直接作用关系以及在准社会关系和社会认同的链式中介作用下产生的间接作用关系，同时探讨了准社会关系的双重作用。

第 5 章为“社会化商务平台用户在线行为演化模型研究”。本章内容主要为第三个子研究。在研究一和研究二结论的基础上，基于系统动力学理论衍生模型，构建社会化商务平台中的用户生成内容行为与商业活动参与行为之间的演化模型，通过提出假设、构建模型、确定模型规则和配置参数等过程，讨论模型的平衡点和阈值。本章包括基于 SICAS 模型的用户行为对应关系、经典的 SIR 传染病动力学模型、建模思想、模型构建、仿真实验结果与分析以及结果讨论六个小节。通过对仿真结果的数据统计和对图像角度的分析和阐述，揭示了相应模型参数值的变化对各种状态密度的影响。

第 6 章为“农村居民商业活动参与行为特征研究”。本章内容主要为第四个子研究。在研究一和研究二获取的数据基础上，研究四提出了一种能识别用户价值的改进 RFM 模型。首先通过正向标准化、负向标准化方法对指标进行规范化处理；其次采用客观赋值法中的熵值法计算指标权重；最后使用 K－Means 聚类算法对改进的 RFM 模型进行聚类分析，将农村居民细分为不同价值的用户群体。本章包括 RFM 模型与改进 RFM 模型、K－Means 聚类算法、农村居民商业活动参与行为聚类分析和结果讨论四个小节。通过运用改进 RFM 模型，更精准地刻画出农村居民在社会化商务平台的商业活动参与行为特征。

第 7 章为“研究结论与管理启示”。首先，本章通过对四个子研究的分析结果进行整合，得出最终研究结论。其次，根据第 2 章的文献综述与理论基础，明确本书在用户生成内容行为和有关理论研究等方面的突出理论贡献。最后，结合现实情境，针对实践者提出管理启示，并提出未来进一步探索和优化的研究方向。

1.4 研究方法与技术路线

1.4.1 研究方法

本书主要采用文献研究、调查研究、结构方程建模和系统仿真研究等方法。其中，文献研究法是基础，通过研读有关文献，提出理论模型框架和研究假设，并选取测量指标；调查研究法是本研究获取数据的主要来源，分为预调研和正式调研两个步骤，以确保测量的有效性和数据的真实性；结构方程建模法是对假设进行验证的主要方法，通过对收集的一手数据进行科学规范的整理与检验，验证研究提出的理论观点和假设；系统仿真研究法主要基于系统动力学理论衍生模型，实现对用户行为的预测。具体的操作方式如下：

第一，文献研究法。文献研究法是学术研究的基础方法，也称为资料研究或文献调查，是指对文献资料的检索、收集、识别、整理和分析，形成事实科学认识的方法。通过阅读文献，可以找到新视角、提出新观点或获得新证据等。本书通过学校图书馆数据库和互联网资源搜集相关文献，通过使用 Web of Science、Elsevier、EBSCOhost 和中国知网等网站获取相关文献，先按照标题或关键词进行检索，通过阅读筛选出内容相关性高的文献，再通过文献的参考文献进行补充。文献研究的重点包括两个方面，一是掌握各个关键研究内容的研究情况，二是梳理相关理论的发展情况。本书在对有关文献的系统梳理和研究基础上，以用户生成内容行为和商业活动参与行为作为贯穿始终的分析框架，结合媒体系统依赖理论、准社会互动理论和社会认同理论的有关理论成果，构建本书的整体思路。

第二，调查研究法。调查问卷是社会科学研究中常见的一种研究方法，是对量化内容的集中体现。问卷调查通过书面语言与被调查者进行沟通，收集被调查者的态度、观点和行为，从而实现对所需信息的系统获取和分析。本书主要采用问卷调查法并辅以面对面访谈方式收集有关数据。进行正式问卷调查前，首先随机抽取符合条件的农村居民进行问卷调查的预调研，通过预调研调整问卷结构、题项设置以及题项表述，进而提高问卷的信度、效度和可读性。在正式调研阶段获取调查数据时，采用滚雪球抽样和便利抽样方法对农村居民进行调查。问卷所涉及的主要变量来源于现有文献中的成熟量表，并且部分题项在中国情境中已经得到应用。

第三，结构方程建模法。结构方程模型技术中的偏最小二乘结构方程模型（Partial Least Squares Structural Equation Model，PLS－SEM）和基于共变异数的结构方程模型（Covariance Base Structural Equation Model，CB - SEM）是公认的高质量统计分析标准的第二代数据分析技术。与第一代回归模型只能分析自变量和因变量之间的单层联系相比，结构方程建模可以同时分析变量之间的关系，更适合复杂的研究模型。相比 CB - SEM，PLS - SEM 对样本数量和数据正态性的限制更少，且更适合用于复杂模型分析。因此，本书使用 PLS - SEM 分析理论模型。在数据分析过程中主要采用 Smart PLS 3.0、SPSS 26.0 等软件对数据进行整理和分析。

第四，系统仿真研究法。系统仿真法是在详细分析构成特定系统的各要素之间的相互关系以及不同要素不同性质的基础上，根据模型构建仿真目标，建立能够全面描述系统的行为过程或各要素之间逻辑关系的仿真模型。本书基于系统仿真理论，基于系统动力学理论衍生模型，通过对农村居民在社会化商务平台的行为构成要素、相关关系等问题进行深入探讨，构建农村居民在社会化商务平台中的用户生成内容行为与商业活动参与行为之间的动态仿真模型，从而对用户行为进行预测。

1.4.2 技术路线

本书遵循规范科学的研究流程和步骤，在文献研究、调查研究和建模分析之间迭代反演，将理论梳理与实践调研有效结合，不断深入、细化和调整理论模型框架及调研设计，直到形成理论扎实、逻辑严谨和数据可靠的研究设计。研究的第一个阶段是提出研究问题，即基于社会化商务平台研究农村居民的心理与行为。第二个阶段是利用文献研究法梳理文献综述和理论基础。第三个阶段首先进行研究一，探讨农村居民在社会化商务平台中用户生成内容行为的动因与结果。在明确作用结果后，即商业活动参与行为，试图了解用户生成内容行为与商业活动参与行为之间的作用机制，讨论两个并列问题；即研究二：用户生成内容行为在影响者的作用下如何影响商业活动参与行为；研究三：用户生成内容行为在外在行为层面如何演化为商业活动参与行为。最后，研究四探讨农村居民的商业活动参与行为呈现何种特征。第四个阶段是对研究结论的讨论和展望。技术路线如图 1 –2 所示。

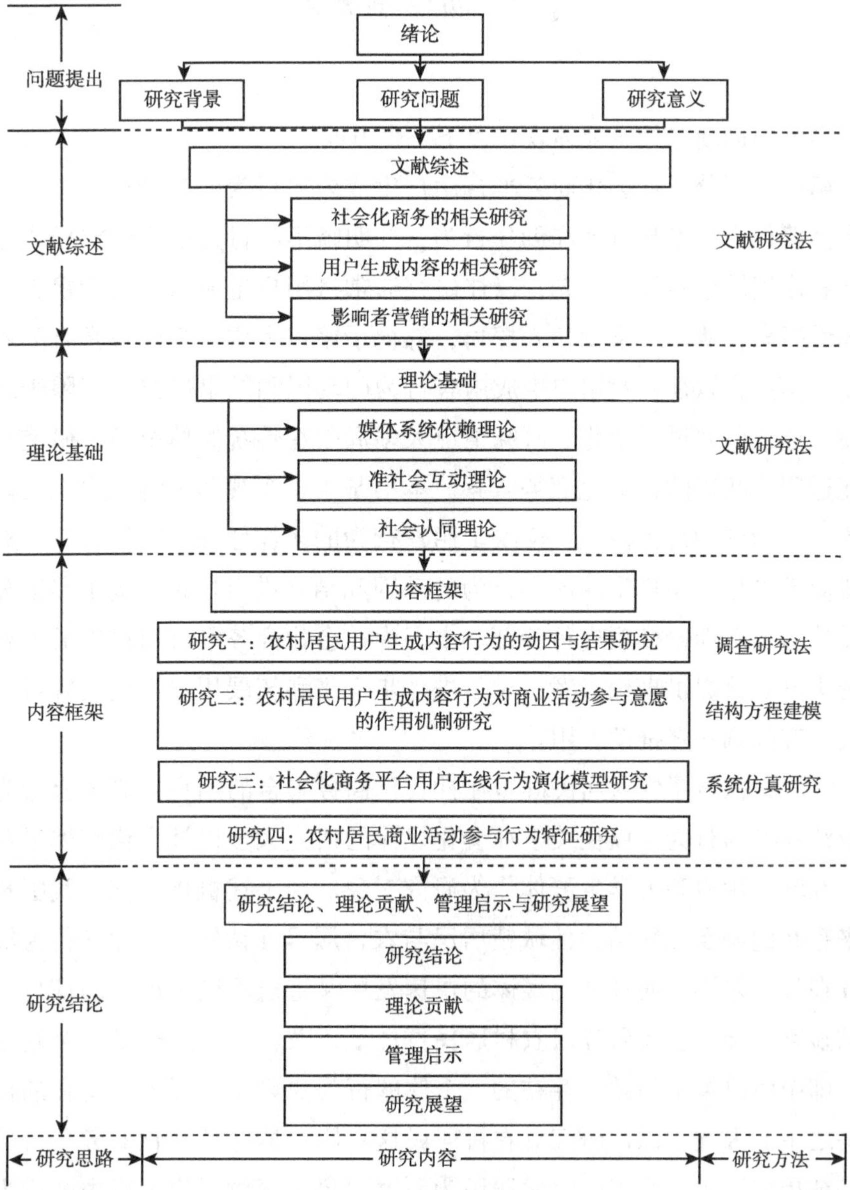

图 1 –2　技术路线图

1.5 研究创新点

本书的创新之处主要体现在以下三个方面：

第一，划分了社会化商务平台用户生成内容行为的三种行为模式，分别为消费行为、参与行为和创建行为，并明晰不同行为模式的差异化驱动因素和作用结果路径。首先，以往研究通常将用户生成内容行为视为一个整体性概念，从单一维度切入探讨，忽视了用户生成内容行为具有的不同维度。其次，以往针对用户生成内容行为的动因和结果研究大多限于现象描述，导致研究过于泛化。研究情境大多局限在传统媒体范畴，研究结论不能适用于新兴的社会化商务背景。本书基于行为视角，将用户生成内容行为划分为三种行为模式，反映了用户行为的多样性和复杂性，并针对社会化商务平台内用户生成内容行为的动因和结果进行探讨，基于实证分析和模拟仿真对理论模型进行验证。本书为社会化商务平台用户生成内容行为的类型划分提供理论参考，对于进一步丰富和拓展用户生成内容行为的相关研究起到一定推动作用。

第二，探索了农村居民群体在社会化商务平台的用户生成内容行为与商业活动参与行为。以往关于社会化媒体的研究大多以社会化媒体平台用户、互联网用户和大学生群体作为研究对象。与上述群体不同，我国长期以来存在的城乡二元结构使城镇居民与农村居民在认知、心理和行为等方面存在较大差别，而社会化媒体的快速发展又造成不同个体之间信息和认知的显著差异。已有研究对农村居民群体缺乏关注，且忽略了一个基本事实，即个体决策不是独立存在的，个体的行为决策总是嵌入其所在的社会网络之中。因此，以往研究对农村居民这一用户群体社会化商务平台的行为特征提取不足。本书以农村居民为研究对象，探讨用户生成内容行为和商业活动参与行为，识别用户价值，从而为解释社会化商务情境下的农村居民在线行为研究提供了更加准确的描述模型。

第三，厘清了用户生成内容行为与商业活动参与行为之间的作用机制和边界条件。本书基于准社会互动理论和社会认同理论，探讨用户生成内容行为与商业活动参与行为的作用机制。弥补了以往研究主要关注用户生成内容行为或商业活动参与行为单一研究内容的不足，将两者进行联结，全面了解用户生成内容行为的后置作用结果。具体来说，本书探讨了准社会关系和社会认同的链式中介作用，试图解释两种行为转变机制的理论“黑箱”，从而为更好地理解和探索两者之间的关系奠定了良好的基础。同时，本书还进一步考察了准社会关系的调节作用，发现了准社会关系在用户生成内容行为与商业活动参与行为之间的双重作用，进一步丰富和拓展了用户生成内容行为和商业活动参与行为的有关研究。

2　文献综述与理论基础

2.1　农村居民的概念界定

学术界对农村居民尚未达成统一界定，不同学者根据研究需要分别从不同角度阐述了农村居民的内涵。学者多以户籍性质或居住地为依据界定农村居民，例如，翁凝和王震[52]以户籍性质为依据，认为户口性质属于农业户口和户籍制度改革前为农业户口的居民属于农村居民①。根据户籍性质划分农村居民，等于把计划经济时期形成的城乡分割户籍制度永久化，将其作为界定农村居民与城镇居民的唯一标准[53]。从这一观点来看，依据户籍性质界定农村居民并不适合。众所周知，城镇化和工业化导致拥有农村户籍的人口在就业选择上发生了务农和非务农的分化，并且非农人口所占比例越来越高[53]。在城镇就业，甚至没有在城镇获得稳定就业岗位的农民工不应该再将其认定为真正的农村居民（农民）。陈忠明[54]以居住地为依据，认为每年在农村居住生活一段时间，拥有土地承包经营权，而且进行农业生产的居民为农村居民，但这一界定没有明确给出在农村居住生活的时间限制。徐玲[55]同样以居住地为依据，认为农村居民是指农村常住户，是长期（一年以上）居住在乡镇（不包括城关镇）行政管理区域内的住户以及长期居住在城关镇所辖行政村范围内的农村住户。还有学者同时考虑户籍性质和居住地来界定农村居民，根据2006年《关于统计上划分城乡的暂行规定》，我国的行政区域由城镇区域和乡村区域两部分组成，在集镇和农村区域居住时间一年及以上或具有农村户籍的人可称为农村居民[56]。根据国家统

① 户籍制度改革后，统一称为居民户口。

计局发布的区域划分代码，可清晰有效地区分城镇地区和农村地区，其中，平均每年超过六个月的时间在市、区镇所管辖范围居住的居民为城镇居民，除此之外的居民即为农村居民[57]。同时，还存在部分研究将农村居民等同于农民，交替使用两个概念，认为农村居民或农民是一种职业，是以土地等农业生产资料为主，长期从事农业生产活动和农业经营的劳动者[56]。

本书未完全采用传统意义上的界定方式，而是根据农村区域的划定和职业界定来定义农村居民，认为平均每年超过六个月的时间居住在乡镇（不包括城关镇）行政管理区域内的住户以及长期居住在城关镇所辖行政村范围内的农村住户，而且拥有土地承包经营权，进行农业生产的个体为农村居民。户籍不在本地而在本地居住六个月及以上的住户也包括在本地农村常住户范畴；有本地户籍，但外出六个月以上的住户，无论是否保留承包耕地都不包含在本地农村住户范畴。

2.2 文献综述

2.2.1 社会化商务的相关研究

（1）社会化商务的概念界定。

社会化商务的概念来源于2005年Yahoo公司的创新实践[58]，用于描述一种全新的交互式商务模式。2005年11月11日，Yahoo购物网站推出了一项可以设置商品列表（Pick List）的服务功能[59]，名为Shoposphere。该功能允许用户在商品展示页面进行内容的创建、分享与评论，以用户生成内容为形式的Shoposphere被认为是社会化商务的雏形。社会化商务作为一种新型电子商务模式，与传统电子商务模式相比，实现了电子商务与社会化媒体的高度融合，社会化媒体环境下的用户对产品的感知、偏好和决策等更容易受到社会网络中其他用户行为的影响，更注重强调个体购物活动的社交属性。基于社会化商务的特性，不同学科或不同理论背景的学者对社会化商务的界定赋予了多种解释[4]，但并未形成一个边界明确、内涵清晰的概念。基于信息科学视角的研究，通常将社会化商务描述为 Web 2.0 技术与交互平台相结合的一种在线应用程序，交互平台包括社交网站和商业环境中的内容社区等[4]。基于社会学视角的研究，将社会化商务描述为电子商务企业利用基于网络的社会化社区，聚焦消费者之间互动的社会影响[60]。基于心理学视角的研究，将社会化商务界定为用户进行网络消费时，受到网络社区其他用户提供信息的影响[61]。基于市场营销学视角的研究，将社会化商务视为在线市场的重要发展趋势，企业利用 Web 2.0 技术或社会化媒体作为战略营销工具来支持用户的决策过程与消费行为[62]。表 2-1 总结了现有代表性研究对社会化商务的不同定义。

表 2-1　社会化商务的代表性定义

文献来源	年份	社会化商务的定义
Stephen and Toubia[63]	2010	一种基于互联网的社会化媒体形式，可使个体通过在线社区和在线市场参与产品、服务的销售和营销
Liang 等[64]	2011	通过 Web 2.0 和社会化媒体环境，支持社交互动和用户生成内容来促进电子商务的交易和活动
Marsden and Chaney[65]	2012	通过支持用户生成内容和社交互动的社会化媒体网站进行销售的活动
Zhang and Wang[66]	2012	一种以社会化媒体为媒介的商业模式，涉及线上和线下环境的融合
Yadav 等[67]	2013	以计算机为媒介的社交环境中，个体产生或受到影响的与交易相关的活动，个体的互动活动可发生在认知需要、购买前和购买后等多个阶段
Sharma and Crossler[68]	2014	电子商务的一个子集，涉及使用社会化网络来支持在线购买和销售产品、服务的社交互动
Esmaeili and Hashemi[69]	2019	基于互联网，利用 Web 2.0 技术和社会化媒体的商务应用，并支持社交互动和用户生成内容
Sohn and Kim[70]	2020	一种利用社会化媒体与社交网络关系进行商务的新模式

综合来看，虽然不同学科对于社会化商务的定义有所不同，但对其涵盖的基本要素基本趋于一致，即社会化媒体技术、社区交互和商业活动[71]。陶晓波等[72]进一步细化，提出社会化商务的四个基本要素：社会化媒体、人际互动、商业意图与信息流动。社会化商务的四个要素相辅相成，缺一

不可，同时具备才可称为社会化商务。本书认为，在 Web 2.0 技术的支持下，企业借助支持社交互动与用户生成内容行为的社会化媒体，能够有效引导个体在网络消费市场获取产品、服务信息或作出购买决策的所有商业活动均属于社会化商务的范畴。

本书基于社会化商务的内涵特征，从不同角度将社会化商务的定义与其他相近概念进行区分。首先是社会化商务与电子商务（E－Commerce）的概念区分。社会化商务得益于交互式信息技术基础架构优势，利用社会化媒体协助电子商务交易，并支持社会互动和用户生成内容[71]，可视为由社会化媒体驱动的一种新型电子商务，是电子商务的子集或演变形式。社会化商务与电子商务的差别可从四个角度切入：商业目标（Business Goal）、客户关系（Customer Connection）、系统交互（System Interaction）[4]与商业模式（Business Model）[69]，详见表 2－2。

表 2－2　社会化商务与电子商务的差异

	社会化商务	电子商务
商业目标	优先考虑社交目标，如社交网站、协作知识和信息共享等，其次关注购物[59]	侧重于通过复杂搜索、一键式购买和基于消费者曾经购买行为的个性化推荐等策略实现网络购物效率最大化[73]
客户关系	涉及支持社会化交流的在线社区，鼓励用户实时参与，以助于加强用户之间的社会联系[60]	用户通常是孤立的，与所在社区处于脱离状态，单独与电子商务平台互动，独立于其他用户[60]
系统交互	提供更具协作性和互动性的交互环境和渠道，通过用户生成内容向其他用户分享信息[74]	基于 Web 1.0 模式的电子商务通过单向浏览的方式，将信息传递给买方或其他用户，而用户的信息和反馈很少传递到卖方或其他用户[74]
商业模式	以用户和社区为导向，涉及参与、对话和社区等方面的交互[4,69]	基于业务流程、产品和服务的传统模式，专注于展示产品或服务特性，探索信息检索技术[4,69]

其次是社会化商务与社会化购物（Social Shopping）的概念区分。社会化商务产生初期，存在交替使用社会化商务与社会化购物两个术语的现象。贝瑟尔（Beisel，2006）[75]对两者进行区分，将社会化商务界定为创建用户可以在线协作，从受信任的个体获得建议并实现购买产品、服务的平台，将社会化购物界定为与他人分享购物体验的行为。斯蒂芬和图比亚（Stephen and Toubia，2010）[63]基于交互关系，提出社会化商务聚焦于卖家之间的关联，而社会化购物聚焦于消费者之间的关联。实证分析发现，卖家之间可通过超链接（Hyperlink）形式的社会化商务网站发挥重要的经济价值创造作用，主要体现在消费者更容易访问网络虚拟购物中心，如消费者与卖家交互形成的“粉丝经济”[76]。综上所述，社会化商务与社会化购物所属的范畴有所不同，社会化购物是社会化商务的子集。

（2）社会化商务的特征及类型。

基于社会化商务涵盖的要素，提出社会化商务的四个特征。第一，社会化媒体是社会化商务的依托平台与技术基础。社会化商务的核心功能是以社会化媒体为基础产生广泛联系，通过不断交互拓展形成庞大的社会网络关系，如买家与买家、卖家与卖家、买家与卖家之间的关系，同时社会网络关系也会反作用于用户决策行为[77]。利用社会化媒体是社会化商务的基本特征，社会化媒体涉及微博、社交网站和其他 Web 2.0 网站等，如 YouTube[71]。第二，人际互动是社会化商务的支撑条件与重要保障。社会化商务影响用户的被动与主动使用，促进用户进行浏览检索、内容创建等行为，有助于增加人际互动，实现实时交流。用户在社会化商务平台获取产品或服务信息的渠道不限于企业或商家，能够快速、精准地从其他用户分享的购物体验中获取信息，接收信息和交流信息的双向互动可以促进用户与商家的价值创造[78]。张爽和魏明侠[79]以及哈尼（Hajli，2015）等[80]的研究表明，社会化商务中的人际互动即使没有直接报酬和利益驱动，许多用户仍具有较强的人际互动意愿。第三，商业意图是社会化商务的核心动因与必要环节。基于广义范畴，能够产生商业利益的活动都属于商业活动。社交网站中的部分活动不具有商业性，如用户分享个人观点、浏览新闻事件或发布个人照片等。尽管此类行为普遍存在，但不属于社会化商务范畴，因为没有直接或间接产生商业利益，如购买或销售产品、改变对特定商业活动的态度等[71]。第四，信息流动是社会化商务的内在特征与外在体现。信息是社会化商务的基本组成部分，尤其是用户生成内容或消费者生成内容（User/Consumer－Generated Content，UGC/CGC）[59]。传统线下购买过程通常在交易完成时结束，而社会化商务利用社会化媒体扩展购买过程，为交易完成前收集产品、服务信息或完成后分享消费体验等相关活动提供有利条件。用户分享的信息内容对潜在消费者而言是一种有价值的资源，直接促进或阻碍其购买意图和行为[81]。蕴含社会性目的的信息具有生命周期，包括创建或获取、处理、传播和使用四个阶段。支持性信息的频繁共享可以增进用户间信任，有助于提高个体参与商业活动的意图[64]。

现有研究基于社会化商务的特征，从不同角度对其类型进行划分。基于社会化商务的功能性角度，亮和图尔班（Liang and Turban，2011）[71]提出社会化商务平台主要分为两种类型，第一类是在社交平台添加广告和交易的商业功能。例如，Facebook 等以社交为主的网站开放应用程序编程接口，为用户进行商业活动提供便利。第二类是在电子商务平台增加社交功能。例如，Amazon 等以购物为主的网站利用社交功能，促进用户间的社交互动与分享。李耀等[82]类比这一分类方式，将社会化商务平台区分为两种类型，第一类是“交易 + 内容”型平台，基于商品交易平台演化发展，在商品交易平台增加内容分享功能，即“电商平台内容化”，如 Ebay 社区。第二类是“内容 + 交易”型平台，基于内容分享平台演化发展，在内容分享平台增加商品交易功能，即“内容平台电商化”，如快手短视频和小红书。“交易 + 内容”和“内容 + 交易”两种平台类型均是内容分享与电商相结合，兼具内容分享与商品交易两种场景[82]。其中，内容分享是指用户在平台针对同一主题进行内容生产、沟通交流和评论反馈等；商品交易则是指用户在平台与运营方或第三方进行商品买卖。不同研究的划分方式虽有所差异，但均认为社会化商务平台具备社会交互和商品交易两种场景。

根据社会化商务的运营模式，学者存在不同的分类结果。库文蒂和张（Curty and Zhang，2011）[83]将社会化商务平台划分为直接支持销售（Direct Sales）和推荐（Referrals）两种类型。直接销售是指用户无须跳转至第三方平台便可以直接进行商业交易；推荐是指用户可以获得其他用户的建议和意见，以作出更好的购买决策，并通过访问外部网站实现购买。因维克（Indvik，2013）[84]总结了七类社会化商务平台：①点对点的销售平台；②由社会化媒体驱动的销售平台；③团购网站；④同行推荐网站；⑤用户策划式购物网站；⑥社会化购物网站，模拟用户线下购买的消费体验，提供虚拟互动场所；⑦参与式商务网站，用户可以利用投票、协同设计等多种方式参与产品的制造环节。周涛和石楠[85]将国内的社会化商务平台区分为三类：①以蘑菇街、美丽说等为代表的兴趣社交电商平台；②以爱淘宝、返利等为代表的社交导购电商平台；③以知乎、贴吧等为代表的社区论坛电商平台。

2.2.2 用户生成内容的相关研究

（1）用户生成内容的概念界定及维度。

用户生成内容的概念是在2005年由摩根·斯坦利公司的首席分析师Mary Meeker首次提出，并逐渐得到认可和关注。早期研究中的表述有用户生成内容（User Generated Content，UGC）、用户创建内容（User Created Content，UCC）、消费者生成媒体（Consumer Generated Media，CGM）等，其中，采用UGC表述的较多。基于实践角度，用户生成内容起源于由长尾分布驱动的利基市场[14]。早期用户生成内容呈现不平等参与特征，只有少数人生成内容[86]。Web 2.0技术的出现为用户生成内容的高效创建与传播提供了重要客观条件，用户倾向公开表达和分享观点，影响力来源由管理者生成内容（Manager Generated Content，MGC）转向用户群体中的意见领袖，进一步推动在线信息市场由传统以发布者为中心的媒体模式转向以用户为中心的运营模式[14]。

用户生成内容主题的不断发展变化使其没有形成一个被广泛接受的定义[87]，国内外学者对用户生成内容的定义仍存在多种解释。表2-3总结了现有代表性研究对用户生成内容的不同定义。

表2-3 用户生成内容的代表性定义

文献来源	年份	用户生成内容的定义
Interactive Advertising Bureau[88]	2008	将用户生成内容界定为消费者生成媒体（CGM），是指由非媒体专业人员创建并上传到互联网上的任何内容
Cheong and Morrison[89]	2008	除专业营销人员外，代表产品或服务的最终用户创建在博客或YouTube等网站的内容均属于用户生成内容

续表

文献来源	年份	用户生成内容的定义
Daugherty 等[14]	2008	由公众而非付费的专业人员创建并发布在互联网上的内容
Kaplan and Haenlein[90]	2010	个体使用社会化媒体的所有方式总和，如关注、分享和点赞等
Munar[91]	2011	将用户视为内容创建者，将用户生成内容界定为由用户通过互联网上传的数字化信息
Christodoulides 等[87]	2012	反映一定程度的创新性努力，并且在专业实践之外免费创建的公开内容
Smith 等[92]	2012	用户在线表达自我以及与他人沟通交流的重要手段，是社交过程中瞬间产生的，也是交互发生的对象
李贺和张世颖[93]	2015	用户在互联网中产生的内容，包括创作、编辑、转载、评论和补充等的信息内容，呈现形式包括文字、图片、音频、视频及其综合等
Owusu 等[94]	2016	消费者、用户和专家发表的有关产品、服务或营销活动的独立、非商业性，并且能通过不同互联网媒体进行传播的建议、体验、评级和讨论等内容
秦芬和李扬[95]	2018	用户在社会化媒体、电子商务网站、视频分享网站、网络问答社区和微博等平台发表的文字、图片、视频等各种形式的内容
Saura and Bennett[96]	2019	用户在社交网络和数字平台生成的内容，包括用户和品牌之间的评论、意见、表达和互动，或在互联网上用于不同个体之间为了互动而公开分享的任何其他类型的内容

以往研究不仅对用户生成内容的概念界定模糊，对用户生成内容的特征也未能清晰阐释[10]。2007 年，经济合作与发展组织（Organization for Economic Cooperation and Development，OECD）在《Participative Web and User – Created Content：Web 2.0，Wikis and Social Networking》报告中提出用户生成内容的三个特征：①互联网平台公开的内容。②内容具有一定创新性。③由非专业人员或非权威组织利用非专业化渠道创作发布[97]。然而，克里斯托多利德（Christodoulides，2012）等[87]认为使用非媒体专业人员等描述用户生成内容的创建者并不准确，因为专业人员经常以普通用户的身份，利用自身专业知识和工具创建内容，而不是作为有报酬的工作。2012 年，奥斯特曼（Östman，2012）[98]对用户生成内容的含义进行广义拓展，提出两个特征：①由非专业人员创建，包含一定创新性内容或原始内容，或对现

有内容的更改和编辑。②可通过网络或个人博客等方式与他人共享，涉及创建修改与共享两个功能，涵盖多种参与形式，如维基百科词条、博客和音乐视频等。

根据不同学者阐述的用户生成内容特征仍无法有效、清晰地界定用户生成内容，原因有两点：首先，对用户生成内容创新程度的衡量存在较大难度。如果严格将用户创建的原创性内容，即只有原创或包含大量创造性元素的二次创作认定为属于用户生成内容范畴，会极大地限制学者的研究对象与研究内容。其次，对于非专业人员和非权威组织的限定也难以区分。越来越多的媒体和企业通过用户生成内容实现盈利，存在前期的非专业人员后期转变为专业人员以及专业人员在业余时间创建、分享内容的普遍现象。对用户生成内容特征的过度限定会很大程度地限制研究情境与适用范围。因此，本书借鉴卡普兰和亨莱茵（Kaplan and Haenlein，2010）[90]的观点，从宏观角度描述用户生成内容，认为用户生成内容是用户使用社会化商务平台所有方式的总和，其中，用户是广义概念，代表产品或服务的最终用户，包括个体、组织或社会群体，所有方式包括但不限于关注、分享、点赞、收藏及下载等。

用户生成内容的类型与表现形式呈现多样性和粒度差异性，现有研究基于不同角度对其维度进行了划分。基于行为视角，邵（Shao，2009）[9]将用户生成内容区分为消费、参与和创建三种行为维度。消费行为作为最低参与程度，用户对其他用户创建的内容仅进行浏览、检索、阅读和观看等；参与行为作为中等参与程度，用户与用户之间、用户与内容之间进行互动，如点赞、收藏、分享或评论等；创建行为作为最高参与程度，用户主动进行内容的创作，如发布文字、图片、音频或视频等。这一视角表明用户生成内容不是一般性行为模式，而是代表了互动程度不同的特定参与模式。三种行为维度描述了逐步进行用户生成内容行为的路径，以潜水者的身份开始，逐渐演化到参与阶段，最终创建内容。邵（Shao，2009）[9]强调，消费—参与—创建的渐进式参与路径并不是每个用户都需要遵循。

基于用户生成内容的呈现方式，陶兴[99]将用户生成内容区分为用户生成文本、用户生成图片、用户生成语音和用户生成视频等。用户生成文本是最广泛存在的类型，通常为短文本形式，是内容创建的最低门槛，用户不需要具备任何专业能力就能创建，可用来阐述用户的消费经历和相关建议，为其他用户提供参考。相较于用户生成文本，用户生成图片进行信息传播更为直观和丰富，也更容易被其他用户接受。众多平台通过不同方式激励用户利用图片的形式表达观点与需求，如天猫、京东等平台的在线评论功能。用户生成语音一般以在线语音或上传语音等形式体现，表达文字语义信息的同时，还能承载个体情感、态度和意图等关键要素。相较于文字和图片两种形式，语音可使接收者更为快速地获取信息。用户生成视频是近年来一种新兴的生成内容形式，产生于移动短视频和直播等软件快速发展的背景下。用户通过他人生成的视频内容获取信息、知识和娱乐消遣，通过自己生成的视频内容记录日常生活，甚至利用广告推广获利等。相比其他类型的用户生成内容形式，用户生成视频更具有广泛的传播空间，尤其快手短视频和抖音短视频等以用户生成视频作为核心内容的社会化商务平台，其产生的社会影响更为深刻和重要。

除此之外，还有学者根据用户生成内容的数据格式，将其分为结构化用户生成内容（Structured UGC）和非结构化用户生成内容（Unstructured UGC），如结构化的数字评级和非结构化的文本评论[100]。根据公共参与程度，克里希纳穆尔蒂和窦（Krishnamurthy and Dou，2008）[101]将用户生成内容分为由群体协作创建和由个人用户创建。根据内容属性，斯特拉温斯（Schivinski，2022）等[102]将用户生成内容分为以品牌为中心的内容和以用户为中心的内容。根据内容效价，迪摩卡（Dimoka，2012）等[38]和刘（Liu，2006）[40]将用户生成内容分为正效价、负效价和中性效价。根据用户动机，克里希纳穆尔蒂和窦（Krishnamurthy and Dou，2012）[101]将用户生成内容分为由理性动机驱动和由情感动机驱动。

（2）用户生成内容的驱动因素。

用户生成内容的动机是个体进行生成内容行为时的心理状态，用户出于不同动机产生特定行为，尤其在社会化媒体平台转向以用户为中心的消费模式发展的关键时期，对用户生成内容动机的科学合理分类和深入探索有助于准确了解用户心理与行为。基于内容生成者视角，用户的不同行为受到不同因素的差异化影响，作用强度和作用方向也不尽相同，涉及因素复杂且涵盖不同领域，对动因的探讨和明晰有助于用户生成内容的概念化，并在一定程度上区分和理解不同类型用户生成内容的差异。

①国外用户生成内容动因的相关研究。

国外学者对用户生成内容的动因研究起步较早，国内相关研究起步较晚，但两者的成果都较为丰富。本书梳理总结了国外部分经典用户生成内容的动因文献，详见表2－4。

表2－4　国外用户生成内容动因的相关研究

文献来源	年份	研究对象	研究客体	研究方法	动机因素
Katz 等[103]	1974	—	传统媒体	定性描述	认知需求、情感需求、个人整合需求、社会整合需求、压力释放需求
McQuail[104]	1987	—	传统媒体	定性描述	信息、个人身份、整合与社交互动、娱乐
Wasko and Faraj[105]	2000	社区参与者	电子社区	调研法 内容分析	共享内容的有用性、互惠性、学习、同辈群体、利他主义/亲社会行为、享受
Nardi 等[35]	2004	博客用户	博客	访谈法 文本分析	记录生活、发表观点和见解、情感宣泄、与他人建立关系、通过写作整理思路
OECD[97]	2007	—	—	定性描述	技术驱动力、社会驱动力、经济驱动力、制度和法律驱动力
Krishnamurthy and Dou[101]	2008	社区用户	在线社区	定性描述	知识共享、表达立场、社会联系、娱乐/自我表达
Daugherty 等[14]	2008	互联网用户	—	调研法	功利、知识、自我防御、价值表达
Shao[9]	2009	—	—	定性描述	获取信息和娱乐、社交互动和社区发展、自我表达、自我呈现
Pempek[106]	2009	大学生	Facebook	调研法	社交互动、身份表达
Christodoulides 等[87]	2012	—	—	访谈法 调研法	共同创造、社区、自我概念
Wang and Li[107]	2014	大学生	Facebook	调研法	内容吸引力、信任、感知能力、感知自主性、个体差异

续表

文献来源	年份	研究对象	研究客体	研究方法	动机因素
Sun 等[32]	2017	社区用户	在线评论社区	调研法	货币激励、社会联系
Crowston and Fagnot[108]	2018	社区用户	Wikipedia	调研法	感知需求、专长以外的能力、个人动机、享乐、积极/消极反馈、声誉、好奇心、学习
González-Rodríguez 等[8]	2021	参与 UGC 的用户	旅游相关在线社区	调研法	共同创造、授权、社区、自我概念、人格特质

国外对用户使用媒体动机的研究最早聚焦于传统媒体。卡茨（Katz，1974）等[103]和麦奎尔（McQuail，1987）[104]从传播学角度出发，基于使用与满足理论分析用户动机。卡茨（Katz，1974）等[103]基于社会和心理功能角度提出35种激励个体使用传统媒体的动因，并将其归纳为五类，分别为认知需求、情感需求、个人整合需求、社会整合需求和压力释放需求。麦奎尔（McQuail，1987）[104]将使用传统媒体的个人动机描述为信息、整合与社交互动、个人身份和娱乐。

新兴媒体领域对用户生成内容动机的研究主要针对在线社区和博客，相关文献较多，本研究列举了具有代表性的成果。瓦斯科和法拉杰（Wasko and Faraj，2000）[105]以三个技术社区为研究客体，采用调研法和内容分析法分析发现，影响用户参与虚拟社区的主要因素有社区利益、广义互惠和亲社会行为，具体包括共享内容的有用性、互惠性、学习、同辈群体、利他主义或亲社会行为、享受或娱乐。纳尔迪（Nardi，2004）等[35]在2003年4月至6月对23名用户进行访谈，并对博客文章进行文本分析，归纳发现用户使用博客的原因主要有记录日常生活、发表观点和见解、情感宣泄、与他人建立关系以及通过写作整理思路。2007年，OECD在报告中对用户生成内容的动因总结为技术驱动力、社会驱动力、经济驱动力以及制度和法律驱动力四个方面。

基于功能性动因、理性动因和感性动因等角度对用户生成内容的有关研究中，克里希纳穆尔蒂和窦（Krishnamurthy and Dou，2008）[101]根据用户行为的主要目的，将用户生成内容的动因区分为理性动因和感性动因，理性动因包括知识共享和表达立场；感性动因包括社会联系和娱乐。多尔蒂（Daugherty，2008）等[14]2008年对325名用户进行调研，验证了功能性动因：功利、知识、自我防御和价值表达对用户生成内容存在显著影响，并且由对用户生成内容的态度决定。

邵（Shao，2009）[9]在2009年基于使用与满足视角，提出用户生成内容分为消费、参与和创建三个维度。三种不同动因驱动三种不同行为，用户为获取信息和娱乐进行消费行为，为社交互动和社区发展进行参与行为，为自我表达和自我呈现进行创建行为。用户生成内容的易用性和用户可控性两个属性促使用户产生消费、参与或创建行为，从而获得心理上的满足感。

伴随社会化媒体的不断发展，学者对用户生成内容的研究逐渐聚焦于Facebook和网络社区等用户量较大的平台。皮姆派克（Pempek，2009）等[106]以大学生群体为研究对象，以Facebook为研究客体，要求92名学生记录一周内每天的Facebook使用情况，分析发现大学生群体对Facebook的使用动因主要为社交互动和身份表达。赫里斯托祖利蒂斯（Christodoulides，2012）等[87]以品牌相关的用户生成内容（Brand－Related UGC）作为研究主题，对202名涉及博客、社交网站、照片分享和视频分享等多个社会化媒体平台的用户进行在线调查，分析发现用户创建与品牌相关的内容受其对共同创造、社区和自我概念认知的影响，而不受赋权的影响。王和李（Wang and Li，2014）[107]以自我决定理论为基础，以美国大学生为研究对象，以Facebook为研究客体进行调研，分析发现感知能力、感知自主性和个体差异对用户生成内容产生正向影响。孙（Sun，2017）等[32]利用在线评论社区的用户行为数据，提出货币奖励对在线评论社区的用户生成内容具有显著影响且受到社会联系的调节，认为当在线社区完全依赖内在动机时，社会联系密切的用户会更频繁地作出贡献，增加货币激励对社会联系密切的用户存在消极影响，对社会联系较少的用户存在积极影响。

以往研究通常将用户生成内容动机视为一种单一的、静态的、个体现象，克劳斯顿和法尼奥（Crowston and Fagnot，2018）[108]却认为动机是动态的，既相互独立又相互关联，并基于社会运动理论将用户生成内容贡献阶段划分为初始贡献、持续贡献和元贡献，不同贡献阶段由不同动机驱动，并通过维基媒体基金会（Wikimedia Foundation）调研的数据集得以验证。

近年来，学者以特定在线平台为研究客体对用户生成内容进行针对性探讨。冈萨雷斯·罗德里格兹（González - Rodríguez，2021）等[8]以创建过旅游相关在线评论内容的用户作为研究对象，对中国用户和西班牙用户调研分析发现，共同创造、授权、社区和自我概念是用户生成内容的关键动因，但相同动因对两个国家人群的作用强度有所不同。同时，人格特质包括神经质、外倾性、开放性、宜人性、尽责性，在四个动因与用户生成内容之间起到调节作用。

②国内用户生成内容动因的相关研究。

国内对用户生成内容的动机研究起步较晚但发展较快，围绕社会化媒体的演变历程和研究进展取得丰富成果。本书梳理总结了国内经典用户生成内容的动因文献，详见表2-5。

表2-5 国内用户生成内容动因的相关研究

文献来源	年份	研究对象	研究客体	研究方法	动机因素
金兼斌[109]	2004	—	博客	内容分析法	相对优越性、情感满足、文化和价值观的相符性、相对不利性
王明辉和李宗波[110]	2009	大学生	博客	调研法	获取名利、情感抒发、信息共享、人际沟通
范晓屏[36]	2009	网络用户	虚拟社区	调研法	外显动机、内隐动机、内在化、认同感
赵宇翔和朱庆华[111]	2009	—	视频网站	定性描述	社会驱动、技术驱动、个体驱动、人口统计学特征
赵宇翔等[10]	2012	—	—	荟萃分析法	外部表象动因、投射动因、鉴定动因、融合动因、内部动因
柳瑶等[112]	2013	微博用户	微博	调研法	社会诱因、技术诱因、内在需求
孟健和姜燕[113]	2015	学生、社交平台用户	大众点评	调研法	社会驱动、技术驱动、个体驱动
范哲和张乾[114]	2015	问答网站用户	问答网站	调研法	利他、互惠、社会认同、自我提升

续表

文献来源	年份	研究对象	研究客体	研究方法	动机因素
王雨心等[115]	2018	网络用户	微博	调研法	信息价值、自我呈现、社会认同
王兴兰[116]	2019	大学生	虚拟学习社区	调研法	结果预期、社会交互关系、认同感、从众效应、权威引导

国内早期对用户生成内容的动因研究主要聚焦于博客和虚拟社区等社交网站。金兼斌[109]采用质化研究法获取用户的博客内容，分析发现用户的博客写作动机主要有四点：第一为相对优越性，具体涉及提升、改善工作效率和质量、促进个人文本记录；第二为情感满足，涉及自主表达欲望的满足、个人自我实现的需要和形象的提升；第三为文化和价值观的相符性；第四为相对不利性。王明辉和李宗波[110]对河南省 4 个城市 6 所高校的 783 名在校学生调查发现，博客写作动机涉及获取名利、情感抒发、信息共享和人际沟通四个方面。范晓屏[36]以 Chinaren 社区、天涯社区和 QQ 论坛等 11 个非交易类虚拟社区为研究客体，对用户调研并通过聚类分析发现，个体参与非交易类虚拟社区的动机分为个体层面动机和群体层面动机，个体层面动机包括外显动机（信息性动机和工具性动机）和内隐动机（娱乐动机、审美动机、逃避现实动机、社会联系动机和社会强化动机）；群体层面动机包括内在化和认同感（认知、情绪和评价）。

赵宇翔在 2009 年[111]和 2012 年[10]分别对用户生成内容动机的已有文献汇总整理。2009 年的研究兼顾宏观和微观层面，融合心理学和行为学认知视角，将用户生成内容的动因划分为社会驱动、技术驱动、个体驱动三个维度和人口统计学特征这一调节集。其中，社会驱动维度包括主观规范、信任、认同感、共同语言、共同愿景、互动性、线下活动、感知的响应以及以往经验或体验；技术驱动维度包括感知易用性、感知有用性、技术任务适配性、技术可靠性、隐私和安全；个体驱动维度包括好奇心和兴趣、感知乐趣、利他主义、外部奖励、互惠性、编辑的投入、自我形象、认可、自我效能、归属感、责任和义务；人口统计学特征涉及性别、年龄、地域和教育背景等因素。2012 年的研究对上述内容进行了补充，将用户生成内容的动因看作一个渐变的波谱，依次界定为外部表象动因、投射动因、鉴定动因、融合动因和内部动因。其中，外部表象动因包括物质奖励、潜在机会、互惠性、外部机会和奖励；投射动机包括同行认知、感知易用性、感知有用性、泛在信任、主观规范；鉴定动机包括社会认同感、荣耀、专指信任、技术任务适配性、隐私和安全；融合动机包括虚拟社区感、归属感、以往经验或体验、共同愿景、责任感和义务；内部动因包括感知乐趣、个体能力提升、好奇心和兴趣、自我形象、利他性和自我效能。

柳瑶等[112]、孟健和姜燕[113]从社会、技术和个体三个层面探讨用户生成内容的动因。柳瑶等[112]通过文献分析和深度访谈，提取影响微博用户生成内容的动机。其中，社会诱因层面包括社会提升和社会交往；技术诱因层面包括感知易用性和安全；内在需求层面包括表达记录、娱乐消遣和收益。孟健和姜燕[113]在社会驱动层面选取社会交往和社会信任；技术驱动层面选取感知易用性和感知有用性；个体驱动层面选取享乐动机、利他动机和外部奖励因素，以团购和评价类网站——大众点评为例进行模型验证。

范哲和张乾[114]、王雨心等[115]和王兴兰[116]采用调研法对不同社会化媒体平台进行探索。范哲和张乾[114]基于 MOA 模型，即动机（Motivation)—机会（Opportunity)—能力（Ability）模型，考察问答网站中的用户贡献行为，结果表明利他和互惠的动机、平台提供的机会以及用户自身拥有的理论知识转化为内容输出等能力均为用户贡献行为的重要因素。王雨心等[115]基于社会认知理论和价值理论，通过调查问卷法提出社会化媒体情境下用户生成内容的动机主要有信息价值、自我呈现和社会认同。王兴兰[116]以虚拟学习社区为研究客体，通过模型构建和验证，表明个体的结果预期、社会交互关系和认同感对用户生成内容产生直接影响，从众效应和权威引导对其产生间接影响。其他学者对用户生成内容动因的研究与前述国外或国内学者存在重叠部分，不作赘述。

（3）用户生成内容的作用结果。

现有研究主要从个体和企业两个层面探讨用户生成内容的作用结果。个体层面的影响结果主要聚焦于用户认知和行为意愿两个方面。用户认知方面的研究表明，用户生成内容具有高诊断性和高影响力，对感知风险[38]、感知有用性、感知可信度[117]、用户满意度[37]、情绪反应、认知反应[6]和情感依恋[7]等具有显著影响。在行为意愿方面，最直接的影响是后续的行为反应，个体面对用户生成内容可能产生即时反应，如冲动购买和信息传递，也有可能产生潜在反应，如未来的购买意愿[6]。在潜在反应方面，用户生成内容作为主要信任的信息来源和决策过程的重要环节，可用来预测用户行为。现有研究普遍关注了用户生成内容对产品或品牌购买意愿的作用。研究认为用户生成内容有利于提升对时尚产品（Fashion Product）[102]和原创奢侈产品（Original Products）[118]的购买意愿。除此之外，有研究关注了用户生成内容对个体心理方面的影响。首先，研究认为用户生成内容与个体的自恋、自尊等存在一定联系。例如，个体通常利用社交网络和照片进行自我呈现，包含创建者照片的用户生成内容通常与积极的自我形象和自恋相关[119]，而不包含创建者照片的用户生成内容则与自恋或自尊无关[120]。其次，用户生成内容与个体认同之间通常被认为存在相关关系，用户生成内容为个体提供与他人分享意见并表达自我的机会，为塑造新的社会身份创造条件，并获得同伴认同[121]。最后，用户生成内容还有助于缩小预期和实际产品体验之间的心理差距[37]。综上所述，用户生成内容作为“大众智慧”的反映，现有研究为其与个体认知和行为之间的关系提供了初步依据。

企业层面的影响主要包括两个方面，一是对销售型企业的影响，二是对平台型企业的影响。对于销售型企业，用户生成内容最直接的是对品牌相关维度的影响。用户生成内容通常涉及与品牌相关的主题[92]，此类用户生成内容能够激发用户对品牌的认知和选择，例如，提高品牌参与度[6]、品牌关系质量[122]、品牌态度和点击意愿[123]。作为一种建设性意见的表达，用户生成内容对品牌的影响并非总是积极的，例如，负效价的用户生成内容会损害品牌参与度，并对品牌信任水平产生不良影响[124]。根据归因理论，个体如果将用户生成内容的发布归因于获取经济收益或物质奖励，就会对发布动机产生怀疑，从而对品牌态度产生负面影响。除此之外，现有研究还关注了用户生成内容对企业绩效的影响。有研究认为用户生成内容对提高企业绩效有着非常明显的效果[125,126]，但也有研究提出用户生成内容对企业绩效的影响可以忽略不计[127]或者视具体情境[128]而定。相较于用户生成内容在销售型企业的影响结果，鲜有研究聚焦于平台型企业的影响，较少的研究主要聚焦在平台参与度等方面，研究普遍认为用户生成内容有利于提高平台参与度。例如，用户生成内容作为用户自发行为的表现，往往对社会化媒体平台的整体参与程度具有积极影响，因为它不由企业控制的营销策略所驱动，更具真实性和可信度[129]，此类用户生成内容的消费和贡献均可提高对平台的整体参与程度。总体而言，关于用户生成内容对企业层面的作用结果研究中，对用户生成内容作用结果的共识尚未形成，需要进行系统整合。

（4）研究评述。

通过梳理可以发现，用户生成内容研究由来已久，大量学者基于不同视角对其驱动因素和作用结果进行了深入探讨，使用户生成内容成为管理学领域的重要研究主题。但受限于研究情境，现有研究仍存在以下不足。

①现有用户生成内容的文献大多将其视为一个整体性概念，鲜有研究深入剖析多维度用户生成内容的独特驱动因素和影响结果。当前的用户生成内容理论研究主要将其视为单维度的整体性概念[7,8]，将用户生成内容视作电子口碑，从用户生成内容的综合水平和提取的单个层次特征两个方面考察动因与结果[130]。前者主要涉及离散度[40]、效价、数量[37]和评级[39]等方面，后者主要涉及用户生成内容的特征[39]和有用性[131]。然而，最初的用户生成内容研究并非局限于将其视为单维度的概念，还将其作为一个多维度概念加以表述[9]。虽然已有研究开始关注用户生成内容的多维度等主题，但通常从内容特征的角度进行探讨。例如，赵（Zhao，2022）等[132]将用户生成内容划分为规范性、信息性和社会性三个维度。现实中，用户生成内容不仅能理解为内容表达，也可以解释为一种个体行为。例如，在专业新闻网站中进行的用户生成内容消费（UGC Consumption）或用户生成内容创建（UGC Production）两类行为[133]，或者在社交网站中进行的消费、参与和创建用户生成内容三类行为。近年来，有学者开始关注用户生成内容的行为维度，但鲜有学者从行为强度角度探究消费、参与和创建三类用户生成内容行为的特殊表现和重要意义。可见，根据切入点的不同，将更多用户生成内容的维度纳入研究，不仅能够扩展用户生成内容的研究视角，也有利于充分理解用户生成内容的产生和影响，构建更完整的用户

生成内容研究体系。

②对用户生成内容动因和结果的探索大多集中在传统社会化媒体范畴，分析社会化商务情境下驱动因素和作用结果的研究相对有限。以往用户生成内容的研究局限在博客[35]、虚拟社区[36]和问答社区[114]等传统平台。然而，新兴的社会化商务不是电子商务与社会化媒体的简单结合，而是一种在电子商务网站添加社交层或将零售商联结到社会化媒体的形式[134]，用户互动和用户参与更加突出，交易功能更为隐蔽，识别难度较高，更易获得用户信任，实现商品交易[82]。虽然近年来有学者开始关注社会化商务平台，但大多研究关注增加社交功能的电子商务平台[135~137]，对增加广告、交易功能的社交平台研究并不充分，仍处于初步探索阶段，尚未形成系统的理论框架。考虑到日益复杂的媒体环境，需要聚焦特定社会化商务平台，构建一个涵盖群体共同特征的模型来识别并描述特定群体使用社会化媒体的一般行为模式[138]。鉴于媒介特征的差异，针对传统媒体所建立的理论框架可能无法完全适用于新型媒体平台，消费环境的改变使用户的心理与行为在不断异化中发生变化。因此，突破传统媒介的束缚，将用户生成内容研究纳入社会化商务平台之中，不仅能够扩展用户生成内容的研究情境，还有利于针对性地对用户生成内容的前置驱动因素和后置作用结果进行更全面、更系统地研究。

③有关用户生成内容的研究对象大多集中于城镇居民[14]和大学生群体[106]等，鲜有将我国农村居民作为研究对象进行探讨。我国经济社会发展中客观存在的城乡二元结构特征，使得城乡居民消费必然存在差异[139]，其中，消费差异主要表现在消费行为、消费环境、消费规模[140]和消费心理等方面。在消费行为方面，农村居民表现出的网络消费频率、消费金额均低于城镇居民，选择的商品种类也相对较少[141]。在消费心理方面，相较于城镇居民，农村居民对商家的信任程度、网络消费产品的可靠性、品牌产品的偏好程度普遍呈现较低水平[141]。社会化商务平台的出现为农村居民重建社会关系、加强分享交流提供了有效渠道，此类互联网技术的不断发展从需求侧和供给侧两个方面共同刺激农村消费，有效改变了农村居民的消费观念、消费模式和消费结构[20,21]。这导致针对城镇居民和大学生等群

体的有关研究结论缺乏普适性，不能直接应用于农村居民这一特殊群体。除此之外，现有探讨用户生成内容对个体影响的研究中，主要强调对接收者的影响，即用户生成内容的主体与接收信息的主体不一致。鲜有研究讨论用户生成内容对发出者或表达者自身决策的作用效果[142]，即用户生成内容的主体与接收信息的主体一致。理论上，创建用户生成内容会导致个体自身未来行为的改变，尤其在用户生成内容激活个体特定目标的情况下[142]。因此，用户生成内容如何影响表达者自身的行为不应被忽视。通过文献综述可知，用户生成内容研究需要进一步扩展研究对象以及研究视角，对用户生成内容进行本土化研究，与我国本土化情境有机结合，对农村居民这一特殊群体展开探讨，形成针对农村居民的本土化路径，探索用户生成内容对农村居民自身行为影响的内在逻辑。

2.2.3 影响者营销的相关研究

（1）影响者营销的概念界定。

社会化媒体改变个体交流、沟通和影响彼此的方式[143]，用户可以利用社会化媒体分享个人观点或感受、创建任何形式的在线内容，在社会化媒体中形成独特的个性角色[144]。部分社会化媒体用户及内容受到其他用户青睐，积累大量粉丝，形成一定规模的关注者网络，这些受欢迎的社会化媒体用户被称为影响者[46]。影响者致力于通过社会化媒体获得更多注意力，形成真实的个人品牌，从而产生名人资本，被企业或广告商用于拓展用户[145]。社会化媒体影响者作为重要营销战略工具，引起学术研究和企业实践的广泛关注。表2－6梳理总结了现有代表性研究对影响者的不同定义。

表2－6　　影响者的代表性定义

文献来源	年份	影响者的定义
Brown and Hayes[146]	2008	对消费者观点和购买决策具有重要影响的所有第三方
Freberg 等[147]	2011	一种新型、独立背书的第三方，通过博客、Twitter 或其他社会化媒体影响受众态度

续表

文献来源	年份	影响者的定义
Carter[148]	2016	通常在社会化媒体拥有大量粉丝，并被认为是可信来源
Lou and Yuan[149]	2019	是内容生产者，在特定领域拥有专业知识，并利用社会化媒体定期创建有价值的内容，以吸引相当数量对品牌有营销价值的忠诚受众
Campbell and Grimm[150]	2019	在社会化媒体发布内容以换取报酬的个体
Deborah 等[151]	2019	活跃且有能力的社会化媒体用户，其他社会化媒体用户会关注并将其视为可信赖的信息源
Wong 等[152]	2020	在社会化媒体中向关注者背书或推荐产品的关键个体
Hudders 等[46]	2021	通常称为微名人（Micro－Celebrities），定义为在特定人群的成名状态，一般指通过社会化媒体成名的名人

可以看出，尽管学者描述影响者的具体措辞不同，但对影响者本质内涵的假定存在共性，揭示了影响者的两个核心特征：覆盖面（Reach）和影响力（Impact）[46]。其中，覆盖面是指拥有大量的关注者，并通过这些关注者产生重大次级影响力。覆盖面广的社会化媒体用户拥有大量的直接连接，或者通过图谱结构的中心节点与极具影响力的中心节点直接连接，进一步实现与大量节点的间接连接。影响力是指对其他个体决策的影响，影响者通常拥有一个专业的形象，专注于特定产品类别[153]，被认为是特定产品或服务积极口碑的可靠来源[154]，用户可能盲目信任其分享的内容[155]。

对影响者的战略使用称为影响者营销（Influencer Marketing），最初影响者营销的理念由布朗和海耶斯（Brown and Hayes，2008）[146]提出，可视为原生广告的一种特殊形式。影响者营销之所以产生是由于传统说服沟通形式的有效性逐渐下降，而且人们越来越意识到在线用户生成内容对于形成品牌偏好以及促进行为改变方面更加有效[148,156]。社会化媒体时代的快速发展不断扩展和丰富影响者营销的内涵，表2－7总结了现有代表性研究对影响者营销的不同定义。

表2－7　　影响者营销的代表性定义

文献来源	年份	影响者营销的定义
Brown and Hayes[146]	2008	对现实用户或潜在用户有重要影响的个体制定、实施营销战略或活动

续表

文献来源	年份	影响者营销的定义
Thorne[157]	2008	识别目标受众当中的关键决策者，并鼓励利用其影响力进行口碑营销的实践行为
Tuten and Solomon[158]	2017	利用社会化媒体技术、渠道和软件来创造、交流、传递、交换对组织的利益相关者有价值的产品或服务
Ahmad[159]	2018	企业与对用户购买决策有重要影响力的个体共同推广产品或服务
Childers 等[160]	2019	一种将线上用户与目标受众所信任且经常接触的品牌或服务相连接的策略
Lou and Yuan[149]	2019	一种利用关键人物或意见领袖影响力来提高品牌意识和驱动购买决策的营销策略
Martínez – López 等[161]	2020	在社交平台有众多追随者的意见领袖（名人或非名人），通过社交平台分享的帖子促进追随者对品牌产生积极态度和行为，鼓励影响者和追随者参与到社会化媒体中的品牌形象共创
Vrontis 等[18]	2021	企业通过向社会化媒体影响者提供免费产品或报酬等方式，促进影响者对企业的产品或服务进行背书或推广

（2）影响者营销的影响因素。

①现有研究主要从影响者的个体特征、影响者创建的内容特征以及与影响者有关的心理因素对影响者营销的有效性进行探讨。针对影响者个体特征方面，主要从人口统计特征和来源特征等方面考察。其中，人口统计特征包括性别和年龄等。研究发现女性社会化媒体影响者更具有吸引力，但也有研究认为影响者对同性别的消费者产生的作用更强[153]。年轻的社会化媒体影响者相较于年长的影响者吸引力更高[162]。但也有研究认为经验和知识与年龄有关，影响者的年龄越大[163]，表示拥有的知识和经验越多，也更具可信度[164]。关于影响者来源特征的相关研究已经积累了大量成果，来源特征包括内在特征和外在特征。内在特征包括影响者的可信度和吸引力[46]，其中，可信度具体表征为真实性和专业能力；吸引力表征为相似性、熟悉度和喜爱度。除此之外，被认为是真诚的影响者比不真诚的影响者在产品背书时更有效[165]，用户对有良好属性的影响者更容易形成移情效应。外在特征包括影响者的关注者数量和影响者类型。其中，关注者数量对影响者营销的有效性作用较为复杂，研究发现不同关注者数量的

影响者在参与率、真实性、亲和力和说服性等方面表现不同[46]。例如，与关注者数量超过100万的影响者相比，关注数量在10万~100万影响者的参与率更高，而关注者数量在1万~10万的影响者相较于关注数量在10万~100万的影响者，具有更高的真实性、亲和力和说服力[156]，这说明关注者数量并不是越多越好，在特定情境下反而会产生消极影响[44]。不同类型的影响者表现也存在差异，非传统名人相较于传统名人在可信度、亲和力等方面具有更好的表现[166]，专业型影响者（Expert Influencer）相较于吸引力型影响者（Attractive Influencer）在电子产品消费领域的优势更为明显[167]。

②除了受到影响者自身特征的作用，影响者营销的有效性还取决于生成内容的特征。现有研究主要从定量评价和定性评价两个方面进行探讨。其中，定量评价主要通过内容分享次数[166]、互动次数和浏览量[168]等评估影响者的营销活动。然而，这些量化指标往往受影响者控制，很容易被操纵[46]。格雷夫（Gräve，2019）[168]认为相较于此类启发式信息，评估营销活动应该更加重视评论中提取的情绪指标，即关注内容的定性评价。内容的定性评价主要包括影响者创建内容的评论情绪、内容的赞助披露、内容吸引力和内容类型等方面。首先，评论情绪表明关注者对影响者生成内容的内在感受，情绪净值（Net Sentiment）（正面评论的数量减去负面评论的数量）会影响专业评价[168]。其次，影响者营销的有效性也取决于生成的内容是否被赞助，赞助内容（Sponsored Content）通常被认为是将商业信息嵌入非商业内容之中，也称为原生广告（Native Advertising），影响者营销类似于原生广告中的隐藏式广告。内容的赞助披露存在双面效应，一些研究认为赞助披露存在积极影响，包括提高参与意向[169]和购买意向[170]等。而威尔曼和哈德斯（De Veirman and Hudders，2020）[171]认为赞助披露存在消极影响，因为赞助披露会通过增加广告识别度诱发广告怀疑。除此之外，还有学者针对具体情境研究发现，如果内容中推荐的是搜索型产品并且品牌知名度高或者是体验型产品并且品牌知名度低，个体对赞助内容通常倾向于积极态度[172]。再次，用户通常会被内容所吸引，如视觉愉悦[173]、信息丰富[174]或娱乐性[149]。当内容被认为具有视觉吸引力，能传达声望、展示专业知识，拥有信息性和互动性时，用户会对影响者表现出积极态

度[173]。同时，内容的原创性和独特性对个体的互动意愿也具有积极影响[19]。最后，内容类型对影响效果有显著作用，研究发现故事型博客内容相较于信息型博客内容获得关注者的观看时间更长[165]。

③除了影响者自身特征和生成内容特征之外，追随者接触影响者深层次心理过程的有关变量对影响者营销的有效性也非常重要，甚至可以认为影响者与追随者之间建立和培养的关系在影响者营销中发挥决定性作用[175]。首先，作为用户的参照群体，影响者主要通过增加用户期望、提供信息和情感依恋三种方式对用户进行说服[176]。社会化媒体影响者的影响力来自于满足关注者的需求，进而与其建立情感联系[177]。恩克和博彻斯（Enke and Borchers，2019）[178]也认为影响者营销的相关研究中，最关键的是与追随者建立亲密联系，影响者和追随者之间的情感联系有利于增强个体信心[179]。胡（Hu，2020）等[180]从心理学角度出发，认为追随者对社会化媒体影响者的理想化认同（Wishful Identification）和准社会互动（Para - social Interaction）有助于产生对影响者的黏度（Stickiness）。其次，追随者与影响者之间建立的关系质量有利于促进影响者营销[178]，在结构上，两者之间可被描述为同伴关系（Peer - to - peer - relations），例如朋友关系[181]或基于平等感[182]的关系。再次，对影响者的文化联结可以转向产品或品牌[183]，追随者为获得相同联结，会产生购买产品或品牌的动机[184]。因此，影响者与背书产品或品牌的一致性或契合度，可以提高对广告、产品和品牌的好感度[185]。最后，追随者对影响者产生的感知愉悦性和灵感[177]等因素对影响者营销的效果发挥关键作用。

（3）影响者营销的作用结果。

①影响者营销的核心内容是对个体的影响，这也是实现营销绩效目的的有效衡量方式。现有研究主要以个体为对象，从个体认知和行为两个方面探讨影响者营销的作用结果。个体认知层面的相关研究已经形成丰富成果，主要集中在品牌认知和广告认知两个方面。其中，品牌认知方面大多探讨 B2C（Business to Customer）背景下，影响者利用社会化媒体中的电子口碑为产品或品牌背书。研究发现影响者营销策略的应用可以提升品牌认知度和影响力[149]，具体地说，对个体的品牌态度[44]、品牌信任[179]、品牌

意识、品牌喜爱度[171]和品牌赞赏感[167]等均有强大的影响力。在广告认知方面，一方面，影响者营销在一定程度上可视为原生广告的隐藏广告效果[146]，影响者的影响力以及权威性对赞助商极具吸引力。另一方面，个体在网络中通常具有更高的目标导向，更有可能被广告所刺激[156]。同时，个体在社会化媒体花费的时间相较于印刷媒体更多，也更容易接触到影响者创建的赞助内容[46]。内容的赞助披露会提高个体的广告识别能力[171]，激活个体的说服知识和广告素养[186]。进一步地，广告识别可以引发对营销传播的行为反应。根据心理抗拒理论（Psychological Reactance Theory），个体意识到说服意图时，很有可能倾向于抵制说服[187]。研究发现广告识别导致个体对产品态度、品牌态度以及影响者的态度[188]都产生负面影响。产生这一现象的原因在于广告识别导致个体认为广告存在一定的强迫性[189]。除此之外，还有研究关注了追随者对影响者的认知变化，如影响者营销的应用对感知可信度[190]、忠诚度[191]和喜爱度[44]等存在差异化影响。

②相较于影响者营销在个体认知方面的作用结果，聚焦于个体行为方面结果的研究较多，大多集中在购买行为[177,192]和参与行为[19]两个方面。首先在购买行为方面，鉴于购买行为难以测量且意愿与行为有较高的相似性，在消费者行为研究中通常使用行为意愿代替行为。影响者营销对购买意愿的相关研究普遍认为影响者营销显著作用于购买意愿，但作用方向不尽相同。基于正向效应，研究发现影响者的受欢迎程度可以唤起个体更高的购买意向[193]，影响者发布的内容也会通过激发羡慕等心理变量来提高购买意向[192]。基于负向效应，研究发现相较于引导至网络店铺的首页，追随者被影响者直接引导至产品页面时，呈现较低的购买意愿。除购买意愿外，还有研究探讨了个体对影响者所给建议的采纳倾向。根据社会影响理论（Social Influence Theory），影响者可以对他人的信仰、信念、态度以及行为施加影响。研究发现影响者与追随者个性的契合度能有效提高接受影响者建议的意向[19]。还有研究基于社会学习理论（Social Learning Theory）进行探讨，金和基姆（Ki and Kim，2019）[173]提出追随者通常将影响者视为期望变得像或成为影响者一样的人，并通过模仿影响者的行为以及遵循影响者给出的建议实现这一目标。其次在参与行为方面，个体行为体现在

用户黏性、互动意愿以及推荐意愿等方面。研究发现追随者对影响者的心理反应有助于形成用户黏性，追随者愿意再次访问影响者主页，并延长在主页的停留时间[180]。影响者的账户特征通过意见领袖的中介作用对互动意愿和推荐意愿产生积极影响[19]。

（4）研究述评。

通过对研究的梳理可以发现，学者基于不同视角对影响者营销的影响因素和作用结果进行了深入探讨，使影响者营销成为管理学领域的重要研究主题。但受限于研究视角和研究情境，仍存在一些问题需要进一步探索。

①对影响者营销的影响因素和作用结果的探索大多基于“利他”视角，探讨影响者（信息源）对受众（接收者）是否产生影响，基于“利己”视角分析个体在影响者的作用下，对其自身产生何种影响的研究相对有限，进一步关注两者之间关系建立过程的研究更加鲜见。通过文献综述可以发现，大量的研究成果将影响者视为意见领袖[19]，从意见领袖的个体特征、生成内容特征以及心理因素等方面考察影响因素[194,195]，揭示相关变量对影响者营销策略有效性的文献层出不穷，虽然形成了丰富的研究成果，但缺乏探讨影响者对追随者形成关系内在作用机制的研究[47]。影响者成功的关键是其与追随者之间建立和培养的关系，也是潜在影响的重要前提[179]，两者之间的复杂交互值得深入探讨。在影响者营销的作用结果方面，现有研究大多探讨影响者对消费者行为决策等方面的作用结果[44,192]。虽然影响者一直被认为对消费者具有重要意义，但消费者行为特征在影响者的作用下对其自身产生何种影响也不应被忽视，因为影响者营销并不只涉及从发送者到接收者，即行为主体不一致，当行为主体一致时，自身行为变化如何影响行为主体同样值得深入研究。因此，基于“利己”视角，聚焦于影响者营销在影响者和追随者之间的作用机制仍存在较大的研究空间。影响者营销研究需要进一步扩展理论视角，更多地考虑用户自身行为，充分理解影响者营销在社会化商务平台发挥作用的内在机制，有助于评估影响者作为在线交流工具的有效性。

②对影响者营销的探索大多集中在传统社会化媒体平台，对社会化商务平台的研究相对有限。通过对影响者营销的文献综述可以发现，大量的

研究成果集中在Instagram[19]、YouTube[174]、微博[180]和Facebook[191]等社会化媒体平台。然而，最近一些学者已经注意到，社会化商务平台正在逐渐取代传统媒体，成为影响者营销活动最重要的战略渠道。社会化商务平台不同于传统媒体，一方面，社会化商务平台的社交功能与商务功能更为突出，社会环境以产品为导向转变为以客户为导向，更专注于影响者与追随者之间的互动[196]。另一方面，社会化商务平台的呈现形式以视频为主，内容更加视觉化和直观化，为影响者营销的在线环境带来全新变化。越来越多的研究发现，动态产品呈现方式（视频和动态图像）比静态产品呈现方式（静态图像和文本）更生动，可有效增加个体对内容的参与和处理[197]。除此之外，社会化商务平台提供了更为便捷的信息传播交流渠道，更有可能吸引易受到影响者营销传播形式影响的用户群体，例如农村居民，这是以文字为主的媒体平台难以实现的目标。因此，伴随社会化媒体的实践发展，现有影响者营销研究出现内容主题有限等瓶颈，关键问题在于忽视了不同社会化媒体平台的异质性[92]。影响者行为和消费者行为可能因为平台性质而有所不同[18]，史密斯（Smith，2012）等[92]也认为用户在生成内容和互动行为方面的差异取决于社会化媒体平台。鉴于社会化商务平台的独有特征，针对传统社会化媒体平台所建立的理论框架可能无法完全适用于社会化商务平台，若机械地将其应用至社会化商务平台，可能过于偏向一般性理论阐释，忽略造成理论解释与现实状况的明显偏离[198]。可见，突破传统社会化媒体的束缚，将更多社会化商务平台纳入影响者营销研究之中，不仅能够扩展影响者营销研究的理论视角和研究范畴，也有利于对影响者形成系统和深入的理论成果。

2.3 理论基础

2.3.1 媒体系统依赖理论

（1）媒体系统依赖理论的内涵。

媒体系统依赖（Media System Dependency，MSD）理论于1976年由鲍

尔·洛基奇和德弗勒（Ball - Rokeach and DeFleur，1976）[199]提出，侧重于解释媒体与受众之间的关系以及媒体如何影响受众。该理论认为大众媒体作用于个体，而个体依赖于媒体实现目标。媒体满足个体需求的程度越高，个体依赖媒体的倾向性就越强。该理论假设媒体使用是一种以目标为导向的活动，与媒体的互动反映用户对媒体的依赖程度，并且媒体、用户和社会在三方关系中形成一个有机、相互依存的结构[200]。媒体系统依赖理论认为，当今社会个体必须依赖媒体信息资源来实现各种目标，信息资源涉及所有类型的媒体产品，包括商业和广告信息[201]。鲍尔·洛基奇（Ball - Rokeach，1998）[202]将依赖关系概念化为强度依赖（Intensity Dependency）、多样性依赖（Referent Dependency）和目标依赖（Goal Dependency）。强度依赖是指依赖关系的强度；多样性依赖是指使用媒体特性或媒体活动的多样性；目标依赖是指用户达到的预期目标。帕特瓦尔汉和杨（Patwardhan and Yang，2003）[203]指出，无论处理产品、新闻还是其他类型的在线内容，媒体情境中的用户行为都表明个体对媒体的使用更具工具性。与其他类型媒体相比，互联网更倾向于主动而不是被动的用户，这意味着个体行为更具目的性和目标性。

媒体系统依赖关系的独特之处在于，结合了宏观和微观两个层面的效应，考虑了宏观层面对微观层面媒体消费的影响。微观层面上，媒体系统依赖理论认为，个体的依赖关系来源于实现需求的愿望，表现为媒体中的个人目标[204]。宏观层面上，个体的依赖关系更多地受到媒体和社会系统变化的支配，有助于检验媒体与其他社会系统之间的关系[200]。媒体系统依赖理论的微观层面提出个体与社会子维度的三个目标维度，分别为理解（Understanding）、目标（Orientation）和娱乐（Play）。理解依赖关系是个体对社会理解和自我理解的需求[205]，其中，社会理解是一个认知目标，是在当今社会经常面临的复杂环境中生存所必要的；自我理解是个体学会通过工作、爱好和人际关系实现自我。目标依赖关系侧重人际交往以及个体行为决策中有效和适当表现的需要，其中，行为目标涉及在各种情况下如何行动以及作出行为决定的实用信息；互动目标关注的是各种社会情境中与他人互动的适当行为以及理解他人的观点和行为。娱乐依赖关系关注享乐和逃避现实的需求[205]，其中，个体如果主要期望通过媒体获得娱乐和放松，将其作为一种暂时逃避社会规范的方式，则称为自我娱乐；个体如果将媒体内容用于社会关系的相关动机，与朋友、家人等进行愉快的体验，则称为社交娱乐。上述三种目标在个人和社会两个维度中进一步概念化，形成个体与媒体之间的六种 MSD 关系[206]，详见表 2－8。

表 2－8　媒体系统依赖关系类型

	维度		
	理解（Understanding）	目标（Orientation）	娱乐（Play）
自我导向 MSD	自我理解（self understanding）：对自我的基本认识，包括自我信念、态度和行为	行为目标（action orientation）：获得指导或解决问题	自我娱乐（solitary play）：独自娱乐和放松
社会导向 MSD	社会理解（social understanding）：了解朋友和组织	互动目标（interaction orientation）：获得与朋友互动的指导	社交娱乐（social play）：与朋友共同娱乐和放松

（2）媒体系统依赖理论的应用。

①梳理媒体系统依赖理论在用户生成内容研究中的应用。媒体系统依赖理论已应用于传播研究以检验与大众传播渠道的依赖关系，如电视[207]、报纸和广播[208]。媒体系统依赖理论虽然构建于传统媒体背景，但已广泛应用于社会化媒体[209]。社会化媒体的发展引入新的信息依赖来源，并为个体提供创建信息的能力，引发传播环境的根本性变化，也改变了依赖关系。社会化媒体允许内容消费者与他人互动、创建信息和传播信息，成为内容的生产者[210]。积极的生产者通过分享、表达或监视等各种信息来源以实现各种目标，也可以理解为通过用户生成内容行为实现需求。用户的需求满足或目标实现取决于媒体资源[199]。用户对社会化媒体的依赖始于理性使用方式，如娱乐和享受[211]。年轻的用户群体倾向于将社会化媒体获得的追随者和喜爱作为一种接受形式来实现自我满足，或者依赖社会化媒体表达自我个性以获得同龄人的认可[212]。部分用户习惯将社会化媒体作为与他人保持联系或观察他人生活的方式，将社会化媒体作为信息来源、

寻求建议等。不同情境使用媒体的动机与 MSD 关系相似[204]。鲍尔·洛基奇（Ball – Rokeach，1985）[200]和格兰特（Grant，1991）等[207]将理解依赖关系概念化为信息搜索的需要；将目标依赖关系概念化为人际关系的需要；将娱乐依赖关系概念化为享乐和逃避现实的需要。邱和黄（Chiu and Huang，2015）[204]认为 MSD 关系可被视为媒体使用动机。表 2 – 9 显示单一 MSD 关系维度如何映射媒体的使用动机。

表 2 – 9　　媒体使用动机与个体 MSD 关系的概念相似性

相关研究	动机	媒体类别	MSD 关系
Lee and Ma[213]	信息寻求	SNS	理解依赖
Roy[214]	广泛曝光	网络	理解依赖（社会理解）
Roy[214]	自我发展	网络	理解依赖（个人理解）
McQuail 等[215]	个人认同	电视	理解依赖（个人理解）
McQuail 等[215]	人际沟通	电视	目标依赖（互动目标）
Lee and Ma[213]	社会交往	SNS	目标依赖（互动目标）
Lin[216]	获得指导	电视	目标依赖（行为目标）
McQuail 等[215]	社会效用	电视	娱乐依赖（社交娱乐）
Smock 等[217]	消遣时间	SNS	娱乐依赖（自我娱乐）
Smock 等[217]	逃避现实	SNS	娱乐依赖（自我娱乐）
Roy[214]	放松	网络	娱乐依赖（自我娱乐）

②梳理媒体系统依赖理论在影响者营销中的应用。从宏观层面分析，媒体系统依赖理论认为在不确定和社会混乱的情况下，个体会更多地依赖大众媒体获取信息[199]。媒体影响者作为可信的信息来源，将其作为个体认知和行为的参考并不是解释影响者发挥作用的唯一方式，影响者与用户之间的潜在需求感知模式也可以产生或加强两者之间的联系，这种联系可以用依赖关系来描述[218]。媒体系统依赖理论认为，用户会对影响者有用且可靠的信息产生依赖，从而帮助其作出购买决策[218]。这与两级传播理论一致，该理论将传播过程提炼为两步，从媒介流动到意见领袖的信息传播，即为信息流；从意见领袖到用户的人际传播，即为影响流[219]，影响者

在个体和企业之间扮演中介角色，整理和传播与产品或市场有关的信息[220]，使信息内容和交流方式更适合于特定个体[218]。个体与影响者的相互依赖关系和互动过程会触发共享价值创造过程[221]，这一过程有效影响了个体行为。帕特瓦尔丹和杨（Patwardhan and Yang，2003）[203]以媒体系统依赖理论为研究基础，发现个体的在线行为和在线模式受到对社会化媒体感知有用性的影响，这种在线消费的预测因子称为互联网依赖关系（Internet Dependency Relations，IDR），加强了影响者通过提供信息以改变消费者购买行为的能力估计。从微观层面分析，媒体依赖具有非对称效应，个体目标和需求的实现取决于社会和媒介所控制的信息资源[200]。当信息媒介或信息来源提供满足需求或实现目标等有关资源时，个体的依赖程度更高[206]。这种依赖不仅表现在对影响者的依赖，还体现在媒介平台。个体为了满足需求会对特定平台产生强烈依赖，并将平台视为生活中至关重要的一部分[200]。研究发现个体和信息源之间的关系强度可以有效提高信息对态度和行为的影响[200]。用户的需求越大，对媒体平台的依赖程度越强，通过媒体传播的信息也越有可能改变个体的认知、情感和行为。研究发现，媒体依赖程度强的用户在消费选择上更容易受到正面或负面口碑的影响，并且无论是在评论中搜索信息，还是为了在线社区中的共同创造而传播在线口碑，都表现出更高的忠诚度[222]。还有研究将用户的媒体依赖视为购买行为的预测因素，社会化媒体提供的商务服务极为便捷，用户可通过视频等相关内容增加对产品或服务的接触，通过“立即购买”或“跳转购买”的链接产生消费行为[211]。霍（Ho，2015）等[223]指出，对社会化媒体更为关注的用户更有可能参与慈善捐款行为，更关注传统媒体的用户则更有可能参与绿色购买行为。布兰迪扎格（Bandyopadhyay，2016）[224]认为，用户在社会化商务平台受到刺激后会失去自控力，容易触发冲动购买。总体而言，个体与社会化媒体的联系越紧密，参与购买相关活动的可能性越高[225]。

（3）媒体系统依赖理论在本研究中的应用。

媒体系统依赖理论的研究在行为科学领域已经较为成熟，为本书的研究提供了重要理论支持。消费者行为领域中关于媒体系统依赖理论的研究也日益增多，然而，与传统媒体渠道不同，社会化商务平台的开放性使用户行为呈现异质性，仍有较多的实践问题亟待解决。基于此，本研究认为社会化商务平台赋予个体进行用户生成内容的能力，改变了个体与媒体的依赖关系，即个体可以从多个信息源获取信息来满足需求和目标，还可以通过用户生成内容行为对平台内容作出回应。具体来说，用户主动寻找特定媒体来满足特定需求、实现各种目标，用户的不同心理特征导致异质行为。同时，用户行为的异质性在影响者的作用下，可以用来预测特定媒体渠道中发生的其他活动。

本书拟基于媒体系统依赖理论，重点考察用户在社会化商务平台的心理差异对用户生成内容行为的作用路径。不同的用户生成内容行为作为特定媒体渠道的频率和依赖程度的表现形式，可能对用户行为意愿造成差异化影响，即重点探究社会化商务平台中用户生成内容行为产生的内在动机以及在影响者作用下可能产生的作用结果。本书认为，利用媒体系统依赖理论，从心理与行为视角解释用户行为的驱动和作用效应，能更好地揭示这种效应背后的内在机制。

2.3.2 准社会互动理论

（1）准社会互动理论的内涵。

社会互动（Social Interaction，SI）是在一定社会规范的约束下，个体与个体、个体与群体以及群体与群体之间进行信息传播而产生的互惠性社会交往活动[226]，也是参与社会互动的每一个主体以自己掌握的特定“社会符号”创建“社会情境”并实现符号传递和信息沟通的过程[227]。社会互动理论形成于20世纪30年代，是影响深远的社会理论流派之一，在发展过程中衍生出参照群体论、符号互动论、社会角色论和社会交换论等多个具有代表性的理论分支。尽管不同理论的侧重点有所不同，但都强调人际沟通是实现社会互动的主要方式[226]。社会互动理论产生后，霍顿和理查德（Horton and Richard，1956）[228]于1956年提出准社会互动（Para－social Interaction，PSI）的概念，意指用户将媒体人物视为亲密社会伙伴的程度，也可理解为个体为满足自我人际沟通需要，通过媒体渠道与媒体人物或内容产生具有明确沟通导向的行为。准社会互动不同于真实的社会互动，不存在实质性互惠行为[228]。媒体人物基于自身影响力和知名度吸引大量用户群体，但媒体人物不能完全了解用户偏好、掌握用户信息、明确用户心理诉求，媒体人物的一些暗示并不针对特定用户，用户的反馈也未必被媒体人物所接收，双方均处于单向的互动关系中，只是创造出一种较为亲密的幻觉。鲁宾（Rubin，1985）等[229]认为准社会互动可作为人际交流的功能性替代，而吉莱斯（Giles，2002）[230]认为准社会互动是真实社交行为的延伸，而不是替代。无论准社会互动是何种形式，个体均需要通过媒体与媒体人物交流沟通来满足社交互动的需求。

准社会关系（Para－social Relationship，PSR）来源于准社会互动，准社会关系与准社会互动这两个概念早期被交替使用来描述媒体人物与媒体用户之间的持续性联系，近年来学者逐渐对两者进行了区分[230,231]。霍顿和理查德（Horton and Richard，1956）[228]最早提出准社会关系的概念，媒体用户与媒体人物通过准社会互动建立联系，仿佛成为彼此社交圈的一部分，两者之间虚拟的亲密关系被称为准社会关系。准社会关系也被定义为一种单边的，由媒体人物控制且不易于双向发展的媒体人物与媒体用户之间亲近的、接近面对面的关系，类似于现实世界中的人际关系[228]或群体关系[232]。准社会关系中的用户可以随时退出这种关系，用户自身很少或根本不存在责任感和义务感[228]，当用户对社会接纳和归属感存在普遍需求时，准社会关系的吸引力就会增加。大多数的准社会关系涉及地位差异，准社会对象通常在财富、声誉或权力等方面高于用户群体，用户通常被称为粉丝，当前用来描述任何一种媒体形式或媒体人物的忠实追随者。

准社会互动与准社会关系被认为是社会互动和社会关系的补偿或代替，其中，补偿关系的观点在已有研究中占据主导地位。吉莱斯（Giles，2002）[230]认为准社会互动与准社会关系是正常社会活动的延伸，并且与社会活动的联系能够通过社会心理学解释其内在过程。准社会互动与准社会关系的社会认知过程基本相同[232]，两者存在较多相似之处，例如，现实社会情境与准社会情境吸引个体的特征具有显著相似性[233]。但是，两者在很多方面仍存在明显差异。第一，准社会互动通常理解为用户处于双向互惠的社会互动幻觉，但没有必要将用户与媒体人物发展的准社会关系定性为幻觉，因为用户很可能已经充分意识到彼此关系的单向性[234]。第二，准社会互动是用户接触媒体人物的即刻心理反应，通常发生在观看过程，而准社会关系可超越即时观看，更倾向于因反复接触对媒体人物产生的喜爱感以及与媒体人物之间形成的短期或长期的参与关系[235]，在一定程度上趋于稳定。第三，准社会互动既不是积极的也不是消极的，用户可以对喜欢或不喜欢的媒体人物产生相同的互动行为，而准社会关系可以利用效价来定义和区分，如友谊和厌恶[234]。第四，准社会互动与准社会关系由不同因素驱动，准社会互动由注视等形式激活，而准社会关系则由媒体人物的特征或行为激活。准社会互动与准社会关系是渐进的状态，准社会互动可发展为准社交关系[236]。准社会互动是研究媒体人物与媒体用户单向关系的理论基础[237]，且不局限于传统媒体人物，可推广至 YouTube 等数字名人[26]。用户反复接触社会化媒体人物能够引发与传统媒体人物相似的情感增强[26]，随着关系的持续发展，用户会将社会化媒体人物视为值得信任的信息来源，并向其寻求建议[229]。鉴于此，准社会关系与准社会互动可以有效区分[234]。

（2）准社会互动理论的应用。

个体之间互动和关系的构建是社会化媒体的核心所在，社会化媒体影响者会有意识地与用户建立和维持这种准社会体验。为此，许多学者对于影响者和用户之间的准社会体验展开研究，即准社会互动理论在影响者营销研究中如何应用。

相关研究主要从影响者特征和内容特征两个切入点展开探索[226,238]。首先，在影响者的特征方面，用户长期以来接触演员、运动员、作家、音乐家和模特等传统名人[166]，随着 Instagram 和 YouTube 等社会化媒体的出现，用户接触到新型数字名人群体，并认为新型数字名人比传统名人更有影响力、说服力和信任度[166,239]。研究发现，影响者的吸引力在其与用户的准社会互动过程中起到关键作用，如果媒体人物的吸引力较弱，准社会互动便难以建立。李和沃金斯（Lee and Watkins，2016）[26]以准社会互动理论和社会比较理论为基础，研究发现 YouTube 视频博主的外表吸引力（Physical Attractiveness）、社交吸引力（Social Attractiveness）和态度同质性

(Attitude Homophily) 对准社会互动具有正向促进作用，提高用户对奢侈品品牌的感知和购买意愿。索科洛娃和科菲（Sokolova and Kefi，2020）[196]以Instagram和YouTube两个平台的媒体人物为研究对象，分析发现态度同质性和可信度对媒体人物与用户之间的准社会互动具有显著正向促进作用，能进一步提高用户对媒体人物推荐产品的购买意愿，身体吸引力对准社会互动存在负相关关系或不相关关系。媒体人物的权威、可信度和社会吸引力三个基本特征被认为是说服的基础，分别与顺从、内化和认同有关[240]。其次，在内容特征方面，影响者生成内容作为与用户沟通的媒介，内容的表达方式和呈现效果等体现信息质量的要素是影响准社会互动的关键因素。库久尔和辛格（Kujur and Singh，2017）[241]也指出在线内容特征，如生动性、互动性、娱乐性和信息性对用户参与行为具有直接影响，参与行为包括与其他用户的互动。最近有学者开始关注影响者与用户之间的准社会关系，用户通过评论、点赞或分享影响者的生成内容这一方式实现互动，这种互动行为对两者之间形成准社会关系具有显著促进作用[190]。同时，与媒体人物形成强烈准社会关系的用户，通过使用媒体平台和购买影响者背书或推荐的产品来肯定或维持这种想象的友谊[27]。雷尼凯宁（Reinikainen，2020）等[179]强调在社会化媒体平台关注其他个体间的互动也会对准社会关系产生影响。例如，对社会化媒体中用户与运动员之间的准社会互动研究发现，当运动员对特定用户作出回应时，能够显著提高仅仅浏览到两者互动行为的潜水用户的准社会体验。

（3）准社会互动理论在本研究的应用。

以往对准社会互动理论的研究通常交替使用准社会互动和准社会关系两个概念，少数区分两者概念的研究，通常更关注准社会互动在用户与影响者之间的作用效应，缺少对准社会关系的关注。除此之外，以往对准社会互动研究多以传统媒体为主，如新闻或情景喜剧等[190,226]，缺乏针对社会化商务情境下用户与影响者准社会体验的探索。与传统媒体不同，一方面，社会化商务平台的商务属性为用户与影响者之间的准社会体验提供更多场景，发布视频或网络直播等不受时间和空间限制，用户在浏览或观看过程能获得特殊的沉浸式场景体验。另一方面，社会化商务平台的社交属性增加了用户与影响者之间的互动方式，用户在社会化商务平台浏览影响者内容的同时，可利用点赞、评论或转发等用户生成内容行为实现互动，增加亲密感。由此，社会化商务平台用户和影响者之间的准社会关系对个体行为可能产生何种影响？对个体行为的影响机制可能发生何种变化？这些都是尚未探索的重要问题。

鉴于此，本书拟基于准社会互动理论，重点考察用户与影响者之间的准社会关系在用户生成内容行为和商业活动参与意愿之间的中介作用和调节作用。本书认为利用准社会互动理论，从用户心理与行为角度解释其与影响者的关系构建过程，可以更好地揭示这种效应背后的作用机制，弥补现有研究理论的不足。

2.3.3 社会认同理论

（1）社会认同理论的内涵。

心理学家马斯洛提出的需求层次理论将个体需求划分为生理需求、安全需求、社交需求、尊重需求与自我实现需求五个层次[242]。社交、尊重与自我实现等社会化需求的满足过程就是实现获得性认同的过程，将自我归属于群体、社会或国家。从现代心理学角度来讲，认同（Identity）的概念最早由 Sigmund Freud 提出，将认同看作个体与他人、群体或被模仿人物情感或心理上的趋同过程，是个体与他人存在情感联系的最初表现形式。现代实验社会心理学之父 Kurt Lewin 将认同应用到社会心理学领域，强调个体的群体归属和认同需求。拉比和霍维茨（Rabbie and Horwitz，1969）[243]、塔什费尔（Tajfel，1970）[244]以及塔什费尔（Tajfel，1971）等[245]通过最简群体范式（Minimal Groups）实验，表明在与组内成员互不认识且不存在社会互动的情境下，被试会给其所在组的成员分配较多资源。基于最简群体范式实验多在四个前提下进行：①参与者匿名随机分组，与其他成员未进行过面对面互动。②不存在该类别的先前经验，未形成群体内结构。③群体间不存在任何过去和文化。④分配决策不涉及个人利益，分析发现被试仅感知到分类就会给予其所在群体更多的资源和正面评价。通过分类感知使个体主观上与群体内其他成员产生归属和认同感，并给予内群体更多资源和正面评价的现象称为内群体偏向；给予外群体较少资源和较多负面评价的现象称为外群体歧视[246,247]。最简群体范式实验的结果表明，群体成员的身份意识是产生群体行为的基本条件，即使将个体进行一个简单、无意义的类别划分，也足以产生群体倾向。塔什费尔（Tajfel，1978）[248]在最简群体范式基础上，提出系统的社会认同理论（Social Identity Theory，SIT），认为社会认同是个体对所归属的特定社会群体或类属所持有的信念和认知，且作为群体一员能够感知其他成员带来的情感和价值。

社会认同理论是以个体和群体关系为核心进行群体行为研究，认为社会认同是个体自我概念的一部分，来自个体对社会群体成员身份的认知，涉及社会分类（Social Categorization）和社会比较（Social Comparison）两个过程[249]。社会分类是社会认同过程的认知基础，社会认同产生的前提是个体通过社会分类确认自我的社会身份，从而影响其行为方式。社会认同与社会比较之间关系的基本假设是个体出于保持或实现内群体优于外群体的心理，试图与外群体建立有利的社会比较，基于独特的群体特征和规范来区分自我和其他群体，最终实现对内群体的社会认同[249]。社会认同理论主要基于个体更愿意选择积极自我形象动机的假设，认为个体对群体的认同是群体行为的基础，通过社会分类的类型化过程增强群际差异，进一步产生内群体偏好和外群体偏见，从而在类型化过程中使个体对自身和所在群体产生认同。闫国疆[250]提出社会认同的理论要点：①个体总是有意识或无意识地对社会群体进行分类并给予评价，以此确定自我身份，将社会群体划分为内群体和外群体。②个体言行和内群体成员的特征趋于一致，在显著维度区别于其他社会群体且存在明显价值差异[249]。③强调个体能动性、社会情境要求以及个体与情境之间交互作用的结果。

（2）社会认同理论的应用。

社会认同理论自提出以来，作为群体心理的重要理论基础，成为阐述个体与群体之间行为的重要理论依据以及描述群体行为心理机制的有效分析框架，是社会心理学领域最具影响力的理论之一。在行为科学领域，有学者认为认同是影响者营销发挥作用的重要因素之一[47]。社会认同理论假设个体倾向于支持内群体，而不是相关的外群体[251]。因此，在社会化媒体背景下，社会认同很有可能影响用户对影响者信息的评价和反应[45]。霍格（Hogg，2018）[251]的研究支持这一观点，认为不论对营销活动评价如何，对影响者群体的社会认同都会使用户对信息和推荐形成有利态度和意图。现有研究认为个体产生认同的原因有两点[47]：一是当个体发现与影响者存在相似性时，如存在共同的兴趣、价值观或特征[153]，认同就会产生；二是当影响者的形象满足个体对理想形象的期望时，就会渴望成为与影响者一样的人，这是个体认同另一个人的表现。其中，第二点可以用社会学习理论来解释，个体通过向期望成为的个体学习来形成自我态度和行为模式，当个体将社会化媒体影响者作为学习的对象时，就会将影响者视为群体内成员，从而产生认同。最新研究发现，对影响者的认同感与个体后续行为密切相关[192,252]。例如，个体对影响者的社会认同与影响者所推荐产品的购买行为之间存在正相关关系，同时，社会认同在影响者类型与购买意愿之间具有中介作用[253]。金（Jin，2018）[254]在研究中证实了社会认同的中介作用，认为社会认同在影响者类型与准社会互动之间存在中介作用。

社会认同相关研究的背景大多侧重于网络社区，研究对象侧重于特定群体。在研究背景方面，学者们已经意识到社会认同在网络社区背景下对个体行为的重要影响，发现了社会认同对在线行为的驱动作用[255]。多拉基亚（Dholakia，2004）等[256]探讨了虚拟社区的在线参与意图，提出个体的社会认同程度越高，参与虚拟社区的欲望和意图越强烈。从这一角度来看，社会认同是个体确定自我归属于在线社区成员，满足基本社会需求并通过参与所属群体的社会行为，来维持积极认同的决定性动机[257]。李（Lee，2011）等[257]在多拉基亚（Dholakia，2004）等[256]的研究基础上探讨了品牌社区参与行为，提出社会认同为用户参与后续网络品牌社区行为提供了强大的社会动机。在研究对象方面，个体的自我概念由自我认同组成，每一个自我认同都沿着一个连续统一体发生变化，由一端的个人认同转向另一端的社会认同。个人认同反映个体特质差异，而社会认同则来源于类别或群体成员[258]。不同社会群体认同的文化存在明显差异性，个体倾向寻求与自我经历相似、价值观相近的个体交流互动，以重塑群体身份、强化群体归属感。社会认同对特定群体的研究涉及农村居民群体、农村流动人员群体[259]和运动员群体[260]等。周贤润[261]认为，新生代农民工的日常消费认同具有二元性与矛盾性，通常通过消费来寻求身份和情感归属。

（3）社会认同理论在本研究中的应用。

社会认同理论研究在社会学领域已经非常成熟，为本书的研究提供了理论支持。行为科学领域中社会认同的研究日渐增多，有关研究阐述了社会认同在影响者的作用下与个体态度、行为的相关问题，但较少有针对新型社会化媒体背景下，农村居民群体对影响者的认同及其态度与行为的系统研究。

鉴于此，本书拟基于社会认同理论，重点考察影响者与用户之间形成的社会认同在用户生成内容行为和商业活动参与意愿之间的中介作用。本书认为，利用社会认同理论，针对特定的社会化商务情境和农村居民群体，从群体的心理与行为角度来解释影响者对个体自身行为意愿的内在作用机制，有利于拓展社会认同理论的研究情境和研究范畴。

3　农村居民用户生成内容行为的动因与结果研究

3.1　理论推演与假设提出

社会化商务平台相较于传统社会化媒体平台增加了商务功能，社会化商务平台的普及鼓励了用户参与和社会互动[42]。快手和抖音短视频平台作为社会化商务平台的典型代表，允许用户创建个人账号信息、表达自我身份或与其他用户建立联系，同时可以查看、分享、讨论或上传内容，鼓励用户积极产生用户生成内容行为。此前研究侧重将用户生成内容行为作为反映用户对在线互动所感知价值的一般行为模式，然而，邵（Shao，2009）[9]在研究中指出，用户生成内容行为不是一般行为模式，涉及三个维度，这三个维度代表用户因互动程度不同而形成的特定参与模式。作为最低程度的参与，用户观看由其他用户创建的内容进行消费行为；中等参与程度下，用户通过点赞、评论或分享内容形成参与行为；高度参与程度下，用户创建新内容形成创建行为。表明同一用户根据情境和触发因素的不同，可成为消费者、参与者或创建者。同时，个体可能对特定用户产生发表观点的参与行为，而对另一用户只进行浏览等消费行为。尽管三种参与模式未遵循固定层次结构，但却彼此关联[9]。用户参与社会化媒体是为了寻求心理满足，但现有研究只考虑了一般的用户生成内容行为，并没有探讨心理动机如何对消费、参与和创建三种具体用户生成内容行为产生的影响。对三个层次行为的深入了解可以更好地理解用户在社会化商务平台的使用行为特征。消费者参与（Engagement）水平遵循从较低参与水平（如消费）到较高参与水平（如创建）的连续形式，动机因素和心理倾向是影响用户反应的重要原因[9]。

鉴于不同动机导致用户在同一平台会产生不同使用行为[262]，针对社会化商务这一新兴平台，已有的动机因素是否适用尚未可知。如若适用，动机因素如何影响用户生成内容行为；如若不适用，何种动机因素作用于用户生成内容行为，亟待探索。以往研究通常采用使用与满足理论，关注“个体通过何种方式满足需求”。有关研究试图识别和分离动机的各个维度，但尚未构建个体媒体使用动机的整体理论框架。媒体系统依赖理论关注“为什么使用这种媒体系统实现目标”，为揭示个体的媒体使用动机提供理论基础，这正是使用与满足理论所缺乏的[204]。鉴于使用与满足理论缺少对动机的精确或具体分类，造成理论知识缺口，本书使用媒体系统依赖理论范式，聚焦用户使用社会化商务平台的目标导向动机，阐述用户与媒体之间的依赖关系，为研究个体的媒体使用心理与行为提供更全面的理论框架，明确社会化商务平台的依赖影响用户生成内容行为的性质和程度。本书认为，个体的媒体系统依赖显著影响用户生成内容行为，并假设特定目标维度的强度与特定用户生成内容行为之间存在关联，进而检验不同目标维度与特定用户生成内容行为之间的预测关联。通过引入媒体系统依赖理论及其目标维度作为个体行为的可能差异化来源，以期进一步探讨用户心理与行为的重要性和相关性。基于关系角度，媒体系统依赖理论相较于简单量化平台的使用程度或强度，更适合作为测量方法，因为网络本身就具有较高的用户参与度，这就增加了与之发展关系的可能性，反之，也可能影响在线活动的性质和范围[203]。

(1) 社会化商务日益成为用户普遍接受的商业模式，新商业模式为传统商品提供多元化销售渠道，企业也将社会化商务平台作为在线品牌战略不可或缺的一部分，利用平台的社交功能和商务功能可有效提高品牌知名度、扩大参与度以及提升商业转化率。

在新型商业模式下，用户作为消费主体，如何将用户转化为产品购买者成为获取商业效益的关键环节，这也是社会化商务的价值所在。对商家而言，用户生成内容行为，一方面，能够促进用户更多地参与品牌相关的交流活动，增加品牌资产并促进后续购买行为[87]。另一方面，用户生成内容行为可作为一种用于品牌对话和洞察用户的工具。对用户而言，一方面，个体可利用用户生成内容行为获取社交知识和购买经验，有助于作出更明智且准确的购买决策。另一方面，用户生成内容行为的社交维度为用户提供与他人分享意见并表达自我的机会，为塑造新的社会身份创造条件，并获得同伴认同[121]。总体来说，用户生成内容行为作为“社交”功能的外在体现，对用户自身意愿及行为，或称为商业活动参与意愿及参与行为的重要性日益凸显。同时，用户的商业活动参与意愿及参与行为有效体现了社会化商务的“商务”特性，作为社会化商务平台的重要利润来源和长期发展的核心环节，对其进行研究具有较强的现实意义。现有社会化商务背景下探讨用户生成内容行为对个体决策行为作用机制的研究成果相对较少，尚未形成完整的研究框架。因此，本书着重探讨社会化商务情境下用户生成内容行为对个体行为意愿和决策的影响作用。

（2）社会化商务的快速发展为农村居民增加了信息获取的便捷性，使农村居民对社会化商务平台的黏性逐渐增加，从而改变农村居民的群体行为，具体表现在平台内的用户使用行为和产品购买行为。

用户使用行为方面，社会化商务平台成为农村居民的重要人际互动渠道，用户之间的互动行为，即用户生成内容行为日益增多，社会化程度逐渐加深。产品购买行为方面，社会化商务改变了农村居民的消费心理、消费观念和消费行为。因此，本书以社会化商务背景下的农村居民为研究对象，探讨这一特殊群体的心理与行为特征。

鉴于此，本章拟解决以下三个问题：①媒体依赖关系是否为多维的。②媒体依赖关系的不同维度是否能驱动农村居民不同类型的用户生成内容行为。③不同类型的用户生成内容行为对农村居民的行为意愿和行为是否产生影响关系。针对上述三个问题的全面探讨，不仅深化了对社会化商务平台作为社交工具和商务工具的理解，还增加了对农村居民这一特殊群体为何及如何使用社会化商务平台的深入了解，提高了既有理论在实证层面的解释力度。

3.1.1 理解依赖关系与用户生成内容行为

理解依赖关系可以根据社会理解依赖和自我理解依赖两个维度进行概

念化。德弗勒尔和鲍尔·洛基奇（DeFleur and Ball - Rokeach，1989）[263]提出当个体使用社会化媒体信息资源来理解及解释当前、过去和未来的人、事件和文化时，社会理解依赖关系是显著的。个体可以依靠社会化媒体获取信息资源，社会化媒体以此来满足个体的信息寻求动机，并日益成为用户的主要信息来源[264]。根据媒体系统依赖理论，理解依赖关系的重点是个体需要更好地了解自我和周围的新鲜事件。与社会化媒体的功能相似，社会化商务平台能够为用户提供信息交换和互动的可能，并为满足用户需求提供良好条件，用户也可以通过手机等移动设备便捷地获取信息。用户期望获取的信息体现在多方面，如了解产品或品牌的类别、用途等有关购买决策的信息以及第一手新闻等[265]。

基于获取购买决策信息的角度，用户之间虚拟、匿名、开放和薄弱的群体关系意味着用户不能依据身份识别和熟人介绍建立感知有用性，只有通过在线互动才能获得足够的产品信息资源[266]。用户的品牌选择和购买行为主要取决于有用的信息[31]，所有能够帮助用户作出良好购买决策的信息都具有一定价值，尤其在不熟悉产品价格和渠道质量的情况下[267]。用户只有获得足够信息，才能对所需的产品价值进行估计、判断，并产生购买意愿。基于这一动机，用户很有可能在社会化媒体平台进行搜索、浏览或评论等用户生成内容行为。基于获取新闻信息的角度，社会化媒体将新闻消费推向了一个新的数字时代，用户使用各种社会化媒体平台参与公共领域，并将社会化媒体和新闻网站纳入消费和分享范围中[268]。用户可以通过社会化媒体关注新闻媒体账号或通过浏览新闻热点等自发或偶然的方式接触新闻内容。移动短视频这一社会化商务平台的特性是微新闻，微新闻通常时间较短，每天不断更新，为用户不断查看新信息提供理由。

社会化商务平台的短视频内容为用户提供简洁和最新信息，用户获取信息会导致分享信息行为[269]，分享信息主要体现为用户主动创建内容或与其他用户互动[270]。先前研究表明，与内容消费相关的行为被视为被动消费行为，与他人分享信息的行为被视为主动参与行为。因此，当用户在社会化商务平台基于功能性动机寻求信息价值时，会影响用户的被动消费行为和主动参与行为。乔因森（Joinson，2008）[271]在研究里也指出，用户在SNS平台内通过消费内容和参与内容两种使用模式都能满足信息需求。鉴于此，合理估计用户为了满足自我或社会理解需求，会倾向在社会化商务平台消费或参与内容。值得注意的是，具有理解依赖关系动机的用户可能产生点赞、评论或转发等参与性行为，而不会主动创建内容[42]。库安(Khan，2017)[42]在研究中指出，如果基于信息性动机使用社会化媒体平台，用户作为信息搜寻者的身份通常不会分享视频或上传视频[42]，两者的回归系数并不显著。基于此，本书提出假设：

H3－1：农村居民与社会化商务平台之间的理解依赖关系积极影响农村居民的消费行为（H3－1.a）和参与行为（H3－1.b），但与创建行为(H3－1.c）不存在显著关系。

3.1.2 目标依赖关系与用户生成内容行为

目标依赖关系可以根据行为目标依赖和互动目标依赖两个维度进行概念化。个体在日常生活或更为重要的事件上会依赖媒体信息。德弗勒尔和鲍尔·洛基奇（DeFleur and Ball－Rokeach，1989）[263]提出，要通过发展行为目标依赖关系来指导个体特定行为。互动目标依赖关系提出的该做什么、他人是何种状态以及个体如何表现的问题[206]，通常是指获得处理人际关系或发展有效对话、社交以及人际交往技能的指导。社交是获得归属感的一种方式，与心理稳定相关。用户可通过社会化商务平台与其他用户交流和讨论以满足对归属感的需求，从而建立积极关系[269]。徐（Hsu，2015）等[272]将社会化媒体视为一种互动机制，当用户想要满足社交需求时，可以通过这种机制与他人建立社会联系。根据交往对象的不同，社会交往可划分为三个层次：一是了解熟悉的亲戚朋友近况，相互保持联系；二是结交新朋友，寻找具有相同或相似兴趣的个体；三是关注媒体人物的动态和生活。上述三个层次在社会化商务平台中都可实现。

对社会化媒体平台内容的参与以及和其他用户的互动是满足社交互动目标的重要手段，用户的社交动机反映为点赞、评论或创建内容等用户生成内容行为[42]。库安（Khan，2017）[42]指出，用户的社交互动动机是评论这一参与行为的最强预测因子。社会化商务平台的互动功能显著，用户可以便捷地与其他用户建立并保持联系。这一研究结论与兰格（Lange，2008）[273]的早期发现一致，对视频的评论可以促进更密切的社会互动。赵宇翔和朱庆华[111]研究发现，社会交互对用户生成内容行为具有显著正向影响，用户通常在创建内容或信息共享的过程中结识更多朋友，这一过程能促进用户持续性地进行用户生成内容行为。基于此，本书提出假设：

H3－2：农村居民与社会化商务平台之间的目标依赖关系会积极影响消费行为（H3－2. a）、参与行为（H3－2. b）和创建行为（H3－2. c）。

3.1.3 娱乐依赖关系与用户生成内容行为

娱乐依赖关系可以根据自我娱乐依赖和社交娱乐依赖两个维度进行概念化。自我娱乐依赖关系是指个体的主要目标是从媒体内容中获得愉悦和放松，社交娱乐依赖关系是为了促进人与人之间的社交互动，娱乐依赖关系可以导致评价性和体验性的媒体使用。信息技术的快速发展使用户不受时间和空间限制，随时随地获取各种形式的信息、娱乐和服务[274]。自我娱乐动机在逃避现实、缓解焦虑、享受和放松等方面具有重要作用。李和马（Lee and Ma，2011）[213]提出，娱乐动机是用户使用社会化媒体的重要驱动因素，社会化媒体为用户提供的关键价值就是让其摆脱现实并获得乐趣，尤其是移动短视频这类娱乐属性突出的社会化商务平台。舍弗尔（Schäfer，2017）等[275]用“快餐文化”这一概念描述消费较短形式数字内容的生活方式趋势，这意味着一种新型的内容消费模式。研究发现，“快餐内容”消费的主要动机是获得娱乐体验。数字内容为体验式消费提供两种途径，第一，数字内容是用户利用想象力实现愿望的一种方式。第二，数字内容有助于缓解压力，使用户能够暂时摆脱现实生活中遇到的问题。这表明用户渴望利用社会化媒体实现从日常生活逃离的愿望[276]，最终实现自我娱乐依赖。

消遣时间是用户打发闲暇时间的愿望，可以处理无聊[277]和孤独[278]这类不良情绪。用户在社会化媒体平台或社会化商务平台花费时间来访问其他用户创建的内容是为了放松或缓解不良情绪[9]，这个过程会导致用户更广泛地参与社会化媒体[279]。因为媒体用户如果满足自身的娱乐需求，就会对内容更加感兴趣，进而更愿意参与。鲁宾（Rubin，1994）[280]指出，与处于积极情绪的个体相比，处于无聊情绪的个体对含有娱乐属性的内容更加感兴趣。根据爱斯维尔（Elsweiler，2011）等[281]的观点，用户为了满足娱乐性需求会产生消费媒体内容的动机，而进行媒体消费这一过程是以搜索能满足娱乐需求的功利性内容为起点，对功利性内容的搜索是一种典型的信息消费行为。除信息消费行为之外，娱乐动机也会影响用户的参与和创建行为。考尔德（Calder，2009）等[282]的研究表明享乐体验，尤其内在享乐体验会增加用户对媒体的参与。例如，持有享乐性动机的用户会在网络社区内与他人分享信息或阅读新闻等[213]。库恩（Khan，2017）[42]对用户的社会化媒体行为分析发现，娱乐动机会显著预测用户浏览视频和阅读评论这类消费行为或分享视频这类参与行为。梁（Leung，2009）[283]也认为，用户在 Facebook 上的贡献（参与）行为主要与娱乐动机、社交或情感需求有关。基于此，本书提出假设：

H3－3：农村居民与社会化商务平台之间的娱乐依赖关系会积极影响消费行为（H3－3. a）、参与行为（H3－3. b）和创建行为（H3－3. c）。

3.1.4 用户生成内容行为与商业活动参与意愿

用户生成内容行为可以理解为用户参与度，是用户参与社会化商务平台各类活动的程度。其中，浏览和阅读等消费行为可视为被动参与[190]；点赞、评论、分享或创建等参与行为和创建行为可视为主动参与。用户的不同参与形式不是均匀分布的，而是由少数用户完成大多数活动内容，这种用户参与行为的分布类型称为帕累托原则，表明 80% 的工作由 20% 的个体完成[284]，与数学中的幂律分布函数类似[285]。因此，为了对用户生成内容行为有一个全面认识，需要将其细化为三种类型加以考察。

社会化商务平台在商业环境中的主要目的是吸引用户，并使用户由潜在购买者转变为现实购买者。随着用户在社会化媒体浏览时间的增加，媒体平台成为更有效、更强大的营销渠道，平台内具有说服力的信息能够改变用户态度[241]。早期研究发现，媒体使用经验积极影响个体的自我效能感[286]，用户使用媒体工具的经验越多或时间越长，用户参与媒体功能的倾向性越高。作为核心功能，媒体平台的商业活动很有可能也会受到用户参与经验的影响，并且相较于被动参与，主动参与用户的参与程度更高，更有可能对商业活动产生积极作用。布朗纳和内詹斯（Bronner and Neijens，2006）[287]的研究表明，用户高度参与社交网站时，对品牌广告的反应会更积极。多项研究再次验证参与行为可能产生更高的满意度[288]、信任度和忠诚度[289]。海诺宁（Heinonen，2011）[290]认为社会化媒体中的积极行为是市场的核心力量。基于此，本书提出假设：

H3 -4：农村居民在社会化商务平台的消费行为（H3 -4. a）、参与行为（H3 -4. b）和创建行为（H3 -4. c）对商业活动参与意愿存在正向促进作用，并且随着消费、参与到创建参与水平的逐渐提高，农村居民对商业活动的参与意愿逐渐增加。

3.1.5 商业活动参与意愿与商业活动参与行为

意愿的概念最初由心理学家 Fishbein 提出，并将意愿界定为个体采取特定行为的主观概率。行为意愿（Behavior Intention）是个体主观上采取特定行为的驱动力强度，通过个体为实现目标而采取特定行为的意愿和努力来衡量[291]。行为意愿通常用于解释实际行为[292]或预测行为发生的概率。理性行为理论（Theory of Reasoned Action，TRA）和计划行为理论（Theory of Planned Behavior，TPB）均认为行为意愿是行为的关键前因变量。用户参与是指用户参与产品或服务生产交付过程的程度[293]，包括生产、信息共享和决策制定等一系列广泛行为[294]，主要涉及交易过程中的行为联系[295]。参考既有定义，本书将商业活动参与意愿界定为用户参与社会化商务平台产品或服务销售过程的一系列广泛行为的倾向性，反映了个体参与商业活动行为的可能性。本书将商业活动参与行为界定为用户在社会化商务平台实际产生的商业行为。商业活动参与意愿体现出个体参与产品或服务购买的概率，商业活动参与行为能够体现个体实际行为。行为意愿是实际行为的直接决定因素，行为意愿越强烈，个体越有可能实施相应的行为。基于此，本书提出假设：

H3-5：农村居民在社会化商务平台的商业活动参与意愿积极推动商业活动参与行为。

综上所述，提出研究模型，如图3-1所示。

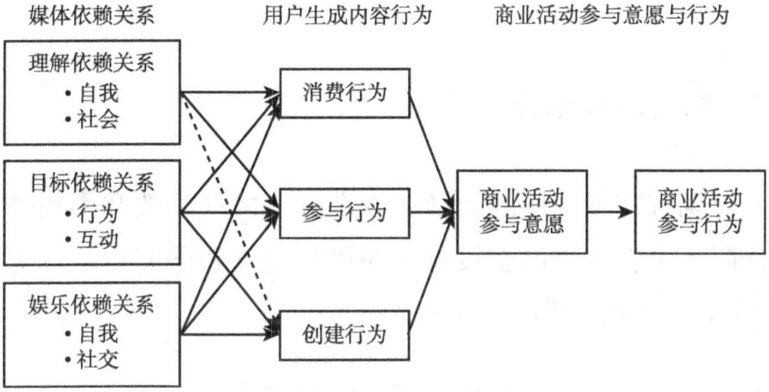

图3-1 研究一理论模型

3.2 研究设计

3.2.1 问卷设计过程

研究一采用调查问卷的方式收集数据，为了保证调查问卷内容的可靠性和有效性，调查问卷的编制过程遵循陈晓萍等[296]提出的问卷编制流程与规范，具体过程如下：首先，通过广泛的文献综述及研讨，初步确定研究问题与研究内容，并甄选可能采用的中英文参考文献及相关研究量表。其次，英文量表的翻译和回译步骤由课题组人员进行，保证中文题项表述不偏离原有问卷题项的含义，同时考虑到中国情境和农村居民，对部分用词进行微调。研究一采用 Likert 七点量表方法对各变量的题项进行测量，七点测量如下：1 = 非常不同意；2 = 比较不同意；3 = 有一点不同意；4 = 不确定；5 = 有一点同意；6 = 比较同意；7 = 非常同意。最后，初始问卷确定后，进行 50 人次的小样本预测试，主要考查题项的可理解性和表述的清晰性，检验是否存在明显遗漏的内容。根据预调研结果，对题项的部分内容进行调整，并根据预调研的信效度检验和被调查者的反馈意见对问卷进一步修订和完善，剔除关联度不大的无效观察变量并完善观察变量的表述，得到最终的正式问卷。

3.2.2 问卷题项选择

研究一对现有文献使用的测量量表进行了情景调整和小幅修改，使之符合社会化商务中农村居民在线行为的研究情境和研究对象。变量的测量量表见表 3 - 1，完整的调查问卷见附录 1。

表 3 - 1 研究一变量的测量量表

变量	题项	文献来源
自我理解依赖关系	使用社会化商务平台帮助我更了解自己	Chiu and Huang[204]
	使用社会化商务平台帮助我了解自己的兴趣	
	使用社会化商务平台帮助我了解自己的能力	
	使用社会化商务平台帮助我了解自己的价值观	
社会理解依赖关系	从社会化商务平台获得的信息有助于了解周围发生的事情	Chiu and Huang[204]
	从社会化商务平台获得的信息有助于了解国家的有关情况	
	从社会化商务平台获得的信息有助于了解世界大事	
	从社会化商务平台获得的信息有助于了解重大新闻事件	
行为目标依赖关系	从社会化商务平台获得的信息帮助我处理日常问题	Chiu and Huang[204]
	从社会化商务平台获得的信息帮助我规划活动	
	从社会化商务平台获得的信息帮助我解决问题	
	从社会化商务平台获得的信息帮助我如何做事	

续表

变量	题项	文献来源
互动目标依赖关系	社会化商务平台可以帮助我找到更好的方式来与他人沟通	Chiu and Huang[204]
	社会化商务平台帮助我了解如何在重要或困难的情况下处理问题	
	社会化商务平台帮助我在开始沟通时找到一些有趣的话题	
自我娱乐依赖关系	社会化商务平台可以让我放松	Chiu and Huang[204]
	社会化商务平台可以让我打发时间，特别是无聊的时候	
	社会化商务平台可以自我娱乐	
	社会化商务平台增加了我的乐趣	
社交娱乐依赖关系	社会化商务平台让我可以和朋友们做一些事情	Chiu and Huang[204]
	社会化商务平台让我和朋友们玩得很开心	
	社会化商务平台为我和朋友提供了一个休闲空间	
	社会化商务平台让我可以与朋友讨论更多的话题	
消费行为	通常在社会化商务平台随意浏览	Shao[9]
	通常在社会化商务平台阅读评论	
	通常在社会化商务平台观看他人视频	
参与行为	通常在社会化商务平台评论其他用户的内容	Shao[9]
	通常在社会化商务平台点赞其他用户的内容	
	通常在社会化商务平台转发其他用户的内容	
	通常在社会化商务平台下载其他用户的内容	
创建行为	经常在社会化商务平台上传视频内容	Shao[9]，Kaplan and Haenlein[90]
	经常在社会化商务平台发布原创内容	
	经常把最新动态或新鲜事等发布到社会化商务平台	
商业活动参与意愿	对社会化商务平台销售的产品或服务很感兴趣	Spears and Singh[297] Gupta 等[298]
	愿意参与到社会化商务平台上购买产品或服务	
	可能会在社会化商务平台上购买产品或服务	
商业活动参与行为	是否在社会化商务平台购买过产品或服务	

3.2.3 数据获取

研究一通过调查问卷的方式获取数据资料，调查问卷的编制过程严格遵循调查问卷编制规范，严谨地执行每个编制程序以保证问卷的科学性和有效性。数据获取阶段同样遵循抽样规范，详见图 3－2。

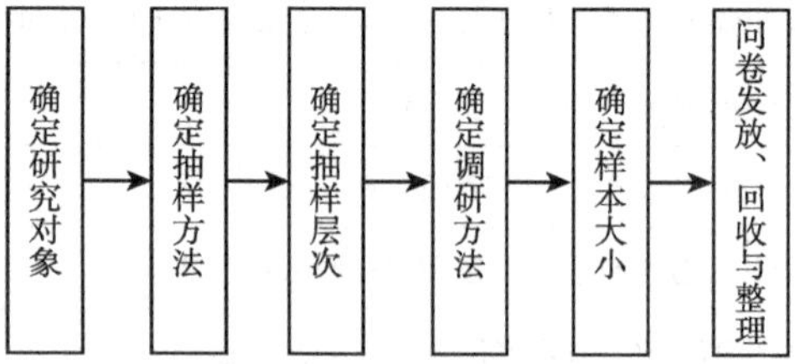

图 3－2　研究一数据获取的规范流程

（1）确定研究对象。首先明确研究一的目的与样本特征，基于用户视角，以用户在社会化商务平台的用户生成内容行为作为研究焦点，探讨用户生成内容行为的驱动因素与影响结果。同时根据研究目的，确定调研对象为农村居民，并满足以下两个条件：①属于本书界定的农村居民范畴。②两个月内使用过快手或抖音等社会化商务平台。

（2）确定抽样方法。由于疫情管控、研究者人力和社会资源等条件的限制，本书难以进行大规模的随机抽样。因此，主要采用滚雪球抽样（Snowball Sample）和便利抽样（Convenience Sampling）的方法进行。滚雪球抽样方法在社会科学研究的数据收集领域具有广泛应用，抽样从选择最初的被调查者（满足步骤一中的两个限制条件）开始，推荐其他符合条件的潜在被调查者，并依靠各自的人际网络进行扩散，通过滚雪球的方式使样本数量不断增加。便利抽样方法对样本的选择基于可用性，根据研究目的，研究者依据社会联系进行抽样。通过这种方式一方面可以有效提升样本数量，另一方面也可以借由研究者与被调查者之间的联系保证数据的有效性。本书中的便利抽样是以辽宁省沈阳市和葫芦岛市的农村居民作为被调查者。确定调查范围后，问卷发放至潜在被调查者[299]。

(3) 确定抽样层次。研究一所涉及的变量主要分为一个维度和两个层次，具体表述见图3-3。根据图3-3，研究一的变量可以按照维度和层次进行划分，农村居民的个体层次变量主要包含驱动因素和用户行为。驱动因素由理解依赖关系、目标依赖关系和娱乐依赖关系多个维度进行评价，用户行为变量由用户生成内容行为和商业活动参与行为进行评价。其中，用户生成内容行为由消费行为、参与行为和创建行为多个维度进行评价，要求被调查者根据自身情况如实填写。

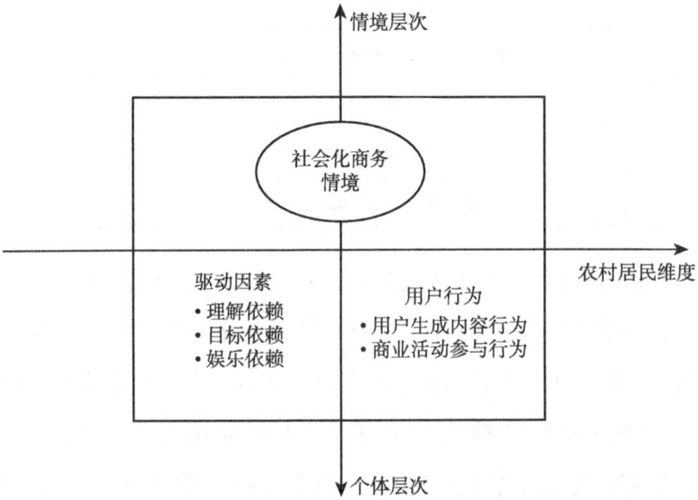

图3-3　研究一变量的层次与维度

(4) 确定调研方法。研究一的调研方法采用线下纸质问卷的形式。①鉴于农村居民对电子问卷操作的不熟悉，造成线上调研方式收集的数据有效性较低，所以调研采用纸质问卷形式。②研究者进入农村地区进行实地调研，将问卷题项作为工具嵌入调研过程，提高调研的有效性和可靠性。研究者在收集问卷时，通过多种方式确保问卷回收的完整性，方式一是研究者直接通过访谈的方式获取信息，或者被调查者进行自主答题后，可直接查看遗漏题项，再通过询问被调查者将题项补充完整；方式二是通过滚雪球方式获取数据时，会告知被调查者将问卷题项填写完整。③对于被调查者的个体情况可以做到完全匿名和保密，承诺其所填写的资料仅用于学术研究，不用于其他任何用途，保证个人隐私，有利于获得真实信息和高质量数据。

（5）确定样本大小。本书主要采用因子分析和结构方程等统计分析方法，对于样本数量有一定要求。表3－2列出不同测验方法的样本数量要求。

表3－2　研究一确定样本数量的依据

统计分析方法	样本数量要求	参考来源
因子分析	样本数量/题项数量>4∶1	Rummel[300]
	样本数量/题项数量>5∶1	Pallant[301]
	样本数量/题项数量>10∶1	周志民等[302]
结构方程	样本数量>150	薛可等[303]
	样本数量>200	Boomsma[304]
	样本数量［40，8650］	Breckler and Wiggins[305]

不同学者对相同研究方法所需的样本数量要求存在些许差异。对于因子分析方法，拉梅尔（Rummel，1970）[300]建议样本数量与测量题项数量的比例应该在4∶1以上。帕伦特（Pallant，2020）[301]建议应用因子分析法，在样本数量与测量题项数量比值大于5∶1时才可能得到稳定、有效的结果。周志民等[302]认为样本数量与测量题项数量比值大于10∶1时，更适宜进行因子分析。针对结构方程分析方法，贾新明和刘亮[306]认为进行验证性因子分析时的样本数量要求较为严格。其中，薛可等[303]建议进行结构方程分析时，样本数量应该大于150。布姆斯玛（Boomsma，1987）[304]建议使用极大似然法估计结构方程模型时，发现样本数量最少为200。布莱克勒和维金斯（Breckler and Wiggins，1989）[305]对人格和社会心理学领域的72个结构方程模型实证研究分析发现，样本规模介于40～8650，中位数为198，当结构方程模型的样本量低于100时，相关的参数估计结果是不可靠且不稳定的。研究者在能力和资源允许的最大范围内进行调研，最终获得的有效样本数量为507，量表测度项共有36项，按照样本数量与测量题项数量比值大于10∶1的要求，样本符合条件。同时，507的样本量也满足结构方程模型估计的样本要求。

（6）问卷的发放、回收与整理。预调研结束后，正式调研主要集中在2022年4～7月，共回收576份调查问卷。随后对收集的调查问卷进行筛选，筛选标准主要有以下四点：①调研开始前设置筛选问题一和问题二，排除不符合本书界定的农村居民范畴的个体。②设置筛选问题三排除过去两个月内没有使用过社会化商务平台的农村居民[42]。③问卷所有题项回答完整，无遗漏。④如果问卷填写呈现出明显的规律性，如连续选择同一题项等，对问卷予以删除。经过筛选后，有效问卷数量为507，有效回收率为88.02%。

3.2.4 样本描述

研究一通过正式调研和相关的延伸调研，共收集507份有效样本，农村居民的样本信息如表3－3所示。

表3－3　研究一被调查者的基本信息（N＝507）

统计特征	分类	频数	百分比（%）
性别	男	260	51.3
	女	247	48.7
年龄	18～25岁	22	4.3
	26～30岁	41	8.1
	31～35岁	99	19.5
	36～40岁	131	25.8
	41～45岁	130	25.6
	46岁以上	84	16.7
学历	小学及以下	163	32.1
	初中	234	46.2
	高中及以上	110	21.7
家庭年收入	≤4万元	309	60.9
	>4万元	198	39.1

续表

统计特征	分类	频数	百分比（%）
平台使用时间	6个月及以下	20	3.9
	6~12个月	80	15.8
	1~2年	195	38.5
	2~3年	134	26.4
	3年以上	78	15.4
平均每天使用时长	1小时及以下	83	16.4
	1~3小时	186	36.7
	3~5小时	139	27.4
	5小时以上	99	19.5
在平台是否购买过产品或服务	否	391	77.1
	是	116	22.9

3.3 数据分析与假设检验

3.3.1 基于逻辑回归模型的人口统计学特征分析

阿杰恩和科特（Ajzen and Cote，2008）[307]通过探讨意愿与行为之间的关系，认为意愿和行为两者之间不是确定的关系。意愿虽然在一定程度上反映行为，但不能直接代表行为，行为也不可视为意愿的简单叠加。因此，本书首先对商业活动参与意愿与商业活动参与行为之间的关系进行探讨，然后考虑农村居民的人口统计学特征，最后客观揭示出因人口统计学特征的不同而导致的行为差异。

研究一将高于样本均值的商业活动参与意愿定义为高意愿，低于样本均值的商业活动参与意愿定义为低意愿；将社会化商务平台产生过商业活动参与行为的类别定义为有行为，社会化商务平台未产生过商业活动参与行为的类别定义为无行为。根据“意愿—行为”两个维度可以将农村居民的用户体验划分为以下四类：高商业活动参与意愿且有实际商业活动参与行为（高意愿有行为）、低商业活动参与意愿且有实际商业活动参与行为（低意愿有行为）、高商业活动参与意愿且无实际商业活动参与行为（高意愿无行为）、低商业活动参与意愿且无实际商业活动参与行为（低意愿无行为）。其中，“高意愿有行为”是对社会化商务平台和商家而言的最理想状态，它实现了农村居民商业活动参与意愿和参与行为的可持续良性循环；“低意愿有行为”多为农村居民由于个体因素或消极购买体验等因素，对持续性购买持消极态度，可能出现“一锤子买卖”的现象；“高意愿无行为”多为农村居民对社会化商务平台上的产品或服务比较感兴趣，具有一定程度的初始意愿，但由于个体因素或外部因素，从未尝试过在社会化商务平台购买产品或服务；“低意愿无行为”是由于个体因素或外部因素不愿意通过社会化商务平台购买产品或服务的农村居民群体。具体分类见表 3-4。其中“低意愿无行为”的农村居民数量最多，其次为“高意愿无行为”的农村居民，表明农村居民在社会化商务平台有过购买产品或服务行为的比例较低，无实际商业活动参与行为的农村居民比例较高。在不存在实际商业活动参与行为的农村居民中，有 179 名农村居民具有较高的商业活动参与意愿，但未产生实际行为。在存在实际商业活动参与行为的农村居民中，高意愿农村居民比例较高。鉴于此，有必要探讨农村居民群体在社会化商务平台的商业活动参与意愿转化为实际行为的影响因素。

表 3-4　研究一农村居民的“意愿—行为”分类

商业活动参与行为	类别	界定标准	农村居民数量（人）	比例（%）
有行为	第一类	高意愿有行为	70	13.81
	第二类	低意愿有行为	46	9.07
无行为	第三类	高意愿无行为	179	35.31
	第四类	低意愿无行为	212	41.81

为分析不同人口统计学特征的行为差异，选择逻辑回归模型（Logistic Regression）分析农村居民在社会化商务平台的商业活动参与行为。逻辑回归模型是离散选择法模型之一，也是一种广义线性回归，在模型形式上与

传统多重线性回归基本一致，关键的区别在于逻辑回归模型的结果变量必须是离散变量，可以为二分类变量或多分类变量，一般以二分类变量为主，也称为二元逻辑回归。逻辑回归模型将事件发生定义为 $Y=1$，事件未发生定义为 $Y=0$，事件发生的概率为 P，未发生的概率为 $1-P$，将事件发生概率看作 X 的线性函数。为使 P 在趋近 0 和 1 时变换不敏感，引入逻辑回归变换，对 $P/(1-P)$ 的比值取对数，经此变换后，P 对 X 的线性关系便不成立。假设概率 P_i 的逻辑回归变换（而非概率 P_i）服从线性模型，即公式（3.1）：

$$\log it(P_i)=\ln\left(\frac{P_i}{1-P_i}\right)=X_i'\beta \tag{3.1}$$

其中，X_i 为解释变量构成的向量，β 为系数向量。逻辑回归变换是一一对应的，可通过求取逆对数由逻辑回归反向得到概率值。由公式（3.1）可解得公式（3.2）：

$$P(X_i)=\frac{\exp(X_i'\beta)}{1+\exp(X_i'\beta)} \tag{3.2}$$

进一步将被解释变量表示为：$Y_i=P(X_i)+\varepsilon_i$，ε_i 为随机干扰项。若 $Y_i=1$，则 $\varepsilon_i=1-P(X_i)$，相应的概率为 $P(X_i)$；若 $Y_i=0$，则 $\varepsilon_i=-P(X_i)$，相应的概率为 $1-P(X_i)$，因此，ε_i 服从均值为 0，方差为 $P(X_i)[1-P(X_i)]$ 的分布。

本书选择二元逻辑回归分析，检验不同人口统计学特征对于商业活动参与行为的差异，具体模型如公式（3.3）所示。

$$\begin{aligned}&Y_i=P(X_i)+\varepsilon_i=\frac{\exp(X_i'\beta)}{1+\exp(X_i'\beta)}+\varepsilon_i\\&X_i'\beta=\log it(P_i)=\ln\left(\frac{P_i}{1-P_i}\right)\end{aligned} \tag{3.3}$$

公式（3.3）中，Y_i 为被解释变量，X_i 为影响因素和人口统计学特征构成的解释变量，β 为向量系数，ε_i 为随机干扰项。Y_i 表示农村居民是否在社会化商务平台购买过产品或服务，0 表示从未购买过，1 表示购买过。解释变量 X_i 包括农村居民的商业活动参与意愿、性别、年龄、学历、家庭年收入、社会化商务平台的总使用时间、每天使用社会化商务平台的平均时长，各影响因素的含义如表3－5所示。

表3－5 研究一影响因素描述

类别	影响因素	符号	变量赋值及解释
因变量	是否产生过商业活动参与行为	Y	因变量：0＝在社会化商务平台未产生过商业活动参与行为；1＝在社会化商务平台产生过商业活动参与行为
个体行为意愿	商业活动参与意愿	X_1	自变量：为连续型变量
个体统计学特征	性别	X_2	自变量：0＝男，1＝女
个体统计学特征	年龄	X_3	自变量：0＝18～25岁；1＝26～30岁；2＝31～35岁；3＝36～40岁；4＝41～45岁；5＝46岁以上
个体统计学特征	学历	X_4	自变量：0＝小学及以下；1＝初中；2＝高中及以上
个体统计学特征	家庭年收入	X_5	自变量：0＝小于等于4万元；1＝大于4万元
个体统计学特征	平台使用时间	X_6	自变量：0＝6个月及以下；1＝6～12个月；2＝1～2年；3＝2～3年；4＝3年以上
个体统计学特征	平均每天使用时长	X_7	自变量：0＝1小时及以下；1＝1～3小时；2＝3～5小时；3＝5小时以上

模型采用最大似然法进行估计，通过SPSS 26.0软件中的二元逻辑回归分析得到结果，具体见表3－6。

表3－6 研究一的二元逻辑回归分析结果

变量	B	S. E.	Wals	Sig.	EXP(B)	EXP(B) 的95% C. I.	
						下限	上限
商业活动参与意愿	0.367	0.120	9.352	0.002	1.443	1.141	1.826
性别（1）	0.584	0.256	5.218	0.022	1.794	1.087	2.961
年龄			17.303	0.004			
年龄（1）	1.733	1.150	2.269	0.132	5.657	0.593	53.934
年龄（2）	0.546	1.132	0.233	0.630	1.726	0.188	15.865

续表

变量	B	S. E.	Wals	Sig.	EXP(B)	EXP(B) 的 95% C. I.	
						下限	上限
年龄（3）	2. 146	1. 076	3. 978	0. 046	8. 550	1. 038	70. 450
年龄（4）	2. 122	1. 075	3. 897	0. 048	8. 349	1. 015	68. 650
年龄（5）	2. 310	1. 093	4. 471	0. 034	10. 075	1. 184	85. 748
学历			10. 527	0. 005			
学历（1）	0. 717	0. 307	5. 464	0. 019	2. 049	1. 123	3. 737
学历（2）	1. 163	0. 365	10. 174	0. 001	3. 200	1. 566	6. 540
家庭年收入	-0. 117	0. 258	0. 206	0. 650	0. 889	0. 536	1. 475
平台使用时间			47. 857	0. 000			
平台使用时间（1）	-0. 329	1. 165	0. 080	0. 778	0. 720	0. 073	7. 056
平台使用时间（2）	0. 537	1. 083	0. 246	0. 620	1. 711	0. 205	14. 300
平台使用时间（3）	2. 124	1. 075	3. 902	0. 048	8. 364	1. 017	68. 816
平台使用时间（4）	2. 138	1. 088	3. 859	0. 049	8. 484	1. 005	71. 630
平均每天使用时长			13. 670	0. 003			
平均每天使用时长（1）	-0. 037	0. 434	0. 007	0. 932	0. 964	0. 412	2. 254
平均每天使用时长（2）	0. 923	0. 430	4. 609	0. 032	2. 516	1. 084	5. 840
平均每天使用时长（3）	0. 916	0. 451	4. 122	0. 042	2. 499	1. 032	6. 051
常量	-7. 510	1. 662	20. 415	0. 000	0. 001		

分析结果显示，农村居民在社会化商务平台中的商业活动参与意愿和部分人口统计学特征具有统计学意义，$\chi^2 = 135.364$，$P < 0.001$，表明模型能够区分在社会化商务平台购买过和未购买过产品或服务的农村居民，预测准确率为 80. 3%。Hosmer - Lemeshow 检验中，$\chi^2 = 4.152$，$P = 0.843 > 0.05$，表明模型拟合度较高。

根据表 3 -6，农村居民在社会化商务平台的商业活动参与意愿对商业活动参与行为具有显著影响（$P < 0.01$），意愿对行为存在预测作用。农村居民的商业活动参与意愿每提高一个单位，则实际产生商业活动参与行为的概率增加 1. 443 个单位。H3 -5 得到验证。

根据表3－6，农村居民的性别对其在社会化商务平台是否产生实际商业活动参与行为具有显著影响（P＜0.05）。其他变量都相同的前提下，女性农村居民在社会化商务平台产生商业活动参与行为的概率是男性的1.794倍。

根据表3－6，农村居民的年龄对其在社会化商务平台的商业活动参与行为也具有显著作用（P＜0.01），具有统计学意义。26～30岁、31～35岁、36～40岁、41～45岁以及46岁以上农村居民的比数比EXP(B)分别为5.657、1.726、8.550、8.349、10.075。其中，8.550、8.349、10.075所对应的P值小于0.05，说明对应的36～40岁、41～45岁以及46岁以上的农村居民群体在社会化商务平台产生商业活动参与行为的概率是18～25岁农村居民的8.550、8.349、10.075倍。

根据表3－6，农村居民的学历对其在社会化商务平台的商业活动参与行为存在显著作用（P＜0.01），具有统计学意义。学历为初中和高中及以上的农村居民相对于小学学历的农村居民，预后具有统计学差异，分别为2.049和3.200，学历为初中和高中及以上的农村居民是小学学历农村居民在社会化商务平台产生商业活动参与行为概率的2.049和3.200倍。这表明农村居民的学历与是否产生商业活动参与行为存在直接关系。

根据表3－6，农村居民的家庭年收入对其在社会化商务平台的商业活动参与行为不存在显著作用（P＞0.05），不具有统计学意义。家庭年收入高于4万元的农村居民相较于低于4万元的农村居民，在社会化商务平台的商业活动参与行为不存在显著差异。

根据表3－6，农村居民使用社会化商务平台的时间对商业活动参与行为具有显著作用（P＜0.001），具有统计学意义。平台使用时间在6～12个月、1～2年的农村居民相较于6个月及以下的农村居民，预后没有统计学差异（P＞0.05）；平台使用时间在2～3年和3年以上的农村居民相较于6个月及以下的农村居民，预后存在统计学差异（P＜0.05），上述两个区间的农村居民产生商业活动参与行为的概率是6个月及以下农村居民的8.364倍和8.484倍。这表明农村居民在社会化商务平台的使用初期不会轻易产生商业活动参与行为，随着时间推移，则很大概率会产生商业活动参与行为。

根据表3-6，农村居民在社会化商务平台平均每天使用时长对商业活动参与行为具有显著作用（$P<0.01$），农村居民每天使用社会化商务平台时间的长短与其是否产生商业活动参与行为存在显著关系。具体地，平均每天使用时长在1~3小时的农村居民与使用时长在1小时以内的农村居民，两者的商业活动参与行为不存在显著差异；而平均使用时长在3~5小时或大于5小时的农村居民是使用时长在1小时以内的农村居民产生商业活动参与行为概率的2.516倍和2.499倍。

3.3.2 共同方法偏差检验

研究一采用基于偏最小二乘法的结构方程模型（PLS-SEM）分析研究模型。选择PLS-SEM的原因有两点：（1）研究一模型是为了评估外生变量对内生变量的预测能力，具有预测导向特征，相较于基于协方差分析的结构方程模型（CB-SEM），PLS-SEM更适用于面向预测的模型。（2）CB-SEM经常无法估计复杂模型，复杂模型的特征是具有7个以上变量，研究一模型涉及10个变量，属于复杂模型。综上所述，PLS-SEM更适用于研究一。

自陈式调查问卷方法可能存在共同方法偏差问题。研究一从程序控制和统计控制两方面控制共同方法带来的偏差。首先，程序控制方面：（1）调研时采用匿名调查方式，并明确告知被调查者调研数据仅用于学术研究并严格保密。（2）扩大调研区域，使研究对象分布较为分散，最大限度地避免因地域相同而造成的研究偏差。其次，统计控制方面，采用两种方法检验共同方法偏差：（1）运用SPSS 26.0软件进行Harman单因素检验。将研究一问卷的所有测量题项进行未旋转的探索性因子分析。结果发现，未旋转时提取特征值大于1的第一因子解释了21.974%的变异程度，低于40%的临界值标准，不存在单一因子解释大部分变异的情况，说明不存在严重的共同方法偏差问题。（2）参照梁（Liang，2007）等[308]阐述的共同方法偏差因子法检验共同方法偏差。将初始模型的所有观测题项转变为只包含一个测量题项的一阶因子，原潜变量转变为相应的二阶因子，同时构建一个包含所有主变量测量题项的“共同方法偏差因子”，如图 3－4 所示，计算每个测量题项被主变量和共同方法偏差因子解释的方差。最后，采用两个标准判断共同方法偏差是否严重：（1）一阶因子在其对应的二阶因子上的标准负载显著，在共同方法偏差因子上的标准负载不显著。（2）每个一阶因子被其对应的二阶因子所解释的方差平方值远大于被共同方法偏差因子所解释的方差平方值。

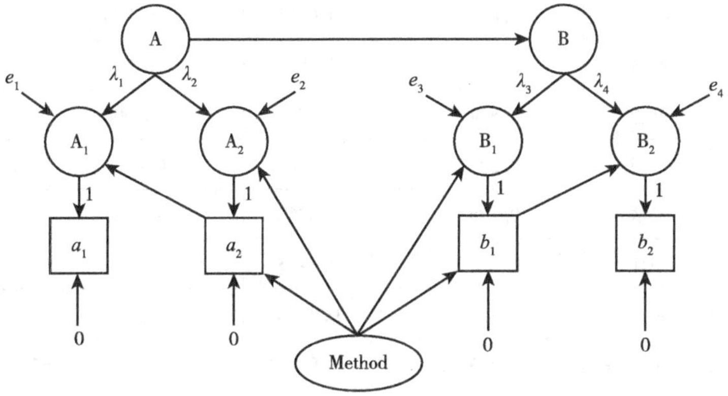

图 3－4　PLS－SEM 方法检验共同方法偏差示例图

如表 3－7 所示第 3 列的负载均显著，第 5 列负载大部分不显著，即大部分测量指标对构建的方法因子负载不显著。同时，表 3－7 的第 4 列所解释的方差远远大于被共同方法偏差因子解释的方差（表 3－7 第 6 列）。此外，一阶因子被其对应二阶因子所解释的方差均值为 0.6875，一阶因子被其对应共同方法偏差所解释的方差平均值仅为 0.0015，这表明不存在严重的共同方法偏差。

表 3－7　研究一基于 PLS－SEM 的共同方法偏差检验

二阶因子	一阶因子	对应二阶因子标准载荷（R_1）	R_1^2	共同方法因子标准载荷（R_2）	R_2^2
SEU	seu_1	0.816***	0.6662	－0.007	0.0001
	seu_2	0.737***	0.5424	0.086**	0.0074
	seu_3	0.809***	0.6553	0.027	0.0007
	seu_4	0.868***	0.7532	－0.110**	0.0121

续表

二阶因子	一阶因子	对应二阶因子标准载荷（R_1）	R_1^2	共同方法因子标准载荷（R_2）	R_2^2
SOU	sou_1	0.761***	0.5788	0.060*	0.0035
	sou_2	0.806***	0.6495	-0.023	0.0005
	sou_3	0.806***	0.6497	-0.008	0.0001
	sou_4	0.819***	0.6714	-0.030	0.0009
AO	ao_1	0.828***	0.6859	-0.005	0.0000
	ao_2	0.824***	0.6784	-0.008	0.0001
	ao_3	0.805***	0.6481	0.032	0.0010
	ao_4	0.778***	0.6052	-0.021	0.0004
IO	io_1	0.860***	0.7405	-0.014	0.0002
	io_2	0.884***	0.7808	-0.032	0.0010
	io_3	0.825***	0.6805	0.045	0.0020
SLP	slp_1	0.836***	0.6994	-0.014	0.0002
	slp_2	0.841***	0.7080	0.012	0.0001
	slp_3	0.804***	0.6457	0.044	0.0019
	slp_4	0.859***	0.7385	-0.042	0.0018
SCP	scp_1	0.827***	0.6845	-0.032	0.0011
	scp_2	0.805***	0.6487	0.008	0.0001
	scp_3	0.816***	0.6664	0.002	0.0000
	scp_4	0.771***	0.5946	0.024	0.0006
COB	cob_1	0.893***	0.7983	-0.022	0.0005
	cob_2	0.915***	0.8377	-0.020	0.0004
	cob_3	0.842***	0.7097	0.043	0.0018
PB	pb_1	0.744***	0.5539	0.072	0.0052
	pb_2	0.866***	0.7493	-0.022	0.0005
	pb_3	0.836***	0.6991	-0.025	0.0006
	pb_4	0.802***	0.6428	-0.023	0.0005

续表

二阶因子	一阶因子	对应二阶因子标准载荷（R_1）	R_1^2	共同方法因子标准载荷（R_2）	R_2^2
CRB	crb_1	0. 848 ***	0. 7189	0. 058 *	0. 0033
	crb_2	0. 905 ***	0. 8182	-0. 042	0. 0018
	crb_3	0. 880 ***	0. 7746	-0. 017	0. 0003
PW	pw_1	0. 818 ***	0. 6687	0. 032	0. 0010
	pw_2	0. 872 ***	0. 7605	-0. 032	0. 0011
	pw_3	0. 804 ***	0. 6471	0. 001	0. 0000
平均值	—	—	0. 6875	—	0. 0015

注：* 表示 $P<0.05$，** 表示 $P<0.01$，*** 表示 $P<0.001$。

3.3.3　测量模型检验

PLS-SEM 的测量模型界定了潜在变量与观测变量之间的关系。为确保测量结果的可靠性和有效性，对测量模型的信度（Reliability）和效度（Validity）进行检验，信度和效度是评价测量量表及测量模型的重要指标。其中，信度反映测量结果的一致性（Consistency）、可靠性（Reliability）和稳定性（Stability）；效度即为有效性，是指观测变量对潜在变量测量的真实度。

对信度和效度进行检验之前，先进行了探索性因子分析，结果见表 3-8。所有测量量表的 KMO 值为 0. 886，巴特利特球形检验结果 $P<0.001$，表明适合做因子分析。采用最大方差法进行因子分析，共提取 10 个特征根大于 1 的公因子，累积方差解释率为 69. 829%。

（1）信度检验。信度是衡量量表进行重复测量时能够获得一致性结果的程度，即测量量表是否可以稳定地测量变量，统计学中通常使用 Cronbach's α 系数和组合信度（Composite Reliability，CR）进行检验。

表 3-8　研究一测量量表的 KMO 值和 Bartlett's 球形检验结果

项目	指标	值
KMO		0.886
Bartlett 球形检验	近似卡方值	8352.148
	自由度	630
	显著性	0.000

①Cronbach's α 系数。Cronbach's α 是通过计算测量所得的总方差值和其他各方差值，来衡量各变量间共因子的关联性。Cronbach's α 的计算公式如下所示：

$$\alpha = \frac{k}{k-1}\left[1 - \frac{\sum \sigma_i^2}{\sigma_T^2}\right] \tag{3.4}$$

式（3.4）中，k 为因子指标的个数（$k \geqslant 2$），σ_T^2 为总样本的方差，σ_i^2 为第 i 个因子指标的方差（$i=1, 2, \cdots, k$）。α 取值范围为 0~1，α 值越接近 1，表示问卷的内部一致性越好，信度越高。$\alpha > 0.7$，表示量表信度很高；$0.35 < \alpha < 0.7$ 时，表示信度可接受；$\alpha < 0.35$ 时，表示信度较低[309]。

②组合信度。组合信度反映潜在变量所有测量指标的一致性程度。较高的 CR 值表示潜在变量建构指标之间的关联性较高，较低的 CR 值表示潜在变量的建构指标之间歧义较大[309]。CR 值通常要求大于 0.7。组合信度的计算公式如下所示：

$$CR = \frac{(\sum \lambda_i)^2}{(\sum \lambda_i)^2 + [\sum (1 - \lambda_i^2)]} \tag{3.5}$$

式（3.5）中，λ_i 为测量题项在对应构念中的标准负载。

信度检验结果如表 3-9 所示。结果显示，各变量的 Cronbach's α 和 CR 值在 0.777 和 0.915 之间，均高于 0.700，表明量表的信度较好。

表 3 -9　　研究一信度检验结果

变量	Cronbach's α	CR
SEU	0. 822	0. 882
SOU	0. 810	0. 875
AO	0. 823	0. 883
IO	0. 818	0. 892
SLP	0. 855	0. 902
SCP	0. 819	0. 881
COB	0. 860	0. 915
PB	0. 828	0. 886
CRB	0. 850	0. 909
PW	0. 777	0. 871

（2）效度检验。效度是指有效性，是量表能够准确测出所需测量事物的程度，通常包括内容效度（Content Validity）和建构效度（Construct Validity）两个部分。内容效度指量表内容的适当性，各个题项能够反映所测变量的有效程度。研究一在设计调查问卷时选取与研究内容相符且效度较高的成熟量表，并通过预调研对题项表述等方面进行改进完善，最终确定调查问卷，保证了内容效度。建构效度的检验分为聚合效度（Convergent Validity）和区别效度（Discriminant Validity）。聚合效度是指相同构面的测度项之间相关程度较高。一般通过三种方式检验：①测量模型中每个构面的题项标准负载（Indicator Loading）大于 0. 700。②每个变量的平均萃取方差值（Average Variance Extracted，AVE）大于 0. 500。③每个构面的组合信度大于 0. 700。同时满足三个条件说明度量模型具有良好的聚合效度。

①因子结构。通常采用探索性因子分析（Exploratory Factor Analysis）提取因子，观察旋转因子载荷矩阵。如果同一因子的测度项在该因子的载荷大于 0. 5，则表明聚合效度较高。同时，每个测度项只在其所属的因子中出现大于 0. 5 的因子载荷，则表明量表的判别效度较高。

②平均萃取方差值。用于解释潜在变量能够在理论上解释指标变量的

变异量程度，数值越大代表解释的变异量百分比越高，相对测量误差越小，表明潜在变量具有越高的信度和聚合效度。一般而言，当 AVE 大于 0.5 时，认为具有较好的聚合效度。AVE 的计算公式如下所示：

$$AVE = \frac{\sum \lambda_i^2}{(\sum \lambda_i^2) + [\sum (1 - \lambda_i^2)]} \tag{3.6}$$

式（3.6）中，λ_i 为测量题项在对应构念中的标准负载。

③组合信度。组合信度的计算方式和判别标准与前述一致。

聚合效度检验结果如表 3 - 10 所示。结果显示，度量模型所有题项的因子载荷均高于 0.700，各变量的 AVE 值均高于 0.500，CR 值均高于 0.700，表明聚合效度良好。

表 3 - 10　研究一聚合效度检验结果

变量	题项	Loading	AVE	CR
SEU	seu_1	0.815	0.652	0.882
	seu_2	0.787		
	seu_3	0.820		
	seu_4	0.807		
SOU	sou_1	0.794	0.637	0.875
	sou_2	0.790		
	sou_3	0.802		
	sou_4	0.806		
AO	ao_1	0.832	0.654	0.883
	ao_2	0.816		
	ao_3	0.817		
	ao_4	0.768		
IO	io_1	0.858	0.733	0.892
	io_2	0.861		
	io_3	0.849		

续表

变量	题项	Loading	AVE	CR
SLP	slp_1	0. 833	0. 698	0. 902
	slp_2	0. 849		
	slp_3	0. 822		
	slp_4	0. 837		
SCP	scp_1	0. 811	0. 648	0. 881
	scp_2	0. 810		
	scp_3	0. 819		
	scp_4	0. 780		
COB	cob_1	0. 876	0. 781	0. 915
	cob_2	0. 897		
	cob_3	0. 877		
PB	pb_1	0. 799	0. 660	0. 886
	pb_2	0. 848		
	pb_3	0. 820		
	pb_4	0. 782		
CRB	crb_1	0. 883	0. 769	0. 909
	crb_2	0. 871		
	crb_3	0. 877		
PW	pw_1	0. 834	0. 692	0. 871
	pw_2	0. 844		
	pw_3	0. 817		

区别效度是指不同构面测度项的相关程度比较低。通常有三种方式检验：①采用 Fornell – Larcker 准则[310]对变量进行检验。比较各变量 AVE 值的平方根和该变量与其他变量之间相关系数的大小，若前者大于后者，则表明量表具有良好的区别效度。②每个题项在其所对应构面上的因子载荷（Indicator Loading）大于在其他构面上的交叉载荷（Cross Loading）。③通过异质—单质比率检验（Heterotrait – Monotrait Ratio of Correlations，HTMT）

变量之间的相关性，任意两个变量之间的 HTMT 值均低于阈值 0.85[311]，说明变量之间具有区别效度。

a. AVE 和因子载荷的计算方式和判别标准与前述一致。

b. 异质—单质比率检验。HTMT 是对因子之间相关性的估计。变量间的 HTMT 值越小，表明变量间的相关性越弱。通常认为 HTMT 值低于 0.85 时，具有较好的区别效度。变量 ξ_i 和 ξ_j 的 HTMT 值计算公式如下所示：

$$HTMT_{ij} = \frac{1}{K_i K_j} \sum_{g=1}^{K_i} \sum_{h=1}^{K_j} r_{ig,jh} \div \left[\frac{2}{K_i(K_i - 1)} \times \sum_{g=1}^{K_{i-1}} \sum_{h=g+1}^{K_j} r_{ig,jh} \times \frac{2}{K_j(K_j - 1)} \sum_{g=1}^{K_{i-1}} \sum_{h=g+1}^{K_j} r_{ig,jh} \right]^{\frac{1}{2}} \tag{3.7}$$

检验结果如表 3－11～表 3－13 所示。表 3－11 显示，各变量的 AVE 值平方根（表 3－11 中对角线上加粗数字）均大于该变量与其他变量的相关系数。表 3－12 显示，每个题项在其所对应构面上的因子载荷（表 3－12 中对角线上加粗数字）均大于在其他构面上的交叉载荷。表 3－13 显示，任意两个变量之间的 HTMT 值均低于阈值 0.85。分析结果表明三种检验方式均通过，具有良好的区别效度。

表 3－11　研究一 Fornell－Larcker 检验

变量	SEU	SOU	AO	IO	SLP	SCP	COB	PB	CRB	PW
SEU	**0.807**									
SOU	0.577	**0.798**								
AO	0.208	0.163	**0.809**							
IO	0.261	0.208	0.573	**0.856**						
SLP	0.076	0.056	0.050	0.025	**0.835**					
SCP	0.029	0.068	0.062	0.065	0.590	**0.805**				
COB	0.344	0.272	0.292	0.382	0.154	0.112	**0.884**			
PB	0.345	0.247	0.351	0.363	0.231	0.067	0.425	**0.812**		

续表

变量	SEU	SOU	AO	IO	SLP	SCP	COB	PB	CRB	PW
CRB	0.164	0.154	0.307	0.359	0.212	0.099	0.257	0.248	**0.877**	
PW	0.200	0.120	0.303	0.354	0.179	0.053	0.330	0.383	0.443	**0.832**

表 3－12　研究一变量的因子载荷和交叉载荷

题项	SEU	SOU	AO	IO	SLP	SCP	COB	PB	CRB	PW
seu_1	**0.815**	0.491	0.175	0.189	0.035	-0.001	0.278	0.302	0.141	0.152
seu_2	**0.787**	0.492	0.192	0.247	0.144	0.079	0.304	0.298	0.148	0.158
seu_3	**0.820**	0.443	0.213	0.244	0.057	0.043	0.283	0.302	0.146	0.199
seu_4	**0.807**	0.435	0.090	0.162	0.008	-0.028	0.243	0.211	0.092	0.136
sou_1	0.506	**0.794**	0.166	0.189	0.041	0.004	0.271	0.256	0.154	0.125
sou_2	0.409	**0.790**	0.161	0.143	0.047	0.090	0.213	0.139	0.135	0.054
sou_3	0.464	**0.802**	0.099	0.166	0.053	0.056	0.218	0.187	0.130	0.092
sou_4	0.458	**0.806**	0.097	0.165	0.038	0.068	0.166	0.203	0.074	0.108
ao_1	0.186	0.133	**0.832**	0.526	0.040	-0.057	0.195	0.254	0.267	0.249
ao_2	0.146	0.086	**0.816**	0.454	0.088	-0.049	0.271	0.278	0.270	0.216
ao_3	0.151	0.126	**0.817**	0.436	0.067	-0.013	0.257	0.318	0.307	0.274
ao_4	0.189	0.186	**0.768**	0.433	-0.035	-0.080	0.226	0.289	0.145	0.242
io_1	0.213	0.147	0.522	**0.858**	0.041	-0.038	0.273	0.326	0.305	0.266
io_2	0.227	0.202	0.462	**0.861**	-0.012	-0.078	0.343	0.283	0.275	0.314
io_3	0.231	0.188	0.486	**0.849**	0.035	-0.053	0.367	0.324	0.340	0.331
slp_1	0.054	0.050	0.043	0.032	**0.833**	0.507	0.105	0.183	0.136	0.136
slp_2	0.055	0.035	0.044	0.021	**0.849**	0.519	0.188	0.169	0.182	0.154
slp_3	0.111	0.089	0.070	0.051	**0.822**	0.491	0.121	0.210	0.203	0.161
slp_4	0.035	0.014	0.011	-0.020	**0.837**	0.452	0.099	0.210	0.187	0.147
scp_1	0.047	0.072	-0.074	-0.096	0.424	**0.811**	0.095	0.002	0.078	0.018
scp_2	0.062	0.072	-0.020	-0.057	0.495	**0.810**	0.063	0.069	0.050	0.030
scp_3	-0.006	0.030	-0.053	-0.058	0.510	**0.819**	0.083	0.059	0.114	0.063
scp_4	-0.010	0.045	-0.053	0.001	0.469	**0.780**	0.119	0.084	0.077	0.058

续表

题项	SEU	SOU	AO	IO	SLP	SCP	COB	PB	CRB	PW
cob_1	0. 328	0. 274	0. 238	0. 316	0. 115	0. 109	**0. 876**	0. 332	0. 202	0. 271
cob_2	0. 297	0. 243	0. 244	0. 328	0. 129	0. 106	**0. 897**	0. 395	0. 230	0. 287
cob_3	0. 287	0. 207	0. 291	0. 368	0. 162	0. 081	**0. 877**	0. 398	0. 249	0. 314
pb_1	0. 263	0. 200	0. 316	0. 329	0. 207	0. 075	0. 362	**0. 799**	0. 267	0. 301
pb_2	0. 355	0. 234	0. 245	0. 274	0. 183	0. 068	0. 329	**0. 848**	0. 209	0. 313
pb_3	0. 243	0. 178	0. 283	0. 320	0. 190	0. 046	0. 341	**0. 820**	0. 160	0. 336
pb_4	0. 261	0. 190	0. 298	0. 255	0. 169	0. 026	0. 348	**0. 782**	0. 166	0. 296
crb_1	0. 162	0. 155	0. 280	0. 329	0. 200	0. 124	0. 282	0. 269	**0. 883**	0. 380
crb_2	0. 130	0. 118	0. 283	0. 303	0. 140	0. 037	0. 217	0. 228	**0. 871**	0. 359
crb_3	0. 137	0. 132	0. 247	0. 311	0. 212	0. 095	0. 177	0. 157	**0. 877**	0. 425
pw_1	0. 187	0. 130	0. 258	0. 312	0. 174	0. 044	0. 300	0. 344	0. 338	**0. 834**
pw_2	0. 147	0. 080	0. 263	0. 311	0. 155	0. 057	0. 226	0. 308	0. 375	**0. 844**
pw_3	0. 164	0. 088	0. 235	0. 261	0. 118	0. 032	0. 295	0. 305	0. 392	**0. 817**

表 3 - 13　　研究一的异质—单质比率

变量	SEU	SOU	AO	IO	SLP	SCP	COB	PB	CRB
SOU	0. 705								
AO	0. 252	0. 202							
IO	0. 318	0. 256	0. 696						
SLP	0. 099	0. 067	0. 088	0. 054					
SCP	0. 078	0. 090	0. 081	0. 084	0. 703				
COB	0. 409	0. 327	0. 348	0. 456	0. 178	0. 134			
PB	0. 418	0. 300	0. 427	0. 440	0. 274	0. 084	0. 503		
CRB	0. 195	0. 185	0. 366	0. 429	0. 246	0. 117	0. 300	0. 295	
PW	0. 250	0. 150	0. 380	0. 446	0. 220	0. 068	0. 402	0. 478	0. 543

检验各变量的方差膨胀因子（Variance Inflation Factor，VIF），VIF 用于检测变量间的多重共线性问题，量化了最小二乘回归分析中多重共线性的严重程度。多重共线性是指线性回归模型中，由于解释变量间存在精确

或高度相关关系，导致估计回归系数的方差增加，进而造成模型估计失真或分析结果不稳定。VIF 能够快速衡量解释变量对回归中标准误差的贡献程度，如果存在显著的多重共线性问题，所涉及变量的 VIF 会非常大。VIF 的具体计算原理如下所示：

假设存在 K 个自变量的线性回归模型，方程如式（3.8）所示：

$$Y = \beta_0 + \beta_1 X_1 + \beta_2 X_2 + \cdots + \beta_k X_k + \varepsilon \tag{3.8}$$

其中，β_j 为自变量 X_j 的系数，其估计值的估计标准误计算公式如（3.9）所示：

$$\mathrm{var}(\hat{\beta}_j) = \frac{s^2}{(n-1)\mathrm{var}(X_j)} \times \frac{1}{1-R_j^2} \tag{3.9}$$

其中，s 为标准误差（Standard Error），也称为均方根误差（Root Mean Squared Error，RMSE），n 为样本总数，R_j^2 是其他协变量 X_j 进行回归时获得的 R^2 值（此回归不包含因变量 Y）。$1/(1-R_j^2)$ 即为方差膨胀因子，反映了影响系数估计值不确定性的所有其他因素。当其他协变量对 X_j 进行回归时，如果 X_j 与回归系数矩阵所有列正交，方差膨胀因子值为 1；反之，如果 X_j 不与回归系数矩阵所有列正交，方差膨胀因子值会大于 1。

研究模型中各变量方差膨胀因子的具体计算步骤如下：

（1）运行普通最小二乘回归模型，X_i 作为被解释变量，其他自变量作为函数中的解释变量。如 $i=1$ 时，回归方程应为：

$$X_1 = a_2 X_2 + a_3 X_3 + \cdots + a_K X_K + c_0 + e \tag{3.10}$$

其中，c_0 为常数项，e 为误差项。

（2）按照下列公式计算方差膨胀因子：

$$\mathrm{VIF}_i = \frac{1}{1-R_i^2} \tag{3.11}$$

其中，$R_i{}^2$ 为公式（3.5）中回归方程的决定系数（Coefficient of Determination）。

（3）通过 VIF（$\hat{\beta}_j$）值分析共线性程度，如果 $\mathrm{VIF}(\hat{\beta}_j) > 5$，那么共线性较高。部分统计软件会计算方差膨胀因子的倒数—容差（Tolerance），即 $(1-R_j^2)$。

研究一模型中所有变量的方差膨胀因子结果如表3－14所示，各个变量的方差膨胀因子均小于5，满足要求，表明样本数据的多重共线性问题并不严重。

表3－14 研究一多重共线性分析

模型	非标准化系数		标准化系数	T值	显著水平	共线性统计	
	B	标准误差	β			容差	VIF
（常量）	1.070	0.360		2.975	0.003		
SEU	0.041	0.054	0.037	0.762	0.446	0.606	1.649
SOU	-0.064	0.051	-0.057	-1.240	0.216	0.656	1.524
AO	0.051	0.051	0.047	0.996	0.320	0.637	1.570
IO	0.102	0.048	0.104	2.124	0.034	0.581	1.721
SLP	0.067	0.049	0.066	1.363	0.173	0.601	1.664
SCP	-0.034	0.056	-0.029	-0.616	0.538	0.633	1.579
COB	0.095	0.037	0.112	2.527	0.012	0.711	1.406
PB	0.203	0.047	0.194	4.314	0.000	0.688	1.453
CRB	0.312	0.042	0.305	7.335	0.000	0.806	1.240

3.3.4 结构模型检验

结构模型检验是在测量模型检验基础上，对潜变量之间假设关系的一种多重变量统计分析方法。通过判定系数 R^2（Coefficient Determination）、盲目（Blindfolding）过程和路径系数（Path Coefficient）三项指标判别：（1）R^2 值代表结构方程模型中的自变量对因变量的解释程度，通常介于0和1之间，越接近1，表明因变量被自变量解释的程度越高。一般而言，当 R^2 值大于0.1时，表明模型解释程度是可接受的。（2）通过盲目过程进行的Stone－Geisser检验可用于评价模型拟合度。如果交叉验证的冗余度 Q^2 值大于0，则表明模型具有预测关联性[312]。（3）路径系数代表各潜变量之间的线性相关程度，变量之间的相关系数越高，路径系数值越大，同时用

T检验来表示显著水平。

①对理论模型和研究假设进行检验。首先，研究一模型中的自我理解依赖关系（$R^2=0.796$）、社会理解依赖关系（$R^2=0.780$）、行为目标依赖关系（$R^2=0.779$）、互动目标依赖关系（$R^2=0.793$）、自我娱乐依赖关系（$R^2=0.802$）、社交娱乐依赖关系（$R^2=0.787$）、消费行为（$R^2=0.229$）、参与行为（$R^2=0.242$）、创建行为（$R^2=0.178$）和商业活动参与意愿（$R^2=0.292$）的 R^2 值均大于10%，表明模型的解释程度是可接受的。其次，自我理解依赖关系（$Q^2=0.513$）、社会理解依赖关系（$Q^2=0.490$）、行为目标依赖关系（$Q^2=0.504$）、互动目标依赖关系（$Q^2=0.576$）、自我娱乐依赖关系（$Q^2=0.554$）、社交娱乐依赖关系（$Q^2=0.504$）、消费行为（$Q^2=0.175$）、参与行为（$Q^2=0.158$）、创建行为（$Q^2=0.133$）和商业活动参与意愿（$Q^2=0.197$）的 Q^2 值均大于0，证实了内生变量的预测相关性。最后，对研究一模型采用非参数Bootstrapping分析法抽样5000次检验[313]。结果显示，理解依赖关系对消费行为（$\beta=0.252$，$P<0.001$）和参与行为（$\beta=0.230$，$P<0.001$）影响显著，对创建行为（$\beta=0.070$，$P>0.05$）影响不显著，H3－1. a、H3－1. b和H3－1. c成立。目标依赖关系对消费行为（$\beta=0.316$，$P<0.001$）、参与行为（$\beta=0.345$，$P<0.001$）和创建行为（$\beta=0.360$，$P<0.001$）影响显著，H3－2. a、H3－2. b和H3－2. c成立。娱乐依赖关系对消费行为（$\beta=0.137$，$P<0.01$）、参与行为（$\beta=0.157$，$P<0.001$）和创建行为（$\beta=0.175$，$P<0.001$）影响显著，H3－3. a、H3－3. b和H3－3. c成立。消费行为（$\beta=0.139$，$P<0.01$）、参与行为（$\beta=0.238$，$P<0.001$）和创建行为（$\beta=0.349$，$P<0.001$）对商业活动参与意愿影响显著，H3－4. a、H3－4. b和H3－4. c成立，分析结果见表3－15。

表3－15　研究一结构模型估计

假设	路径	路径系数	T值	P值
H3－1. a	理解依赖关系→消费行为	0. 252	5. 671	0. 000
H3－1. b	理解依赖关系→参与行为	0. 230	5. 588	0. 000

续表

假设	路径	路径系数	T值	P值
H3-1.c	理解依赖关系→创建行为	0.070	1.492	0.136
H3-2.a	目标依赖关系→消费行为	0.316	7.670	0.000
H3-2.b	目标依赖关系→参与行为	0.345	8.290	0.000
H3-2.c	目标依赖关系→创建行为	0.360	8.682	0.000
H3-3.a	娱乐依赖关系→消费行为	0.137	3.255	0.001
H3-3.b	娱乐依赖关系→参与行为	0.157	3.875	0.000
H3-3.c	娱乐依赖关系→创建行为	0.175	4.077	0.000
H3-4.a	消费行为→商业活动参与意愿	0.139	3.213	0.001
H3-4.b	参与行为→商业活动参与意愿	0.238	4.941	0.000
H3-4.c	创建行为→商业活动参与意愿	0.349	7.817	0.000

②通过计算模型的拟合优度（Goodness of Fit，GoF）对假设模型的整体预测表现进行评估。基于协方差的结构方程模型软件中可以直接获得模型拟合程度的指标值。然而，PLS-SEM路径模型无法优化全局标量函数（Global Scalar Function），基于PLS-SEM路径模型的统计软件不能提供模型的全局验证指标，拟合优度指标为PLS-SEM模型的全局验证提供解决方案。拟合度指标一般用于描述假设模型与观测值之间的拟合程度，该统计值用于衡量观测值与假设模型预期值之间的差异。拟合优度可以通过共同度（Communality）和内生变量的R^2计算得出，具体见公式（3.12）：

$$GoF=\sqrt{\overline{communality}\times\overline{R^2}} \tag{3.12}$$

GoF值和模型拟合度之间的关系如表3-16所示。通过Smart PLS3.0软件获得各变量对应的共同度和R^2值，按照拟合优度计算公式（3.12）计算出研究一的假设模型拟合优度值为0.486，高于建议值0.36，表明研究一模型的拟合程度较高。

表3-16　研究一拟合优度指标与模型拟合程度

GoF值	0.1	0.25	0.36
模型拟合程度	低	中	高

3.4 结果讨论

研究一以媒体系统依赖理论为基础构建研究框架模型，以农村居民作为研究对象，以农村居民在社会化商务平台的用户生成内容行为作为切入点，将用户生成内容行为划分为消费行为、参与行为和创建行为三种行为模式，探讨了不同行为模式的驱动因素和作用结果。研究一采用问卷调查方法对研究假设进行检验，得出研究结论：

第一，农村居民不同用户生成内容行为类型的驱动因素存在差异。理解依赖关系是消费行为和参与行为的显著正向预测因子，但与创建行为不存在作用关系。当农村居民使用社会化媒体中的信息资源来理解、解释当前、过去和未来的人或事件时，理解依赖关系是显而易见的。根据媒体系统依赖理论，理解依赖关系的重点是个体能更好地了解自己，并发现周围的最新事件。因此，具有理解依赖关系需求的农村居民，会通过浏览视频、阅读评论等方式寻求信息，而社会化商务平台的浏览和评论等行为不受限制，很有可能在非正式的环境中为农村居民提供有价值的信息。但信息搜寻者通常不会产生上传视频等主动性使用行为，因为这部分个体通常将社会化商务平台视为获取信息资源的工具，进行被动性使用。

第二，目标依赖关系是农村居民的消费行为、参与行为和创建行为的显著正向预测因子。根据媒体系统依赖理论，目标依赖关系集中于人际交往和个人行为决策中有效和适当行为的需要。当人际交往受到现实限制时，农村居民会依靠媒体获得建议或与他人互动，以满足人际关系的需要。社会化商务平台中以点赞或分享形式的参与行为对农村居民很有价值，因为这类行为可以促进参与并使网络体验更具社交性[314]，库恩（Khan，2017）[42]指出用户的社交需求几乎反映在所有形式的参与行为中，如点赞、评论或上传视频，但不包括分享视频。研究一的结论与上述结论存在差异，目标依赖关系能够促进农村居民进行视频分享行为，分享行为可以通过多种形式进行，如分享给平台内的其他用户或跨平台分享给其他人。

第三，娱乐依赖关系是农村居民的消费行为、参与行为和创建行为的显著正向预测因子。娱乐依赖侧重于逃避现实和享受，在缓解焦虑或放松等方面具有重要价值。根据媒体系统依赖理论，个体通常将媒体作为一种娱乐形式，并将大部分媒体使用时间用于满足娱乐需求。具有娱乐需求的农村居民倾向于观看视频、阅读评论或上传视频等所有类型的用户生成内容行为，表明农村居民能够通过多种方式来寻求享乐。费里斯和霍伦堡（Ferris and Hollenbaugh，2018）[315]的观点对这一研究结论加以佐证，提出Facebook用户可以通过与他人互动、观看视频或浏览信息等多种方式缓解无聊情绪。社会化商务平台的许多功能可以同时使用，农村居民的需求并不容易通过社会化商务平台以外的任何其他沟通方式达到这一程度。

第四，农村居民在社会化商务平台的消费行为、参与行为和创建行为对其在平台内的商业活动参与意愿存在显著促进作用，并且创建行为的作用关系是最显著的，其次为参与行为，消费行为对商业活动参与意愿的作用较小，表明农村居民的主动性使用行为相较于被动性使用行为，更能促进在社会化商务平台产生购买产品或服务的意向。主动性行为被认为是SNS使用的高强度[24]，SNS中的积极行为是市场的主要力量[290]，这与研究一得出的消费行为、参与行为、创建行为对商业活动参与意愿的作用关系逐渐增加的结论相符。基本的社会行为可以减少不确定性并帮助个体作出理性决策来促进商业活动[316]。社会化商务平台作为工具，引导农村居民通过平台内的消费、参与和创建等用户生成内容行为获取知识或经验，从而促进购买决策。

第五，农村居民在社会化商务平台的商业活动参与意愿对实际商业活动参与行为存在正向预测作用。通过调查农村居民实际购买的数据发现，具有高商业活动参与意愿的农村居民群体现实中产生了更多的商业活动参与行为。同时分析发现，农村居民的人口统计学特征对商业活动参与行为存在直接作用关系。其中，性别、年龄、学历、社会化商务平台使用时间和平均每天使用时长对商业活动参与行为均存在显著影响。

4　农村居民用户生成内容行为对商业活动参与意愿的作用机制研究

研究一的结果表明，用户生成内容行为是一种预测商业活动参与意愿的重要行为，作为社会化商务平台的普遍性行为，用户生成内容行为对商业活动参与意愿的作用机制日渐成为一个重要研究问题。社会化商务平台被认为是广告推广的高效渠道，为用户提供建议信息，用户可以利用平台访问特定领域的专业知识。平台内普遍存在的数字名人和媒体人物提供的信息质量有助于提高信息可信度[317]。部分媒体人物及其内容受到其他用户青睐，形成一定规模的关注者网络，进而成为社会化媒体影响者。影响者作为重要营销工具的兴起和出现，获得越来越多的学者关注。社会化商务平台为用户提供具有相似兴趣、风格或购物目标的在线内容[43,318]，平台功能使用户更容易发起和增强互动[43,318]。研究发现，用户在社会化商务平台观看特定内容，并通过特定内容接触媒体人物，亲密感会得到增强[319]。伴随亲密感的增强，用户在心理层面与媒体人物产生联系。

研究表明，用户与媒体人物之间的准社会关系可减少不确定性，用户通过多重互动并收集足够信息，形成与媒体人物积极的关系期望[320]。准社会关系是媒体人物与媒体受众之间虚拟的人际关系[228]，可能来自于个体对社会关系的本能需求，最初被界定为电视、电影或广播等传统媒体范畴的媒体人物与受众之间的关系。与面对面的关系不同，准社会关系中的媒体人物与用户之间缺乏互惠性。然而，用户潜意识认为媒体人物与其存在互惠关系，类似面对面交流一样对其作出回应，处于准社会关系中的用户感知与媒体人物有更深层次的联系[229]。波斯和鲁宾（Perse and Rubin，1989）[232]指出准社会关系与人际关系存在相似性，第一，两者均出于自愿，个体可在任一时间开始或退出关系；第二，两种关系都可以为个体提供陪伴；第三，社会关系通常在社会吸引的基础上形成。媒体人物通过模拟面对面互动的视觉线索来维持双向互动关系的假象，如直视镜头，通过眼神交流来显示与用户直接交流[144]。认知层面上，准社会关系超出社会化媒体交互情境，用户会在日常生活中更多地想到媒体人物。情感层面上，用户对媒体角色产生更强烈的情感。行为层面上，用户重复频繁地观看媒体人物的生成内容，寻求更深层次的接触[320]，准社会关系的形成促进其对媒体人物的解读更有利。社会化商务平台中，用户与媒体人物之间的关注、互动等用户生成内容行为也可视为基于相似或相同兴趣，用户对媒体人物在此基础上会产生认同。认同现象反映了一种深刻的心理过程，也可被定义为一种说服过程，对个体的态度和行为具有重要影响。

从用户角度来看，用户可通过社会化商务平台获得不同类型的感知利益。利益是与使用产品或服务相关的补偿或期望的主观感受，凯勒（Keller，1993）[321]将利益描述为个体赋予产品或服务特征的个人价值。根据潜在动机不同，利益可分为功能性、体验性和象征性三类[322]。其中，功能性利益通常对应产品的相关属性，这些属性通常与满足生理需求或解决问题的期望相关；体验性利益也对应产品有关的属性，涉及感官愉悦和认知刺激以满足体验性需求；象征性利益更多的是外在收益，通常涉及社会地位或外部自我概念的潜在需求。无论何种类型的利益，一旦被感知，个体就会向对象作出承诺，并参与到持续性的关系中[322]。

从影响者角度来看，影响者可以刺激用户产生消费、参与和创建等行为，如评论、点赞和转发等，这既是一种用户生成内容行为，也是一种互动行为，有助于两者形成较为亲密的稳定关系。社会化商务背景下的社会关系突破了“差序格局”中的物理距离，加强和拓展了用户关系。胡（Hu，2020）等[180]从心理学角度出发，发现对影响者的认同（期望成为或表现得像另一个人）有助于形成对影响者的黏性。影响者在社会化媒体花费大量时间发布与用户相关的内容，通过这种方式使用户深入了解影响者的日常生活，包括兴趣、爱好、朋友或家庭等信息，有助于两者之间产生共鸣。影响者通过与用户的互动行为来加强亲近感，使影响者成为令人喜欢和信赖的信息源[323]，进而影响商业活动参与意愿和行为。

鉴于此，研究二以准社会互动理论和社会认同理论为基础，以社会化商务平台影响者作为切入点，以农村居民为研究对象，探讨农村居民在社会化商务平台的用户生成内容行为如何进一步影响商业活动参与意愿，为平台企业、平台商家和用户提供切实可行的建议。

4.1 理论推演与假设提出

4.1.1 用户生成内容行为与商业活动参与意愿

社会化商务平台的影响者对农村居民的行为决策具有重要影响。蒙努卡（Munnukka，2019）[190]等指出，用户的积极参与行为能够通过社会认同、社会激励[324]以及产品属性、用途或优缺点[325]等方式转化为对认知、情感和行为的显著影响，观众参与（Audience Participation，AP）能有效推动个体处理信息并提高接受度[326]。更高的参与度能够更深入地处理与媒体人物的相关信息，有助于评估媒体人物特征和论点质量等[327]。蒙努卡（Munnukka，2019）等[190]基于心理所有权角度对用户生成内容行为进行阐述，表明增加所有权感的有效途径是增强控制对象的能力和了解。社会化商务的背景下，农村居民可以对媒体影响者进行投资，并通过用户生成内容行为增强控制。农村居民对视频的投资程度决定其对影响者的所有权水平，实证检验表明用户参与程度的高低对虚拟媒体人物的可信度存在差异化作用。

个体如果长期沉浸于社会化媒体平台，会对自身行为产生影响[228]。例如，用户会倾向参与媒体平台的各种活动或购买其他用户推荐的产品[43]。翔（Xiang，2014）等[328]也指出，与其他用户的准社会互动能够促使个体以看待现实世界朋友一样对待媒体人物，接受他们的推荐并进一步影响自身行为意图。相比传统电子商务购买渠道，社会化购物网站（Social Shopping Website，SSW）提供的互动性和功能性更加突出，为用户提供更多互动机会，有助于启动和简化购买决策[329]。因此，在社会化购物网站进行互动的用户更倾向参与商业活动[43]。社会化商务平台与社会化购物网站具有相似属性，农村居民可以在社交层面实现与影响者互动，产生双方平等、亲近和交流的感受，与影响者进行用户生成内容行为等互动后，很有可能购买影响者推荐的产品或服务。基于此，本书提出假设：

H4-1：社会化商务背景下，农村居民对于影响者的用户生成内容行为对其商业活动参与意愿具有积极影响，并且用户生成内容行为的程度越高，产生商业活动参与意愿的可能性越高。

4.1.2 准社会关系的中介作用

个体可以通过现实生活中的互动或通过与媒体人物之间的互动来实现满足对他人依恋的需求[330]。频繁、亲密的互动能够减少不确定性，增加准社会关系[330]。媒体人物也会在社会化媒体有意识地塑造形象，营造一种亲密感和熟悉感。Web 2.0 的社会化媒体技术缩短了普通用户与媒体人物之间的距离，为普通用户提供了与媒体人物沟通交流、形成准社会关系的平台[43]。准社会关系具有跨情境性和过程性特征[331]，由准社会互动衍生而来，逐渐被视为一系列准社会互动的结果，并且比准社会互动自身更为长久[230,235]。阿特曼和泰勒（Altman and Taylor，1973）[332]解释人际发展理论时，认为沟通是人际关系建立过程的核心，个体之间的互动越多，关系发展的可能性就越大[28]。这一原则也适用于媒介性质的沟通，如电视曝光量导致用户对媒体人物喜欢程度的增加，互动行为来源于接触和吸引，在人际关系和媒介环境中，这一过程也会增强个体关系[28]。因此，本书认为农村居民与媒体影响者之间频繁的用户生成内容行为对准社会关系具有正向促进作用。基于此，本书提出假设：

H4-2：社会化商务平台中农村居民对影响者的用户生成内容行为对准社会关系存在显著正向影响。

准社会关系可以提高媒体人物背书的影响力，一定程度上与信任的朋友相似，用户认为媒体人物的建议更有说服力。用户会提高对持有积极准社会关系媒体人物有关产品的关注，并刺激对媒体人物所涉及的产品特征进行认知和记忆[333]。虚拟在线社区中的潜水者与活跃者之间的关系属于准社会关系范畴，个体感知角色的准社会关系强度越大，对角色所倡导产品的购买意愿水平就越高[334]。基姆（Kim，2015）等[335]持有相似观点，认为媒体人物与用户之间的准社会关系对购买意愿具有正向影响。社会化商务平台的用户通过用户生成内容行为与媒体人物建立联系，媒体人物与用户之间的互动行为可以形成并增强两者之间的准社会关系，这种关系将进一步增加个体的购买意愿和正面口碑[226]。可见，社会化商务平台的商务功能主要由用户与媒体人物之间良好的准社会关系实现，这种关系由互动形成并强化[226]。以快手短视频和抖音短视频为典型代表的社会化商务平台为例，媒体影响者通过录制短视频或直播等方式介绍产品或服务，为农村居民直观地提供产品的生产或使用场景，建立与农村居民的准社会关系，从而实现商品的交易目标。基于此，本书提出假设：

H4-3：社会化商务平台的农村居民与影响者的准社会关系对商业活动参与意愿具有正向促进作用；

H4-4：准社会关系在农村居民的用户生成内容行为与商业活动参与意愿之间存在中介作用。

4.1.3 社会认同的中介作用

科尔曼（Kelman，1961）[336]提出了解释社会影响过程的三个作用机理，包括认同（Identification）、内化（Internalization）和遵从（Compliance）。其中，认同包含个体对认同对象态度、价值观的内化。个体在自我定义的关系基础上采用另一个人或另一团体的行为或态度时，就会出现认同这一心理过程[336]。个体采用媒体人物的价值观和行为的社会影响过程被视为认同的理论结构[337]。伯克（Burke，1969）[338]认为当个体分享另一个体的兴趣或认为和另一个体存在共同兴趣时，就会产生认同。弗雷泽和布朗（Fraser and Brown，2002）[337]也指出，个体真正与感兴趣的人物分享兴趣、生活方式或价值观时以及个体仅认为与特定人物具有共同兴趣时，就会产生对媒体人物的认同。也就是说，如果目标用户倾向于相信自己与媒体影响者相似，那么无论真实状况如何，用户都会对媒体人物产生认同[339]。伯克（Burke，1969）[338]使用同质性（Consubstantiality）这一概念进一步描述认同，提出如果两个事物具有相同性质或实质，两者就具有同质性。伯克（Burke，1969）[338]关注公众演讲者与听众之间的关系，认为认同是听众将演讲者视为具有相似或相同兴趣的一种方式。传统媒体中准社会认同的表现也可能发生在社会化媒体上，因为用户不仅能够密切地关注媒体人物，还能够实时与媒体人物（如影响者）进行互动[144]。

社会化商务平台中，用户与影响者之间的关注、互动等也可视为基于相似或相同兴趣，用户对其也会产生认同。衡量用户对媒体影响者的认同程度是一个重要研究领域，能够有效帮助企业预测影响者营销活动的有效性。对媒体影响者的认同本质上是积极主动的，期望成为影响者[339]。用户对影响者的认同比单纯的社会互动行为更有价值，认同在一定程度上是建立一种归属感，通过这种归属感，个体在群体内形成依恋，即媒体影响者与用户之间建立归属感。伴随群体内互动的增加，影响力的水平也会增加。科恩（Cohen，2001）[340]认为，社会互动过程只涉及互动或参与的标准，而认同过程涉及认知、情感以及其他特征的处理和适应。这意味着用户与媒体影响者只有进行互动后，才能达到处理或改变态度和行为这一阶段。如果不与媒体人物进行社会互动，就不可能与媒体影响者形成认同感[341]。布朗（Brown，2015）[25]认为，社会互动是参与过程的一种更简单的形式，是认同的前提条件。奥贾夫利（Aljafari，2019）[339]通过实证分析，证实用户与媒体影响者的社会互动行为对影响者的认同存在显著正向影响。社会化商务平台为影响者与农村居民的重复性接触提供了有利条件，这也为农村居民了解影响者提供了良好机会，更有可能促进两者之间形成社会认同。基于此，本书提出假设：

H4－5：社会化商务平台中，农村居民与影响者的用户生成内容行为显著促进对影响者的社会认同。

伴随消费模式由生存型向享乐型的转变，个体的自我需求日益凸显，渴望抒发自我情感并获得社会认同。认同同化理论认为个体的认同感是价值观念同化的重要前提。科恩（Cohen，2001）[340]提出三个理论原则假设个体与影响者之间形成社会认同。首先，不确定性减少理论（Uncertainty Reduction Theory）认为用户对媒体人物的不确定性会随着时间的推移而减少，因为用户会越来越多地消费这些媒体人物提供的内容，并与其进行用户生成内容行为。其次，个人建构理论（Personal Construct Theory）认为，用户利用人际构建系统来构建与他人之间的联系[342]。最后，社会交换理论（Social Exchange Theory）将社会认同的表现类比为一种成本和回报。其中，成本包括焦虑和高度的认知努力，回报包括在这个过程中获得的任何愉快体验[343]。

用户对影响者产生认同感，在认知和情感上认可影响者时，其乐于和影响者保持或采取相同的态度。个体如果对媒体影响者有强烈的认同感，其行为可能也会显著的被影响者改变。珊（Shan，2020）等[323]在研究中指出，用户对与其形象一致的影响者更有可能产生强烈的社会认同感，并进一步对购买意愿产生积极影响。奥贾夫利（Aljafari，2019）[339]在研究中指出，可以利用用户对影响者的认同以及期望成为影响者、模仿影响者的生活方式，来提高用户购买影响者所宣传或推荐产品或服务的意愿。福尔斯（Fowles，1996）[344]也指出，当一个受喜爱的媒体人物推荐或代言产品时，个体更有可能购买。这是因为个体将对影响者的态度转移至推荐的产品或品牌，认为其是可信且有吸引力的。认同感增强了影响者所推广或宣传信息的说服性[345]，影响者所进行的产品或服务推广信息属于说服性信息。基于此，本书提出假设：

H4-6：社会化商务平台中，农村居民对影响者的社会认同对商业活动参与意愿具有正向促进作用；

H4-7：社会认同在农村居民的用户生成内容行为与商业活动参与意愿之间存在中介作用。

4.1.4 准社会关系与社会认同的链式中介作用

社会化商务平台为用户与影响者提供了互动的便利条件，用户可以极为便捷地关注影响者，并将影响者视为熟悉的人，甚至是朋友[144]。用户对影响者之所以产生熟悉感，很大程度上因为两者之间互动程度的增加，并对其进一步产生社会认同[346]。对态度、价值观等的内化有助于保持与认同对象的理想联系，并采纳认同对象的行为[336]。个体维持的这种关系为个体提供了满意的自我定义，科尔曼（Kelman，1961）[336]描述自我定义的关系与自我定义的准社会关系概念是一致的，即对影响者的用户生成内容行为有助于产生准社会关系和社会认同。

针对准社会关系与社会认同的形成顺序，布朗（Brown，2015）[25]提出，在与媒体人物形成准社会关系之前，对媒体人物产生认同似乎是不可能的。这是因为个体不会认同一个未知的角色，个体将特定媒体人物作为朋友或厌恶的人，意味着个体了解这一媒体人物的态度、价值观或行为等，即个体与媒体人物先产生准社会关系，再形成社会认同。珊（Shan，2020）[323]在研究中指出，与个体形象一致的影响者可能激发强烈的社会认同，进而影响购买意愿。奥贾夫利（Aljafari，2019）[339]也认为媒体影响者的追随者更有可能对合作的品牌产生购买意愿，因为他们会认为与影响者合作的产品或品牌是可靠的。基于此，本书提出假设：

H4－8：准社会关系和社会认同在农村居民的用户生成内容行为与商业活动参与意愿之间具有链式中介作用。

4.1.5 准社会关系的调节作用

准社会关系在用户生成内容行为与商业活动参与意愿之间不仅存在中介作用，还发挥着调节作用。用户与媒体人物构建准社会关系的过程属于复杂过程，长期稳定的准社会关系构建需要更多时间与精力。社会化商务平台中的共享时间是用户与媒体人物相处的时间，用户通过反复接触更多地了解媒体人物，并参与有关活动来与影响者建立长期稳定的联系。两者之间社会互动的质量和程度以及媒体人物特征，为进一步推进准社会关系提供机会[320]，积极正面的社会互动有利于形成长期稳定的准社会关系。与媒体人物的准社会关系能够减少对说服性信息的负面反应，形成更高水平的依从性[347]。社会化商务平台的影响者对农村居民进行商品推荐的互动，同样属于说服性信息。若是相识或具有正面印象的影响者发布带有说服信息或广告信息的内容时，由于准社会关系特有的说服作用，农村居民很可能不会抗拒，进而产生较高水平的商业活动参与意愿。博格（Berger，2016）[348]指出如果认为媒体影响者是专业且可信的，82%的个体表示会遵循影响者提出的建议。卡钦斯基和桑加朗（Tukachinsky and Sangalang，2016）[349]提出，互动行为的深度和质量取决于交流双方之间先前关系的性质，当用户与媒体人物已经建立一种准社会关系时，特定的社会互动会更加强烈。因此，本书认为准社会关系与用户生成内容行为存在交互作用。基于此，本书提出假设：

H4-9：准社会关系在农村居民的用户生成内容行为与商业活动参与意愿之间存在调节作用。

除上述变量外，研究模型还包括已知驱动商业活动参与意愿的其他关键变量。个体对价格公平的感知会显著影响对卖家的反应。已有研究表明，感知价格公平性会直接影响个体的购买意愿[350]。个体对交易市场的信任程度会显著影响个体态度。信任转移理论[351]表明，信任可以从一个地方或一个实体转移到个人。社会化商务背景下，对平台市场的信任程度可以传递给平台内的相关卖家。社会化商务作为一种新型消费模式，对农村居民而言可能存在不信任感，这种不信任感可能也会转移给影响者。个体的内在动机对商业活动参与意愿具有直接和间接作用。因此，需要考虑个体动机因素。基于动机理论的观点，感知有用性和感知享乐性对商业活动参与意愿具有显著作用[352,353]。吉（Ji，2021）等[209]研究中指出，社会化营销广告的信息性和享乐性对商业活动参与意愿具有显著正向影响。个体的先前消费经验是众多消费行为研究中非常重要的外部影响变量，是影响产品价值评估和购买决策的关键因素[354]。因此，本书对上述五个变量进行了控制，提出农村居民的用户生成内容行为对商业活动参与意愿的作用模型，如图4-1所示。

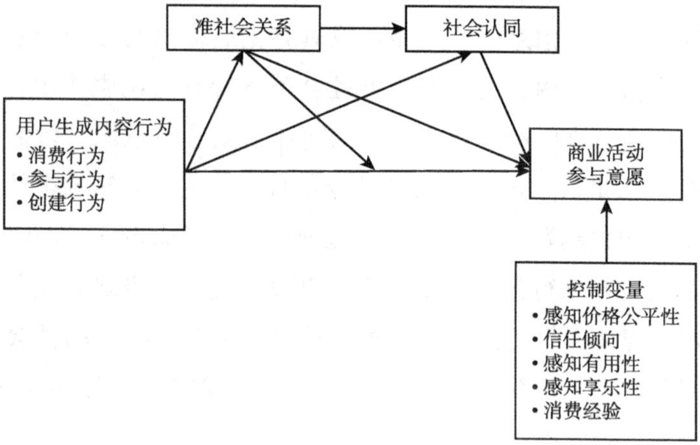

图4-1　研究二理论模型

4.2　研究设计

4.2.1　问卷设计过程

研究二与研究一相同，采用调查问卷的方式收集数据来检验假设，为保证调查问卷内容的可靠性和有效性，调查问卷的编制过程同样遵循陈晓萍等[296]提出的问卷编制流程与规范，具体过程与研究一相同。

4.2.2　问卷题项选择

研究二对现有文献使用的测量量表进行了情景调整和小幅修改，使之符合社会化商务中的农村居民在线行为的研究情境和研究对象。变量的测量量表如表4-1所示，完整的调查问卷见附录2。

表 4－1　　研究二变量的测量量表

变量	题项	文献来源
消费行为 Consuming Behavior (COB)	通常在社会化商务平台随意浏览	Shao[9]
	通常在社会化商务平台阅读评论	
	通常在社会化商务平台观看他人视频	
参与行为 Participating Behavior (PB)	通常在社会化商务平台评论其他用户的内容	Shao[9]
	通常在社会化商务平台点赞其他用户的内容	
	通常在社会化商务平台转发其他用户的内容	
	通常在社会化商务平台下载其他用户的内容	
创建行为 Creating Behavior (CRB)	经常在社会化商务平台上传视频内容	Shao[9], Kaplan and Haenlein[90]
	经常在社会化商务平台发布原创内容	
	经常把最新动态或新鲜事等发布到社会化商务平台	
准社会关系 Para－social Relationship (PSR)	观看影响者的视频让我感觉很舒服，就像和朋友在一起	Yuan and Lou[317]
	我认为影响者是一个脚踏实地的人	
	影响者似乎了解我想知道的各种事情	
	当影响者没有按时发布时，我想要看到他/她	
	我希望能见到影响者本人	
	如果影响者发生什么事，我会感到悲伤	
	影响者是我愿意与之玩乐或交往的人	
社会认同 Social Identity (SI)	有人批评这位影响者时，感觉是一种个人侮辱	Kevin[355] and Glen[356]
	我非常想知道其他人对这位影响者的看法	
	当我谈论这位影响者时，通常会说我们而不是他/她	
	有人称赞这位影响者时，感觉就像是对他/她个人的一种补充	
	如果媒体报道批评影响者时，我会感到尴尬	
商业活动参与意愿 Participate Willingness (PW)	对社会化商务平台销售的产品或服务很感兴趣	Spears and Singh[297], Gupta 等[298]
	愿意参与到社会化商务平台上购买产品或服务	
	可能会在社会化商务平台上购买产品或服务	
商业活动参与行为	是否在社会化商务平台购买过产品或服务	

4.2.3 数据获取

研究二通过问卷调查方式获取数据资料，调查问卷的编制过程严格遵循调查问卷编制规范，严谨地执行每个编制程序以保证问卷的科学性和有效性。数据获取阶段同样遵循抽样规范。

（1）确定研究对象。首先明确研究二的目的与样本特征，基于用户视角，以用户在社会化商务平台的用户生成内容行为作为研究焦点，探讨用户生成内容行为与商业活动参与意愿之间的作用机制。同时根据研究目的，确定调研对象为农村居民，满足以下三个条件：①属于本书界定的农村居民范畴。②两个月内使用过快手或抖音等社会化商务平台。③至少关注一位社会化媒体影响者[149]。

（2）确定抽样方法。由于疫情管控、研究者人力和社会资源等条件的限制，本书难以进行大规模的随机抽样。因此，调研主要采用滚雪球抽样和便利抽样的方法进行。滚雪球抽样方法在社会科学研究的数据收集领域具有广泛应用，滚雪球抽样从选择最初的被调查者（满足步骤一中的三个限制条件）开始，推荐其他符合条件的潜在被调查者，并依靠各自的人际网络进行扩散，再通过滚雪球的方式使样本数量不断增加。便利抽样方法对样本的选择基于可用性，根据研究目的，研究者依据社会联系进行抽样，通过这种方式一方面可以有效提升样本数量，另一方面也可以借由研究者与被调查者之间的联系保证数据的有效性。本书的便利抽样以辽宁省沈阳市和葫芦岛市的农村居民作为被调查者。确定调查范围后，将问卷发放至潜在被调查者[299]。

（3）确定抽样层次。研究二所涉及的变量主要分为一个维度和两个层次，具体表述详见图 4－2。根据图 4－2，研究二的变量可以按照维度和层次进行划分，农村居民的个体层次变量主要包含用户生成内容行为、准社会关系、社会认同和商业活动参与意愿。其中，用户生成内容行为由消费行为、参与行为和创建行为多个维度进行评价，被调查者必须根据自身情况如实填写。

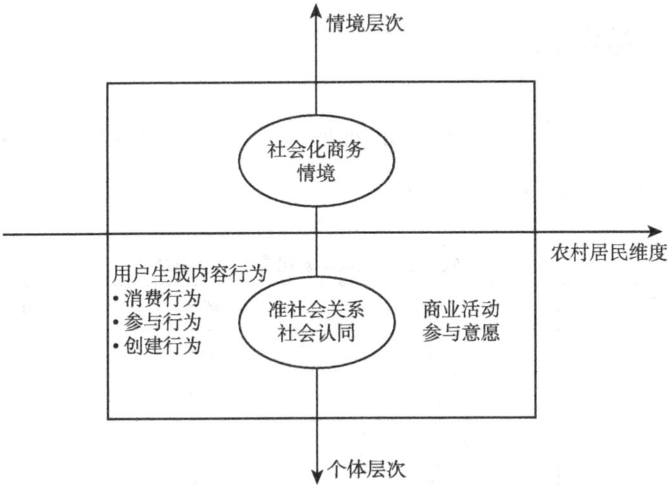

图 4－2 研究二变量的层次与维度

（4）确定调研方法。研究二的调研方法采用线下纸质问卷的形式，具体调研方法与研究一相同。

（5）确定样本大小。研究二与研究一相同，主要采用因子分析和结构方程等统计分析方法。研究者在能力和资源允许的情况下进行最大范围的调研，最终获得的有效样本数量为 418，量表测度项共 25 项，符合样本数量与题项数量比值大于 10∶1 的要求。同时，418 的样本量也满足结构方程模型估计的样本要求。

（6）问卷的发放、回收与整理。预调研结束后，正式调研主要集中在 2022 年 4～7 月，共回收调查问卷 484 份。随后对收集的调查问卷进行筛选，筛选标准主要有以下五点：①调研开始前设置筛选问题一和问题二，排除不符合本书界定的农村居民范畴的个体。②设置筛选问题三排除过去两个月内没有使用过社会化商务平台的农村居民[42]。③至少关注一位社会化媒体影响者[149]。④问卷所有题项回答完整，无遗漏。⑤如果问卷填写呈现出明显的规律性，如连续选择同一题项等，对问卷予以删除。经过筛选后，有效问卷数量为 418，有效回收率为 86.36%。

4.2.4 样本描述

研究二通过正式调研和相关的延伸调研，共收集418份有效样本，农村居民的样本信息如表4－2所示。

表4－2 研究二被调查者的基本信息（N＝418）

统计特征	分类	频数	百分比（%）
性别	男	215	51.4
	女	203	48.6
年龄	18～25岁	21	5.0
	26～30岁	33	7.9
	31～35岁	83	19.9
	36～40岁	126	30.1
	41～45岁	127	30.4
	46岁以上	28	6.7
学历	小学及以下	153	36.6
	初中	168	40.2
	高中及以上	97	23.2
家庭年收入	≤4万元	231	55.3
	>4万元	187	44.7
平台使用时间	6个月及以下	16	3.8
	6～12个月	27	6.5
	1～2年	132	31.6
	2～3年	164	39.2
	3年以上	79	18.9
每天平均使用时长	1小时及以下	36	8.6
	1～3小时	147	35.2
	3～5小时	145	34.7
	5小时以上	90	21.5
在平台是否购买过产品或服务	否	315	75.4
	是	103	24.6

4.3 数据分析与假设检验

4.3.1 基于逻辑回归模型的人口统计学特征分析

研究二将高于样本均值的商业活动参与意愿定义为高意愿，低于样本均值的商业活动参与意愿定义为低意愿；在社会化商务平台产生过商业活动参与行为的类别定义为有行为，在社会化商务平台未产生过商业活动参与行为的类别定义为无行为。根据“意愿—行为”两个维度可以将农村居民的用户体验划分为以下四类：高商业活动参与意愿且有实际商业活动参与行为（高意愿有行为）、低商业活动参与意愿且有实际商业活动参与行为（低意愿有行为）、高商业活动参与意愿且无实际商业活动参与行为（高意愿无行为）、低商业活动参与意愿且无实际商业活动参与行为（低意愿无行为）。具体分类结果见表4－3。其中，“高意愿无行为”的农村居民数量最多，其次为“低意愿无行为”的农村居民，这表明农村居民在社会化商务平台有过购买产品或服务行为的比例较低，无实际商业活动参与行为的农村居民比例较高。而存在实际商业活动参与行为的农村居民中，高意愿农村居民比例较高。

表4－3 研究二农村居民的“意愿—行为”分类

商业活动参与行为	类别	界定标准	农村居民数量（人）	比例（%）
有行为	第一类	高意愿有行为	70	16.75
	第二类	低意愿有行为	33	7.89
无行为	第三类	高意愿无行为	164	39.23
	第四类	低意愿无行为	151	36.13

为分析不同人口统计学特征的行为差异，研究二同样选择逻辑回归分析模型分析农村居民在社会化商务平台的商业活动参与行为。解释变量 X_i

包括农村居民的商业活动参与意愿、性别、年龄、学历、家庭年收入、社会化商务平台的总使用时间、每天使用社会化商务平台的平均时长，各影响因素的含义如表4－4所示。

表4－4　研究二影响因素描述

类别	影响因素	符号	变量赋值及解释
因变量	是否产生过商业活动参与行为	Y	因变量：0＝在社会化商务平台未产生过商业活动参与行为；1＝在社会化商务平台产生过商业活动参与行为
个体行为意愿	商业活动参与意愿	X_1	自变量：为连续型变量
个体统计学特征	性别	X_2	自变量：0＝男，1＝女
个体统计学特征	年龄	X_3	自变量：0＝18～25岁；1＝26～30岁；2＝31～35岁；3＝36～40岁；4＝41～45岁；5＝46岁以上
个体统计学特征	学历	X_4	自变量：0＝小学及以下；1＝初中；2＝高中及以上
个体统计学特征	家庭年收入	X_5	自变量：0＝小于等于4万元；1＝大于4万元
个体统计学特征	平台使用时间	X_6	自变量：0＝6个月及以下；1＝6～12个月；2＝1～2年；3＝2～3年；4＝3年以上
个体统计学特征	平均每天使用时长	X_7	自变量：0＝1小时及以下；1＝1～3小时；2＝3～5小时；3＝5小时以上

模型采用最大似然法进行估计，通过SPSS 26.0软件中的二元逻辑回归分析得到结果，具体见表4－5。

表4－5　研究二的二元逻辑回归分析结果

变量	B	S. E.	Wals	Sig.	EXP(B)	EXP(B)的95% C. I.	
						下限	上限
商业活动参与意愿	0.466	0.135	11.871	0.001	1.593	1.222	2.077
性别（1）	1.111	0.283	15.359	0.000	3.037	1.742	5.293
年龄			23.219	0.000			
年龄（1）	−0.291	0.913	0.102	0.750	0.747	0.125	4.474
年龄（2）	0.124	0.779	0.025	0.874	1.132	0.246	5.208

续表

变量	B	S. E.	Wals	Sig.	EXP(B)	EXP(B) 的 95% C. I.	
						下限	上限
年龄（3）	0.410	0.737	0.310	0.578	1.508	0.355	6.396
年龄（4）	1.480	0.723	4.191	0.041	4.393	1.065	18.114
年龄（5）	1.852	0.842	4.843	0.028	6.375	1.225	33.193
学历			10.599	0.005			
学历（1）	0.720	0.333	4.680	0.031	2.055	1.070	3.948
学历（2）	1.178	0.365	10.385	0.001	3.247	1.586	6.647
家庭年收入（1）	0.484	0.277	3.056	0.080	1.623	0.943	2.794
平台使用时间			26.842	0.000			
平台使用时间（1）	2.098	1.179	3.165	0.075	8.150	0.808	82.230
平台使用时间（2）	0.465	1.115	0.174	0.677	1.592	0.179	14.154
平台使用时间（3）	0.951	1.100	0.748	0.387	2.587	0.300	22.326
平台使用时间（4）	2.228	1.111	4.023	0.045	9.284	1.052	81.924
平均每天使用时长			12.105	0.007			
平均每天使用时长（1）	1.933	0.857	5.083	0.024	6.911	1.287	37.099
平均每天使用时长（2）	2.089	0.843	6.142	0.013	8.077	1.548	42.145
平均每天使用时长（3）	2.707	0.859	9.938	0.002	14.986	2.784	80.653
常量	-9.155	1.716	28.458	0.000	0.000		

分析结果显示，农村居民在社会化商务平台中的商业活动参与意愿和部分人口统计学特征具有统计学意义，$\chi^2 = 122.899$，$P < 0.001$，表明模型能够区分在社会化商务平台购买过和未购买过产品或服务的农村居民，预测准确率为 81.1%。Hosmer - Lemeshow 检验中，$\chi^2 = 3.657$，$P = 0.887 > 0.05$，表明模型拟合度较高。

根据表 4 - 5，农村居民在社会化商务平台的商业活动参与意愿对商业活动参与行为具有显著影响（$P < 0.01$），意愿对行为存在预测作用，农村居民的商业活动参与意愿每提高一个单位，则实际产生商业活动参与行为的概率增加 1.593 个单位。

根据表4－5，农村居民的性别对其在社会化商务平台是否产生实际商业活动参与行为具有显著影响（$P<0.001$）。在其他变量都相同的前提下，女性农村居民在社会化商务平台产生商业活动参与行为的几率是男性居民的3.037倍。

根据表4－5，农村居民的年龄对其在社会化商务平台的商业活动参与行为也具有显著作用（$P<0.001$），具有统计学意义。26～30岁、31～35岁、36～40岁、41～45岁以及46岁以上农村居民的比数比EXP(B)分别为0.747、1.132、1.508、4.393、6.375，其中4.393和6.375所对应的P值小于0.05，说明对应的41～45岁和46岁以上农村居民群体在社会化商务平台产生商业活动参与行为的概率是18～25岁农村居民的4.393倍和6.375倍。

根据表4－5，农村居民的学历对其在社会化商务平台的商业活动参与行为存在显著作用（$P<0.01$），具有统计学意义。学历为初中和高中及以上的农村居民相对于小学学历的农村居民，预后具有统计学差异，分别为2.055和3.247，表明学历为初中和高中及以上的农村居民是小学学历农村居民在社会化商务平台产生商业活动参与行为概率的2.055倍和3.247倍。说明农村居民的学历与是否产生商业活动参与行为存在直接关系。

根据表4－5，农村居民的家庭年收入对其在社会化商务平台的商业活动参与行为不存在显著作用（$P>0.05$），不具有统计学意义。家庭年收入高于4万元的农村居民相较于低于4万元的农村居民，在社会化商务平台的商业活动参与行为不存在显著差异。

根据表4－5，农村居民使用社会化商务平台的时间对商业活动参与行为具有显著作用（$P<0.001$），具有统计学意义。平台使用时间在6～12个月、1～2年、2～3年的农村居民相较于6个月以下的农村居民，预后不存在统计学差异（$P>0.05$）；平台使用时间在3年以上的农村居民相较于6个月以下的农村居民，预后存在统计学差异（$P<0.05$），表明这一区间农村居民产生商业活动参与行为的概率是6个月及以下农村居民的9.284倍。说明农村居民在社会化商务平台的使用初期不会轻易产生商业活动参与行为，但随着时间推移，则很大概率会产生商业活动参与行为。

根据表4－5，农村居民在社会化商务平台平均每天使用时长对商业活动参与行为具有显著作用（$P<0.01$），表明农村居民每天使用社会化商务平台时间的长短与其是否产生商业活动参与行为存在显著关系。具体地，平均每天使用时长在1~3小时、3~5小时以及大于5小时的农村居民是使用时长在1小时以内的农村居民产生商业活动参与行为概率的6.911倍、8.077倍和14.986倍。

4.3.2 共同方法偏差检验

研究二采用基于偏最小二乘法的结构方程模型（PLS-SEM）分析研究模型。选择PLS-SEM的原因有两点：（1）研究二模型是为了评估外生变量对内生变量的预测能力，具有预测导向特征，相较于基于协方差分析的结构方程模型（CB-SEM），PLS-SEM更适用于面向预测的模型。（2）CB-SEM经常无法估计复杂模型，复杂模型的特征是具有7个以上变量，研究二模型涉及6个变量，接近复杂模型。综上，PLS-SEM更适用于研究二。

自陈式调查问卷方法可能存在共同方法偏差问题。研究二从程序控制和统计控制两方面控制共同方法带来的偏差。首先，程序控制方面的做法与研究一相同。其次，统计控制方面，采用以下两种方法检验共同方法偏差：（1）运用SPSS 26.0数据分析工具进行Harman单因素检验。将研究二问卷的所有测量题项（控制变量除外）进行未旋转的探索性因子分析。结果发现，未旋转时提取特征值大于1的第一因子解释了33.816%的变异程度，低于40%的临界值标准，不存在单一因子解释大部分变异的情况，表明不存在严重的共同方法偏差问题，不会影响研究结论。（2）参照梁（Liang，2007）等[308]阐述的共同方法偏差因子法进行共同方法偏差检验，操作过程与研究一相同。

如表4-6所示，第3列负载均显著，第5列负载大部分不显著，即大部分测量指标对构建的方法因子负载不显著。同时，表4-6的第4列所解释的方差远远大于被共同方法偏差因子解释的方差（表4-6第6列）。同时，一阶因子被其对应二阶因子所解释的方差均值为0.6537，一阶因子被其对应共同方法偏差所解释的方差平均值仅为0.0029，分析表明不存在严重的共同方法偏差。

表 4-6　研究二基于 PLS-SEM 的共同方法偏差检验

二阶因子	一阶因子	对应二阶因子标准载荷（R_1）	R_1^2	共同方法因子标准载荷（R_2）	R_2^2
COB	cob_1	0.855 ***	0.7317	-0.007	0.0000
	cob_2	0.743 ***	0.5520	0.051	0.0026
	cob_3	0.853 ***	0.7276	-0.040	0.0016
PB	pb_1	0.902 ***	0.8136	-0.082 *	0.0067
	pb_2	0.778 ***	0.6053	0.042	0.0018
	pb_3	0.803 ***	0.6448	0.035	0.0012
	pb_4	0.826 ***	0.6823	0.008	0.0001
CRB	crb_1	0.831 ***	0.6906	-0.019	0.0004
	crb_2	0.774 ***	0.5991	0.030	0.0009
	crb_3	0.847 ***	0.7174	-0.007	0.0000
PSR	psr_1	0.730 ***	0.5329	0.041	0.0017
	psr_2	0.680 ***	0.4624	0.084	0.0071
	psr_3	0.829 ***	0.6872	-0.100	0.0100
	psr_4	0.710 ***	0.5041	0.049	0.0024
	psr_5	0.721 ***	0.5198	0.045	0.0020
	psr_6	0.742 ***	0.5506	-0.024	0.0006
	psr_7	0.815 ***	0.6642	-0.099	0.0098
SI	si_1	0.728 ***	0.5300	0.093	0.0086
	si_2	0.868 ***	0.7534	-0.038	0.0014
	si_3	0.899 ***	0.8082	-0.070	0.0049
	si_4	0.792 ***	0.6273	0.050	0.0025
	si_5	0.829 ***	0.6872	-0.030	0.0009
PW	pw_1	0.786 ***	0.6178	0.067	0.0045
	pw_2	0.898 ***	0.8064	-0.030	0.0009
	pw_3	0.909 ***	0.8263	-0.033	0.0011
平均值	—	—	0.6537	—	0.0029

注：* 表示 P<0.05，** 表示 P<0.01，*** 表示 P<0.001。

4.3.3 测量模型检验

为确保测量结果的可靠性和有效性，对测量模型的信度和效度进行检验。

对信度和效度进行检验之前，先进行探索性因子分析，结果如表4－7所示，所有测量量表的KMO值为0.925，巴特利特球形检验结果 $P<0.001$，表明适合做因子分析。采用最大方差法进行因子分析，共提取6个特征根大于1的公因子，累积方差解释率为65.816%。

表4－7　研究二测量量表的KMO值和Bartlett's球形检验结果

项目	指标	值
KMO		0.925
Bartlett 球形检验	近似卡方值	4762.510
	自由度	300
	显著性	0.000

（1）信度检验。信度检验结果如表4－8所示，结果显示，各变量的Cronbach's α和CR值均大于0.700，表明量表的信度较好。

表4－8　研究二信度检验结果

变量	Cronbach's α	CR
COB	0.753	0.859
PB	0.847	0.897
CRB	0.743	0.854
PSR	0.867	0.898
SI	0.882	0.913
PW	0.832	0.899

（2）效度检验。通常包括内容效度和建构效度两个部分。研究二在设计调查问卷时选取与研究内容相符且效度较高的成熟量表，并通过预调研

对题项表述等方面进行改进完善，最终确定调查问卷，保证了内容效度。建构效度的检验分为聚合效度和区别效度。聚合效度检验结果如表 4－9 所示。结果显示，度量模型所有题项的因子载荷均大于 0.700，各变量的 AVE 值均高于 0.500，CR 值均高于 0.700，表明聚合效度良好。

表 4－9　研究二聚合效度检验结果

变量	题项	Loading	CR	AVE
COB	cob_1	0.843	0.859	0.670
	cob_2	0.785		
	cob_3	0.826		
PB	pb_1	0.846	0.897	0.685
	pb_2	0.810		
	pb_3	0.823		
	pb_4	0.831		
CRB	crb_1	0.815	0.854	0.661
	crb_2	0.785		
	crb_3	0.838		
PSR	psr_1	0.766	0.898	0.557
	psr_2	0.755		
	psr_3	0.738		
	psr_4	0.754		
	psr_5	0.761		
	psr_6	0.722		
	psr_7	0.727		
SI	si_1	0.810	0.913	0.679
	si_2	0.836		
	si_3	0.837		
	si_4	0.837		
	si_5	0.799		

续表

变量	题项	Loading	CR	AVE
PW	pw_1	0.872	0.899	0.749
	pw_2	0.845		
	pw_3	0.879		

区别效度检验结果如表4-10、表4-11和表4-12所示。表4-10显示，各变量的AVE值平方根（表4-10中对角线上加粗数字）均大于该变量与其他变量的相关系数。表4-11显示，每个题项在其所对应构面上的因子载荷（表4-11中对角线上加粗数字）大于在其他构面上的交叉载荷。表4-12显示，任意两个变量之间的HTMT值均低于阈值0.85。分析结果表明三种检验方式均通过，具有良好的区别效度。

表4-10　研究二 Fornell-Larcker 检验

变量	COB	PB	CRB	PSR	SI	PW
COB	**0.819**					
PB	0.460	**0.828**				
CRB	0.454	0.483	**0.813**			
PSR	0.303	0.348	0.254	**0.746**		
SI	0.293	0.393	0.353	0.513	**0.824**	
PW	0.310	0.422	0.346	0.610	0.489	**0.865**

表4-11　研究二变量的因子载荷和交叉载荷

题项	COB	PB	CRB	PSR	SI	PW
cob_1	**0.843**	0.366	0.354	0.284	0.235	0.261
cob_2	**0.785**	0.380	0.402	0.239	0.239	0.307
cob_3	**0.826**	0.381	0.358	0.222	0.246	0.192
pb_1	0.407	**0.846**	0.390	0.244	0.299	0.297
pb_2	0.362	**0.810**	0.439	0.306	0.320	0.366
pb_3	0.351	**0.823**	0.386	0.305	0.364	0.371

续表

题项	COB	PB	CRB	PSR	SI	PW
pb_4	0. 400	**0. 831**	0. 383	0. 298	0. 320	0. 365
crb_1	0. 351	0. 389	**0. 815**	0. 179	0. 300	0. 281
crb_2	0. 366	0. 425	**0. 785**	0. 202	0. 275	0. 281
crb_3	0. 389	0. 363	**0. 838**	0. 239	0. 286	0. 282
psr_1	0. 223	0. 285	0. 208	**0. 766**	0. 412	0. 470
psr_2	0. 249	0. 297	0. 173	**0. 755**	0. 430	0. 469
psr_3	0. 205	0. 251	0. 189	**0. 738**	0. 304	0. 437
psr_4	0. 282	0. 285	0. 220	**0. 754**	0. 374	0. 467
psr_5	0. 190	0. 277	0. 225	**0. 761**	0. 429	0. 457
psr_6	0. 229	0. 222	0. 152	**0. 722**	0. 370	0. 444
psr_7	0. 202	0. 189	0. 157	**0. 727**	0. 346	0. 440
si_1	0. 237	0. 362	0. 286	0. 450	**0. 810**	0. 432
si_2	0. 234	0. 324	0. 270	0. 403	**0. 836**	0. 410
si_3	0. 210	0. 316	0. 307	0. 405	**0. 837**	0. 363
si_4	0. 283	0. 289	0. 305	0. 452	**0. 837**	0. 450
si_5	0. 238	0. 329	0. 288	0. 395	**0. 799**	0. 346
pw_1	0. 231	0. 339	0. 286	0. 538	0. 428	**0. 872**
pw_2	0. 294	0. 371	0. 316	0. 522	0. 442	**0. 845**
pw_3	0. 279	0. 385	0. 296	0. 524	0. 399	**0. 879**

表 4 –12　　　　研究二的异质——单质比率

变量	COB	PB	CRB	PSR	SI
PB	0. 575				
CRB	0. 607	0. 609			
PSR	0. 375	0. 404	0. 315		
SI	0. 358	0. 456	0. 437	0. 581	
PW	0. 392	0. 503	0. 440	0. 717	0. 567

（3）检验各变量的方差膨胀因子（VIF）。研究二模型中所有变量的方差膨胀因子结果如表4－13所示，各个变量的方差膨胀因子均小于5，满足要求，表明样本数据的多重共线性问题并不严重。

表4－13　研究二多重共线性分析

模型	非标准化系数		标准化系数 β	T值	显著水平	共线性统计	
	B	标准误差				容差	VIF
（常量）	1.233	0.244		5.060	0.000		
COB	0.016	0.047	0.015	0.334	0.738	0.702	1.425
PB	0.150	0.045	0.151	3.323	0.001	0.646	1.549
CRB	0.115	0.053	0.096	2.177	0.030	0.679	1.473
PSR	0.529	0.051	0.448	10.300	0.000	0.704	1.420
SI	0.159	0.045	0.158	3.530	0.000	0.666	1.502

4.3.4 结构模型检验

结构模型检验通过判定系数、盲目过程和路径系数三项指标来判别，并对理论模型和研究假设进行检验。首先，研究二模型中的消费行为（$R^2=0.619$）、参与行为（$R^2=0.665$）、创建行为（$R^2=0.644$）、准社会关系（$R^2=0.140$）、社会认同（$R^2=0.327$）和商业活动参与意愿（$R^2=0.444$）的R^2值均大于10%，表明模型的解释程度是可接受的。其次，消费行为（$Q^2=0.408$）、参与行为（$Q^2=0.450$）、创建行为（$Q^2=0.419$）、准社会关系（$Q^2=0.077$）、社会认同（$Q^2=0.220$）和商业活动参与意愿（$Q^2=0.330$）的Q^2值均大于0，证实了内生变量的预测相关性。最后，对研究二模型采用非参数Bootstrapping分析法抽样5000次检验[313]。结果显示，用户生成内容行为对商业活动参与意愿存在显著正向预测作用（$\beta=0.208$，$P<0.001$），H4－1成立；用户生成内容行为对准社会关系存在显著正向预测作用（$\beta=0.377$，$P<0.001$），H4－2成立；准社会关系对商业活动参与意愿存在显著正向预测作用（$\beta=0.444$，$P<0.001$），H4－3成立；用

户生成内容行为对社会认同存在显著正向预测作用（β = 0.280，P < 0.001），H4 - 5 成立；社会认同对商业活动参与意愿存在显著正向预测作用（β = 0.171，P < 0.01），H4 - 6 成立。分析结果见表 4 - 14。

表 4 - 14　研究二结构模型估计

假设	路径	路径系数	T 值	P 值
H4 - 1	用户生成内容行为→商业活动参与意愿	0.208	4.694	0.000
H4 - 2	用户生成内容行为→准社会关系	0.377	7.704	0.000
H4 - 3	准社会关系→商业活动参与意愿	0.444	10.389	0.000
H4 - 5	用户生成内容行为→社会认同	0.280	5.966	0.000
H4 - 6	社会认同→商业活动参与意愿	0.171	3.391	0.001

中介效应分析表明，准社会关系和社会认同在用户生成内容行为和商业活动参与意愿之间起部分中介作用，中介效应由三条路径产生的间接效应组成，通过用户生成内容行为→准社会关系→商业活动参与意愿的途径产生的间接效应为 0.167（P < 0.001），H4 - 4 成立；通过用户生成内容行为→社会认同→商业活动参与意愿的途径产生的间接效应为 0.048（P < 0.01），H4 - 7 成立；通过用户生成内容行为→准社会关系→社会认同→商业活动参与意愿的途径产生的间接效应为 0.026（P < 0.01），H4 - 8 成立。以上间接效应的 Bootstrap 95% 置信区间均不包含 0，表明这三个间接效应都达到显著水平。分析结果如表 4 - 15 所示。

表 4 - 15　中介效应分析

假设	中介路径	效应值	95% C. I.
H4 - 4	用户生成内容行为→准社会关系→商业活动参与意愿	0.167	[0.117，0.225]
H4 - 7	用户生成内容行为→社会认同→商业活动参与意愿	0.048	[0.020，0.082]
H4 - 8	用户生成内容行为→准社会关系→社会认同→商业活动参与意愿	0.026	[0.011，0.046]

检验中介模型后，检验有调节的中介模型，即验证准社会关系在用户生成内容行为与商业活动参与意愿之间的调节作用。普里彻和海耶斯

(Preacher and Hayes, 2008)[357]提出的简单中介模型如图 4－3 所示。

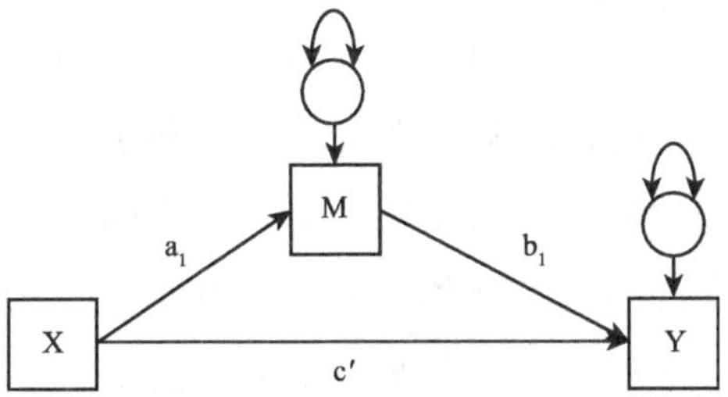

图 4－3　简单中介模型

简单间接效应可以量化为 $\hat{a}_1\hat{b}_1$，中介变量 M 和因变量 Y 的回归方程如（4.1）和方程（4.2）所示，其中，a_0 和 b_0 表示截距，r 表示残差项。

$$M = a_0 + a_1X + r \tag{4.1}$$

$$Y = b_0 + c'X + b_1M + r \tag{4.2}$$

普里彻和海耶斯（Preacher and Hayes，2008）[357]提出的有调节的中介模型如图 4－4 所示。

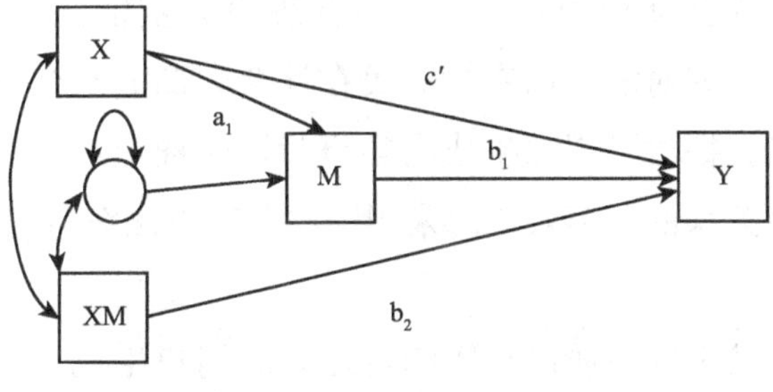

图 4－4　有调节的中介模型

模型的间接效应可以通过 $f(\hat{\theta}|X) = \hat{a}_1(\hat{b}_1 + \hat{b}_2X)$ 和公式（4.3）、公式（4.4）量化。从公式中可以清晰地看出预测变量 X 的不同水平如何影响中介作用的强度。如果预测变量和中介变量的交互作用（XM）接近于 0，则 b_2 接近于 0，此时间接效应将会接近简单中介模型中的间接效应 $\hat{a}_1\hat{b}_1$ 值。相应地，有关 Y 的回归方程中 b_2 值若接近于 0，则公式（4.4）基本上与简单中介模型中 Y 的回归方程（4.2）相同。

$$M = a_0 + a_1X + r \tag{4.3}$$

$$Y = b_0 + c'X + (b_1 + b_2X)M + r \tag{4.4}$$

研究二假设准社会关系在用户生成内容行为和商业活动参与意愿之间存在中介作用的同时，也存在调节作用。采用 Smart PLS 3.0 软件对准社会关系的调节作用进行检验。结果显示，用户生成内容行为与准社会关系的交互项对商业活动参与意愿的作用系数为 0.921（$P < 0.05$），表明准社会关系在用户生成内容行为与商业活动参与意愿之间的调节作用显著，H4－9成立。

最后，计算模型的拟合优度（GoF）对假设模型的整体预测表现进行评估。按照拟合优度计算公式，计算出研究二的假设模型拟合优度值为 0.436，高于建议值 0.36，表明研究二模型的拟合程度较高。

4.4 结果讨论

研究二以准社会互动理论和社会认同理论为基础构建研究框架模型，以农村居民作为研究对象，以农村居民在社会化商务平台的用户生成内容行为作为切入点，探讨了用户生成内容行为影响商业活动参与意愿的中介机制以及准社会关系的调节效应。采用问卷调查方法对研究假设进行检验，得出以下结论：

第一，研究发现农村居民与影响者之间的用户生成内容行为对商业活动参与意愿具有直接影响，同时通过准社会关系和社会认同的中介作用对商业活动参与意愿产生间接影响，阐明了影响者在说服中的独特机制。具体地说，农村居民与影响者通过准社会关系和社会认同的作用提高商业活动参与意愿。农村居民与影响者通过准社会关系和社会认同的共同作用，在认知、情感和行为三个层面发生显著变化。（1）认知层面，一方面，农村居民与影响者的长期接触使其将影响者视为朋友或意见领袖，对两者关系进行巩固，愿意相信或接受影响者提出的建议。另一方面，两者的频繁接触为建立关系模式减少不确定性，同时农村居民在不断地接触中收集足够信息来支持彼此形成积极的关系预期，同时将准社会关系延伸到媒体接触之外。因此，影响者在传递说服性信息时可以减少农村居民对信息的反抗，从而产生更高水平的接受和服从，使其更容易接受影响者推荐的产品或服务，进而增强商业活动参与意愿。（2）情感层面，农村居民对影响者会产生强烈的认同感，这是一种社会影响过程，可以促进形成更深层次的情感纽带。对他人的态度或价值观等的内化有助于个体保持与认同对象的理想联系，这种内化通常具有持续性，可引导其采用他人行为。这一结论与莫耶吉泽（Moyer－Gusé，2011）等[345]的研究结论一致，认同感会增强对影响者所宣传或塑造的说服性信息采纳。（3）行为层面，农村居民对影响者推荐的产品或服务接受程度更高，更倾向与影响者进行交流互动。

第二，研究发现准社会关系在用户生成内容行为与商业活动参与意愿之间存在中介和调节的双重作用。简单的自动过程可以与复杂的详细过程区分，哈特曼（Hartmann，2004）等[358]将准社会参与过程与双过程加工模型相结合，认为对媒体人物可以采用简单、刻板的方式处理，也可采用深思熟虑、详尽的方式处理。本书将农村居民与影响者的用户生成内容行为划分为简单自动的过程，将农村居民与影响者构建准社会关系的过程划分为复杂过程，当媒体人物被认为具有社会性时，特征识别的准社会过程会自动启动[359]。卡饮斯基（Tukachinsky，2020）等[347]认为即使不存在互动行为，用户对媒体人物也可体验到强大的准社会关系，这种关系能够激活过去媒体消费期间获取的媒体人物特定知识[333]，并将这类特定知识作为关系模式的一部分存储[360]。当引发准社会关系时，则会提高对影响者推荐产品的购买意愿。基于社会化商务平台广告效用角度，社会化商务平台的商务功能使得品牌方或平台影响者创建的广告内容广泛出现在用户面前，农村居民与影响者之间的准社会关系会显著提高广告效用，增强农村居民对这类商业活动的参与意愿。

5 社会化商务平台用户在线行为演化模型研究

通过对研究一的探讨可知，农村居民在社会化商务平台的用户生成内容行为是一种预测商业活动参与意愿和参与行为的重要影响因素。农村居民在社会化商务平台通过浏览、点赞、评论、转发、收藏、创建或订阅等多种用户生成内容行为进行信息的处理，较高的参与度使农村居民能够更深入地处理与商业活动相关的信息线索，更有可能产生商业活动参与行为。对于农村居民所呈现出的行为特征和结果特征，研究二对其背后的作用机制作出了回答。基于用户视角，研究二揭示了农村居民的用户生成内容行为与商业活动参与意愿之间的内在作用机制，发现准社会关系和社会认同在两者之间发挥链式中介作用，同时，准社会关系是用户生成内容行为作用于商业活动参与意愿的边界条件。显然，研究二基于微观的个体心理层面对用户生成内容行为与商业活动参与意愿之间的内在机制进行了充分描述和验证。但宏观行为层面的用户生成内容行为与商业活动参与行为相互之间如何转化和演变尚不清楚。因此，本书运用系统动力学方法构建模型，在研究二微观层面探讨变量之间的直接因果关系基础上，以网络获取的数据为依据，建立描述两种行为系统动态演化的微分方程，呈现两者之间的相互依赖关系和转换关系。深入社会化商务平台用户在线行为的动态理解、全面解析伴随时间、用户交互动态变化的行为演化特征，明晰用户转变为购买者的外在作用过程。

为了更有效地描述用户行为反应这一演变过程，本书引入传播动力学 SIR 模型，模拟用户在社会化商务平台的行为转化过程。SIR 模型于 1927 年由科马克和麦肯德里克（Kermack and McKendrick，1927）[361]为研究传染病的传播机制建立的经典传播动力学模型。关于 SIR 模型的相关研究主要聚焦于生物病毒传播领域，近年来也被应用于经济管理和情报学等领域。社会化商务环境下用户行为主要分为用户生成内容行为与商业活动参与行为，行为的传播过程与传染病传播具有相似特征。首先，传播节点相似。传染病的传播对象和传播节点主要是人，由于个体的自身抗体不同，对传播病毒的抵抗力也不同，同时个体的活跃度和行为轨迹具有差异性，会导致多个节点间传播范围和传播对象的不确定。社会化商务情境下用户行为的传播对象和传播节点同样是人，由于每个个体对接受信息的兴趣或认可度不同，接受信息的概率和程度也不尽相同，在社会化商务平台产生的用户行为具有差异性。同时个体行为也受到活跃度和行为轨迹等影响，多个节点间的传播范围和传播对象同样具有不确定性。其次，传播途径相似。传染病能够传播的前提是接触，通过节点间的直接接触传染或扩散到其他群体，除了受到免疫力的作用之外，与感染者接触得越频繁，感染的可能性越高。用户行为传播的前提同样是接触，接触包括网络接触和直接接触等多种方式，与感染者的网络、现实等接触、互动越密切，产生商业活动参与行为的可能性越高。

综上所述，社会化商务背景下用户行为传播与传染病传播方式具有高度相似性，因此，SIR 模型对社会化商务背景下用户行为传播分析具有较高的适用性。以研究一和研究二为基础，本书基于 SIR 传染病动力学模型，构建社会化商务平台用户生成内容行为与商业活动参与行为的演化模型，主要回答以下四个问题：(1) 结合科学知识水平理论和传染病 SIR 模型建立建模思想及依据。(2) 如何构建社会化商务平台用户行为转化的演化模型。(3) 模型的平衡点和阈值的数学表达式是怎样的。(4) 对用户的行为转化模型进行仿真，并通过调整参数进行敏感性分析，确定提升行为转变模型效率的对策。

5.1 基于 SICAS 模型的用户行为对应关系

社会化商务平台的蓬勃发展为个体提供良好的消费情境和消费体验，

尤其对用户的在线商业活动参与行为产生深远影响。用户通过社会化商务平台进行在线购买已然成为一种趋势，社会化商务得以迅猛发展，促进因素之一便是用户购买行为模式的演变。传统商业模式下，用户遵循 AIMDA 行为模式。AIMDA 行为模式是由美国广告学家 E. S. 刘易斯在 1898 年提出的一种消费行为模式，认为用户从接触商品信息到产生购买行为期间，主要涉及引起注意（Attention）、激发兴趣（Interest）、留下记忆（Memory）、唤起欲望（Desire）和采取行动（Action）五个阶段。AIMDA 行为模式有效反映了传统媒体环境下的营销关系，用户主要通过电视、报纸或广播等传统媒体获取产品信息，对产品形成初步了解，促进用户形成购买欲望，直至产生购买行为。

伴随互联网技术的发展嵌入，体验互动行为模式重构消费行为链，促进电子商务模式的不断发展。随后消费经济兴起，协同消费作为新兴的资源配置和再分配机制，刺激消费行为模式进一步发展优化，由传统 AIMDA 行为模式演化为 AISAS 行为模式，实现行为模式升级，如图 5－1 所示。AISAS 行为模式更适配社会化商务的用户行为，将在线购买行为划分为五个阶段，分别为被引起注意（Attention）、被激发兴趣（Interest）、主动搜索（Search）、采取行动（Action）和进行分享（Share）[362]。AISAS 行为模式相较于其前一阶段的 AIDMA 行为模式，结合了社会化媒体的交互性和个性化特点，增加了搜索和分享两个依赖网络环境所发生的典型在线购买行为特征[362]，实现与社会化商业环境的充分耦合。

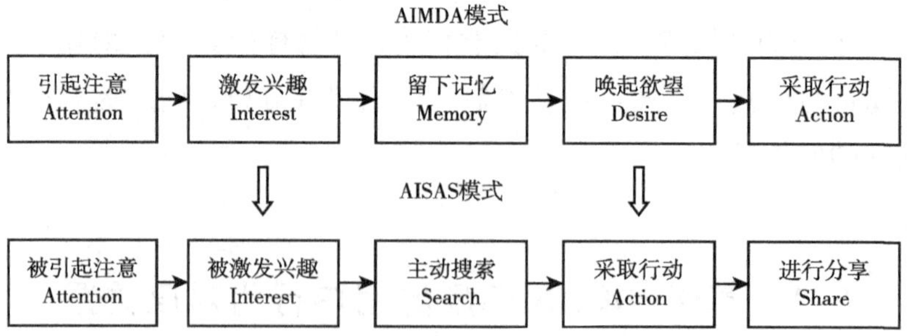

图 5－1　消费者行为模式演化

伴随社会化媒体和移动互联网的发展以及社会化商务服务工具等的出现，社会化商务背景下用户行为模式更加复杂。用户获取信息的渠道以及用户间的互动交流方式均发生深刻变化，即时分享的共享型行为成为新的消费行为特征。根据这一消费变革，中国互联网数据中心（DCCI）与未来智库提出全景式新型消费行为模型——SICAS 模式。SICAS 模式是对 AIMDA 和 AISAS 模式的升级与重构，将购买行为划分为互相感知（Sense）、兴趣与互动（Interest & Interactive）、联系与沟通（Connect & Communication）、采取行动（Action）和进行分享（Share）五个阶段。SICAS 模式下的用户行为模式由线性转变为非线性，强化了消费者之间的互动沟通，构建了可循环的消费者行为网络框架，更适配于数字化消费模型。SICAS 模式与消费者参与的生态论形成深入关联和呼应[363]，并基于数字营销背景下多点双向、感知连接的行为特征，将消费者的心理活动与实际行为相融合[364]。社会化商务环境下的消费者行为遵循 SICAS 模式，将用户消费、参与和创建等用户生成内容行为嵌入在购买行为的不同阶段，图 5－2 描述 SICAS 模式与用户生成内容行为的对应关系。

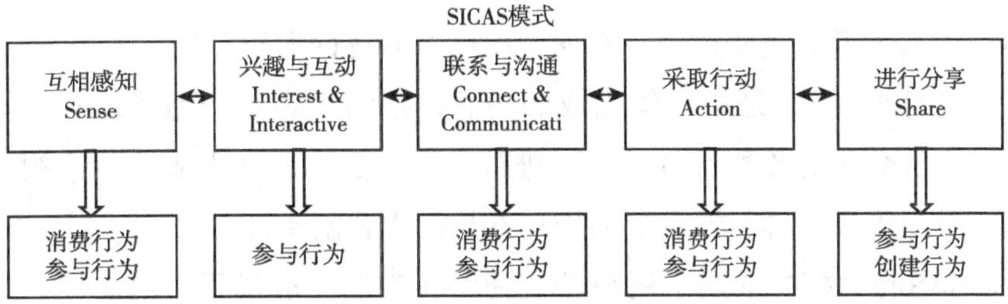

图 5－2　SICAS 模式与用户生成内容行为的对应关系

互相感知（S）是指在线购买过程中通过浏览、推送、订阅等多元化方式在用户与产品或服务之间建立交互式“接触”，使用户在相对自然的社交情境中有意或无意地接触产品或服务，表现为用户的内容消费行为和参与行为。以社会化商务平台为研究背景，相互感知的方式不仅包括企业投放具有广告标识的在线广告，还包括电商直播、产品推广视频和测评视频等丰富的内容。

兴趣与互动（I）是基于感知的基础上更深层次的共鸣，是用户被产品或服务吸引注意力后，对其产生兴趣，形成并表达初始态度和偏好。以社会化商务平台为研究背景，用户可以通过点赞的方式明确表达偏好[362]。通过对特定内容的点赞和收藏表达对内容中产品或服务的兴趣。在直播购物活动中，也可以通过点赞行为表达个体的兴趣和支持，即表现为用户的参与行为。

联系与沟通（C）体现为用户的高参与度，通过主动搜索、与视频博主沟通的方式获取更为充分的产品信息，强化购买动机，促进购买意愿。以社会化商务平台为研究背景，用户搜索相关信息，并关注其他用户的评价。例如，产品或服务有关内容的评论或直播购物的留言区等均可表达其他用户的态度和偏好，用户通过与其他用户的交互产生不同行为倾向，对同一产品或服务形成多种意见，即表现为用户的消费行为和参与行为。

采取行动（A）是指用户产生购买行为的执行过程，网络产品选择、支付等行为。社会化商务平台背景下，采取行动是用户通过社会化商务平台的电商直播、推广视频、商业广告等方式进行购物的行为，这也是由用户转变为购买者的演变过程，表现为用户的消费行为和参与行为。

进行分享（S）是指个体完成购物后在网络中表达产品或服务的评价和体验。社会化商务平台背景下，进行分享主要体现在发表评论、视频来表达感受，生成口碑，即表现为用户参与行为和创建行为。

SICAS 行为模式描述了用户转变为购买者的一般过程，但对用户的行为轨迹和演化过程研究不足，尤其在社会化商务平台这一新兴领域。社会化商务平台所涉及的商业活动参与行为区别于传统在线购物媒体，前者更加凸显人际关系的重要性且用户画像较为清晰，电商转化率较高。社会化商务平台是一种特殊的消费途径，涵盖社会化媒体与内容消费，包含多种形式。因此，基于 SICAS 行为模式，有必要对社会化商务环境中用户之间多维互动视角下的消费行为及消费轨迹进行深入阐述。

5.2 经典的SIR传染病动力学模型

传染病传播模型一般分为两类，其中一类是经典传染病传播模型，如SI（Susceptible Inflected）、SIS（Susceptible Inflected Susceptible）和SIR模型等。另一类是考虑重复传染和感染阈值等复杂的各种衍生模型，如ESIR（Exposed Susceptible Inflected Recovered）和SVIR（Susceptible Vaccinated Inflected Recovered）模型等。鉴于SIR模型的代表性，有关信息传播的研究多采用SIR模型作为基础模型并进行优化。经典的SIR传染病动力学模型假设系统中的总人数固定为N。模型中的节点分为三类，即将全体人群分为三类：S(Susceptible）代表处于易感状态的健康个体，I(Infective）代表处于感染状态的传染个体，R(Removal）代表处于免疫状态的恢复个体。SIR模型定义两个参数λ和μ，其中，λ表示健康个体（易感个体）被感染为传染个体的概率，λ取决于疾病的种类和人群的接触方式，μ表示感染个体被治愈后成为免疫个体的概率，μ取决于医疗水平和平均病程，图5-3描述了SIR模型的转移过程。

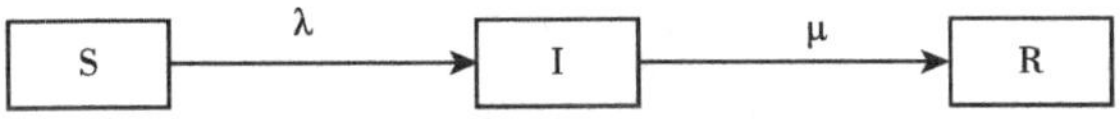

图5-3 SIR传染病传播模型

SIR模型传播过程用动态微分方程进行建模的动力学方程如下：

$$\frac{d\rho^S(t)}{dt} = -\lambda\rho^I(t)\rho^S(t) \tag{5.1}$$

$$\frac{d\rho^I(t)}{dt} = \lambda\rho^I(t)\rho^S(t) - \mu\rho^I(t) \tag{5.2}$$

$$\frac{d\rho^R(t)}{dt} = \mu\rho^I(t) \tag{5.3}$$

其中，$\rho^S(t)$ 表示易感人群在所有个体中所占的比重，称为易感者密度；$\rho^I(t)$ 表示感染人群在所有个体中所占的比重，称为感染者密度；$\rho^R(t)$

表示免疫体在所有个体中所占的比重，称为免疫者密度，同时满足 $\rho^S(t)+\rho^I(t)+\rho^R(t)=1$。

对式（5.1）、式（5.2）和式（5.3）线性化可得式（5.4）：

$$\frac{d\rho^I(t)}{dt} \backsimeq (\lambda-\mu)\rho^I(t) \tag{5.4}$$

对式（5.4）求解可得式（5.5）：

$$\rho^I(t) \backsimeq \rho^I(0)e^{(\lambda-\mu)t} \tag{5.5}$$

式（5.5）代表传染初期随时间变化的感染者。当 $\lambda-\mu>0$（$\lambda/\mu>1$）时，感染个体的数量呈指数增长，$R_0=\lambda/\mu$ 为模型的基本再生数。$R_0>1$ 时，表示一个传染者至少能感染的易感者的平均数大于1，感染者数量逐渐增加，传染病逐渐扩散；$R_0<1$ 时，表示一个传染者能感染的易感者的平均数小于1，感染者数量逐渐减少，传染病随着免疫者的增多而逐渐消亡。除模型再生数 R_0 这一关键指标外，模型平衡点也是重要指标。模型平衡点存在全局最优和局部最优两种，全局最优代表传染病的拐点，局部最优代表一定范围内的人群在特定时段的传染病拐点。

5.3 建模思想

社会化商务平台扩大了用户的社交圈，延伸了用户的沟通方式，平台的开放性和实时性等特征为用户随时获取产品、服务信息提供了极大便利，商业信息的传播过程呈现无序化和复杂化。因此，商业信息的生产、传播和演化等形式随着时间推移，从何种方向与角度影响用户行为这一问题亟待解决。流行病 SIR 模型可被用作信息传播研究的基础，本书拟采用 SIR 模型刻画社会化商务平台的行为演化过程，以不同类型的用户群体为基础，梳理社会化商务平台用户转变为购买者的作用过程。经典传染病模型包括易感者、感染者和免疫者三种状态，不同状态之间的改变主要因为存在病原体、传染性和免疫性等。基于已有研究[365]，并以研究一和研究二的内容为基础，本书认为用户在社会化商务平台中有关产品或服务消费行为、参与行为和创建行为的演化原理与系统动力学的传染病传播过程具有内在相似性，主要体现在以下三个方面：

（1）存在“嵌入推广内容的社会化商务平台病原体”。社会化商务平台的快速发展渐进地改变了用户消费习惯、刺激了信息需求期望并提高了信息接受偏好。中国广视索福瑞媒介研究（CSM）[366]发布的《2021 年短视频用户价值研究报告》显示，短视频用户渗透率达 90.4%，且用户主体转向 40 岁及以上的群体。报告显示在“如何丰富周末闲暇时光”这一预设场景下，50.5% 的网民选择观看短视频作为“唯一”的休闲娱乐方式。CSM 在《短视频用户价值研究报告 2019H1》[367]中指出，日均使用时长在 10～30 分钟的用户占比 32%，2019～2021 年日均使用时长超过 1 小时的用户持续 3 年上涨，占比增长至 56.5%，日均使用时长由 2020 年的 76 分钟增长至 2021 年的 87 分钟。报告还显示，相较于城镇用户，农村短视频用户的使用时间更长，日均使用短时视频时长在 30 分钟及以上的用户比例接近七成，显著高于城镇用户的 52%，下沉市场空间凸显。

社会化商务区别于传统电商，传统电商是通过电商平台使用户与商家进行联系，减少中间环节，而在社会化商务这一商业模式中，任一用户均可以在媒体平台成为“商家”，由被动式营销转变为互动营销，成为电商经济的新增长点。推广视频或直播内容作为信息源，通过平台内的用户关系被用户获取，实现传播目的，这也是粉丝经济的表现形式之一。基于偏好分析，向用户推荐所需产品、服务的信息内容，有效提高了用户的体验感受，可以更精准地找到目标用户，将产品或服务更加直观地传递给目标用户，提高营销效率。作为社会化商务平台用户，只要拥有一部智能手机就可以获取到所需的商业信息。

（2）存在“用户行为具有传染性”。社会化商务平台的创作者既可以是观看者，也可以是发布者，双重身份的存在为商业内容的创作和传播带来更好的效应。用户在浏览涵盖商业信息的视频内容时，平台的个性化推荐算法会根据用户特征进行内容匹配，向用户推荐最适合的产品信息。同时，该用户的检索结果和轨迹会被记录，当具有相似特征的用户检索相关内容时，可通过推荐算法将结果推荐给其他用户，实现从“人找信息”到自动“信息找人”的转变，产生内部信息的传染性。用户在浏览商业视频时可能产生点赞、关注、收藏等参与行为或创建行为，用户对内容的这类反馈行为同样被系统记录，用来调整以后的推荐内容以及与其匹配的用户群体。

以抖音短视频这一典型的社会化商务平台为例，平台首先根据视频内容标签将视频推荐给可能感兴趣的200～500个在线用户，并计算单位时间内用户的完播率、点赞数、关注数、评论数和转发数等多个指标，分别赋予不同权重计算视频内容的热度，如果热度高，则进行多次叠加推荐，将视频内容推荐给更多潜在用户。第二次推荐的用户数为1000～5000个，随后逐次增加[368]。因此，用户的点赞、评论或转发等用户生成内容行为对其他用户存在影响，形成裂变式传播，增加外部传染性。视频内容的分享功能交互性强，用户黏性大，更易实现与熟悉个体之间的裂变式传播，这也是电商销售模式发展的关键环节。用户之间的消费行为、参与行为和创建行为之间同样具有交互传染性。例如，个体在浏览其他用户发布的推广视频时，可能产生评论、点赞或转发等行为，也可能受到内容影响作出视频发布行为。

（3）存在“免疫性”。社会化商务平台用户对各类推广内容或直播内容的消费行为、参与行为和创建行为不是单一、固定的，用户可能在多种行为基础上，产生实际商业活动参与行为，即由潜在商业活动参与者转变为现实商业活动参与者，进而对此类视频内容产生免疫性。

5.4 模型构建

5.4.1 模型假设

社会化商务环境下的商业网络构成涉及商业环境、商业信息、信息技术和信息人等要素。信息人通过信息技术接触到商业信息形成外部刺激，通过对商业信息的点赞、评论和转发等用户生成内容行为建立信息传播

"边"的连接，进而形成不同类型的网络拓扑结构，在商业环境和商业信息的驱动作用下影响个体行为。拓扑网络一般具有无标度特性，节点间的连接为有向连接或无向连接[369]，信息生态系统是在不断调节和变动的过程中形成一个相对稳定的系统状态。本书依托 SIR 传染病传播模型，构建社会化商务平台用户行为演化模型（Social - Susceptible Inflected Recovered Model，S - SI_bR），以期科学准确地模拟社会化商务平台用户行为演化过程。基于以上论述并结合相关信息传播演化模型的假设条件，确立社会化商务平台用户行为演化模型的演化规则如下：

（1）假设社会化商务平台用户总数为 N，且 N 足够大。S - SI_bR 模型主要包括三类成员，S 表示易感者，I_b 表示感染者，R 表示免疫者。其中，感染者 I_b 包含三个子类，I_{b1}表示作出浏览商业视频内容等消费行为的感染者用户；I_{b2}表示作出点赞、评论或转发等参与行为的感染者用户；I_{b3}表示作出主动发布有关商业视频等创建行为的感染者用户。个体在 t 时刻的状态分别用 $\rho^S(t)$、$\rho^I(t)$ 和 $\rho^R(t)$ 表示，其中，$\rho^S(t)$ 表示社会化商务平台内对商业视频内容的易感人群在所有个体中所占的比重，称为易感者密度；$\rho^{Ib}(t)$ 表示对商业视频内容感染的人群在所有个体中所占的比重，称为感染者密度；$\rho^R(t)$ 表示对商业视频内容免疫群体在所有个体中所占的比重，称为免疫者密度，其约束条件为 $\rho^S(t)+\rho^{Ib}(t)+\rho^R(t)=1$。

（2）考虑到社会化商务平台中用户的动态调入、调出和流失状况发生，假设加入率为 ν 表示加入社会化商务平台的普通用户，显然，加入的人员均是 S 易感者；同时，假设退出率为 ω，由于演化规则（1）中假设社会化商务平台用户总数为 N，所以 $\nu=\omega$。

（3）社会化商务平台内的所有个体状态同步更新。

（4）同一时刻，社会化商务平台用户对商业视频内容的消费行为、参与行为和创建行为可以进行转换，但不能在某一时刻同时作出上述两种及以上行为，并且在下一时刻前保持稳定。

（5）社会化商务平台用户网络是为无标度网络且无向边。

（6）初始状态存在一定数量的易感者和感染者。

（7）社会化商务平台用户个体不存在重复感染性，即免疫后不会再次感染。

5.4.2 构建演化模型

社会化商务平台的用户生成内容行为与商业活动参与行为转化模型如图5-4所示。

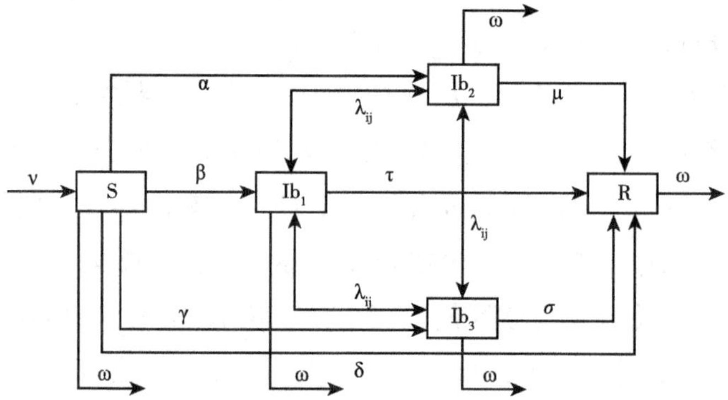

图5-4 S-SI$_b$R模型

模型中相关参数及释义如表5-1所示。

表5-1 参数及范畴

参数	定义	释义
α	参与感染率	社会化商务平台用户通过点赞、评论、转发等参与行为成为参与感染者的概率
β	消费感染率	社会化商务平台用户通过被动浏览等消费行为成为消费感染者的概率
γ	创建感染率	社会化商务平台用户通过主动发布等创建行为成为创建感染者的概率
δ	直接感染率	社会化商务平台用户访问平台直接做出商业活动参与行为转化为免疫者的概率
λ_{12}	消费——参与感染率	社会化商务平台用户通过被动浏览等消费行为后，再产生点赞、评论等参与行为，从而由消费者转变为参与者的概率

续表

参数	定义	释义
λ_{21}	参与——消费感染率	社会化商务平台用户通过点赞、评论等参与行为后，再产生被动浏览等消费行为，从而由参与者转变为消费者的概率
λ_{13}	消费——创建感染率	社会化商务平台用户通过被动浏览等消费行为后，再产生主动发布内容等创建行为，从而由消费者转变为创建者的概率
λ_{31}	创建——消费感染率	社会化商务平台用户通过主动发布内容等创建行为后，再产生被动浏览等消费行为，从而由创建者转变为消费者的概率
λ_{23}	参与——创建感染率	社会化商务平台用户通过点赞、评论等参与行为后，再产生主动发布内容等创建行为，从而由参与者转变为创建者的概率
λ_{32}	创建——参与感染率	社会化商务平台用户通过主动发布内容等创建行为后，再产生点赞、评论等参与行为，从而由创建者转变为参与者的概率
τ	消费——购买率	社会化商务平台用户通过消费行为产生实际商业活动参与行为的概率
μ	参与——购买率	社会化商务平台用户通过参与行为产生实际商业活动参与行为的概率
σ	创建——购买率	社会化商务平台用户通过创建行为产生实际商业活动参与行为的概率
ν	新增个体比率	新增普通用户访问社会化商务平台的人数占平台总人数比值
ω	系统退出率	社会化商务平台用户退出比率
S	易感者	访问社会化商务平台可能产生用户生成内容行为或商业活动参与行为的初始普通用户
I_{b1}	消费行为感染者	在社会化商务平台具有浏览等消费行为的用户
I_{b2}	参与行为感染者	在社会化商务平台内具有点赞、评论、转发或收藏等参与行为的用户
I_{b3}	创建行为感染者	在社会化商务平台具有主动创建或发布视频等创建行为的用户
R	购买者	产生商业活动参与行为的用户

根据图 5－3 可得 $S-SI_bR$ 方程公式（5.6）为：

$$\begin{cases} N\dfrac{d\rho^{S}(t)}{dt}=\nu N-\alpha\rho^{S}(t)N-\beta\rho^{S}(t)N-\gamma\rho^{S}(t)N-\delta\rho^{S}(t)N-\omega\rho^{S}(t)N \\ N\dfrac{d\rho^{Ib1}(t)}{dt}=\beta\rho^{S}(t)N-\lambda_{12}\rho^{Ib1}(t)N-\lambda_{13}\rho^{Ib1}(t)N-\tau\rho^{Ib1}(t)N \\ \qquad +\lambda_{21}\rho^{Ib2}(t)N+\lambda_{31}\rho^{Ib2}(t)N-\omega\rho^{Ib1}(t)N \\ N\dfrac{d\rho^{Ib2}(t)}{dt}=\alpha\rho^{S}(t)N+\lambda_{12}\rho^{Ib1}(t)N+\lambda_{32}\rho^{Ib3}(t)N-\lambda_{23}\rho^{Ib2}(t)N \\ \qquad -\lambda_{21}\rho^{Ib2}(t)N-\mu\rho^{Ib2}(t)N-\omega\rho^{Ib2}(t)N \\ N\dfrac{d\rho^{Ib3}(t)}{dt}=\gamma\rho^{S}(t)N+\lambda_{13}\rho^{Ib1}(t)N+\lambda_{23}\rho^{Ib2}(t)N-\lambda_{31}\rho^{Ib3}(t)N \\ \qquad -\lambda_{32}\rho^{Ib3}(t)N-\sigma\rho^{Ib3}(t)N-\omega\rho^{Ib3}(t)N \\ N\dfrac{d\rho^{R}(t)}{dt}=\delta\rho^{S}(t)N+\mu\rho^{Ib2}(t)N+\tau\rho^{Ib1}(t)N+\sigma\rho^{Ib3}(t)N-\omega\rho^{R}(t)N \\ \rho^{S}(t)N+\rho^{Ib1}(t)N+\rho^{Ib2}(t)N+\rho^{Ib3}(t)N+\rho^{R}(t)N=N \end{cases} \tag{5.6}$$

简化公式（5.6），可以得到微分动力学模型（5.7）：

$$\begin{cases} \dfrac{d\rho^{S}(t)}{dt}=\nu-\alpha\rho^{S}(t)-\beta\rho^{S}(t)-\gamma\rho^{S}(t)-\delta\rho^{S}(t)-\omega\rho^{S}(t) \\ \dfrac{d\rho^{Ib1}(t)}{dt}=\beta\rho^{S}(t)-\lambda_{12}\rho^{Ib1}(t)-\lambda_{13}\rho^{Ib1}(t)-\tau\rho^{Ib1}(t)+\lambda_{21}\rho^{Ib2}(t) \\ \qquad +\lambda_{31}\rho^{Ib2}(t)-\omega\rho^{Ib1}(t) \\ \dfrac{d\rho^{Ib2}(t)}{dt}=\alpha\rho^{S}(t)+\lambda_{12}\rho^{Ib1}(t)+\lambda_{32}\rho^{Ib3}(t)-\lambda_{23}\rho^{Ib2}(t)-\lambda_{21}\rho^{Ib2}(t) \\ \qquad -\mu\rho^{Ib2}(t)-\omega\rho^{Ib2}(t) \\ \dfrac{d\rho^{Ib3}(t)}{dt}=\gamma\rho^{S}(t)+\lambda_{13}\rho^{Ib1}(t)+\lambda_{23}\rho^{Ib2}(t)-\lambda_{31}\rho^{Ib3}(t)-\lambda_{32}\rho^{Ib3}(t) \\ \qquad -\sigma\rho^{Ib3}(t)-\omega\rho^{Ib3}(t) \\ \dfrac{d\rho^{R}(t)}{dt}=\delta\rho^{S}(t)+\mu\rho^{Ib2}(t)+\tau\rho^{Ib1}(t)+\sigma\rho^{Ib3}(t)-\omega\rho^{R}(t) \\ \rho^{S}(t)+\rho^{Ib1}(t)+\rho^{Ib2}(t)+\rho^{Ib3}(t)+\rho^{R}(t)=1 \end{cases} \tag{5.7}$$

上述方程组即为社会化商务平台中用户行为演化的微分动力学模型。

5.4.3 主体状态转化规则

（1）主体规则。视频内容传播过程中可以将接收者分别视为一个节点，所有用户都有一定的概率看到视频内容，并对其进行行为反应或直接产生商业活动参与行为。因此，根据视频信息的传播机制以及用户的潜在行为反应，对平台内的节点进行划分，可分为三种形态，分别为易感者、感染者和免疫者。其中，感染者又包含消费行为感染者、参与行为感染者和创建行为感染者。易感者是指访问社会化商务平台的初始普通用户，不了解商业视频信息内容或购买流程，没有进行过相关行为，但可能与商业视频内容接触后进而产生用户生成内容行为或商业活动参与行为的节点；消费行为感染者是指在社会化商务平台浏览商业视频，但尚未将商业视频信息传播给他人的节点；参与行为感染者是指在社会化商务平台对商业视频作出点赞、评论、转发或收藏等参与行为的节点；创建行为感染者是指在社会化商务平台主动创建或发布与商业视频有关内容的节点；免疫者是指产生商业活动参与行为的节点。

（2）状态转化规则构建。用户在社会化商务平台可能被动浏览商业视频内容，即产生消费行为，进而对商业视频内容产生点赞、评论、转发等参与行为，或产生直接创建、发布与商业视频有关的视频内容等创建行为，又或者直接产生商业活动参与行为，即社会化商务平台用户可以转化为其他类型的用户。当易感者通过被动浏览等对商业内容产生消费行为时，用户由易感者转化为消费感染者；当易感者通过对商业视频点赞、收藏等参与行为时，易感者转变为参与感染者；当易感者主动创建与商业有关的视频时，易感者转变为创建感染者；当易感者直接在社会化商务平台购买产品或服务时，易感者直接转变购买者。

（3）主体行为规则。社会化商务平台用户在平台内可以作出消费行为、参与行为、创建行为或商业活动参与行为。但用户在同一时间 t 内，仅可作出上述行为之一，即用户在 t 时刻不能既评论视频内容，又创建视频内容。

5.4.4 模型参数配置与约束条件

（1）参数配置。截至 2022 年 6 月，我国短视频用户规模达 9.62 亿，在整体网民中占比达 91.5%[370]。为分析用户在社会化商务平台中商业信息传播过程中的演化行为，本书选取快手短视频这一典型的社会化商务平台作为数据源，快手短视频平台的平均日活跃用户达 3.204 亿，平均月活跃用户达 5.729 亿。在电商方面，2021 年第三季度的 GMV 达 1758 亿[371]。受采集数据制约，参数配置过程中，首先基于现有数据提出初始参数，然后变动参数值进行仿真模拟以接近实际值。根据第 3 章和第 4 章对农村居民的调研，汇总其关注的销售、推广产品或服务账号，利用新快数据统计平台获取该账号在期间发布带有关联商品的视频数量及信息，包括视频发布时间、播放数量、获赞数、分享数、评论数、关联商品的销量和价格等信息。除此之外，还包括区间内账号直播过程销售产品的销量等信息，最后借鉴已有相关研究赋予初始值。对于消费—创建感染率、参与—创建感染率、创建—消费感染率、创建—参与感染率等不能通过实际数据分析获取的参数，根据约束条件结合问卷赋予初始值。

（2）约束条件。表 6－1 中涉及的概率取值均在［0，1］之间，同时考虑社会化商务平台用户各种状态转化规则，同时需满足以下条件：$0 \leqslant \alpha + \beta + \gamma + \delta \leqslant 1$，即消费感染率、参与感染率、创建感染率与直接感染率之和介于 0 到 1 之间；$0 \leqslant \tau + \lambda_{12} + \lambda_{13} \leqslant 1$，即消费—购买率、消费—参与率与消费—创建率之和介于 0 到 1 之间；$0 \leqslant \mu + \lambda_{21} + \lambda_{23} \leqslant 1$，即参与—购买率、参与—消费率与参与—创建率之和介于 0 到 1 之间；$0 \leqslant \sigma + \lambda_{31} + \lambda_{32} \leqslant 1$，即创建—购买率、创建—消费率与创建—消费率之和介于 0 到 1 之间。$0 \leqslant \nu = \omega \leqslant 1$，系统新增率与退出率相同，即系统成员相对守恒。

5.5 仿真实验结果与分析

5.5.1 平衡点和阈值

$S-SI_bR$ 模型的平衡点和阈值是社会化商务平台用户对商业视频作出反应行为的重要指标，模型再生数（阈值）R_0 可以描述社会化商务平台用户的行为反应是持续高频发生还是趋近于停止的趋势，若 $R_0>1$ 则表示用户的各种反应行为状态会越来越频繁，若 $R_0<1$ 则表示用户的各种反应行为状态逐渐减少，直至消失。

模型平衡点通过对公式（5.8）方程组求解：

$$\begin{cases}\dfrac{d\rho^{S}(t)}{dt}=\nu-\alpha\rho^{S}(t)-\beta\rho^{S}(t)-\gamma\rho^{S}(t)-\delta\rho^{S}(t)-\omega\rho^{S}(t)=0\\ \dfrac{d\rho^{Ib1}(t)}{dt}=\beta\rho^{S}(t)-\lambda_{12}\rho^{Ib1}(t)-\lambda_{13}\rho^{Ib1}(t)-\tau\rho^{Ib1}(t)+\lambda_{21}\rho^{Ib2}(t)\\ \qquad+\lambda_{31}\rho^{Ib3}(t)-\omega\rho^{Ib1}(t)=0\\ \dfrac{d\rho^{Ib2}(t)}{dt}=\alpha\rho^{S}(t)+\lambda_{12}\rho^{Ib1}(t)+\lambda_{32}\rho^{Ib3}(t)-\lambda_{23}\rho^{Ib2}(t)-\lambda_{21}\rho^{Ib2}(t)\\ \qquad-\mu\rho^{Ib2}(t)-\omega\rho^{Ib2}(t)=0\\ \dfrac{d\rho^{Ib3}(t)}{dt}=\gamma\rho^{S}(t)+\lambda_{13}\rho^{Ib1}(t)+\lambda_{23}\rho^{Ib2}(t)-\lambda_{31}\rho^{Ib3}(t)-\lambda_{32}\rho^{Ib3}(t)\\ \qquad-\sigma\rho^{Ib3}(t)-\omega\rho^{Ib3}(t)=0\\ \dfrac{d\rho^{R}(t)}{dt}=\delta\rho^{S}(t)+\mu\rho^{Ib2}(t)+\tau\rho^{Ib1}(t)+\sigma\rho^{Ib3}(t)-\omega\rho^{R}(t)=0\end{cases} \tag{5.8}$$

剔除同 R 有关方程，将公式（5.8）简化为方程组（5.9）：

$$
\begin{cases}
\dfrac{d\rho^{S}(t)}{dt} = \nu - \alpha\rho^{S}(t) - \beta\rho^{S}(t) - \gamma\rho^{S}(t) - \delta\rho^{S}(t) - \omega\rho^{S}(t) = 0 \\
\dfrac{d\rho^{Ib1}(t)}{dt} = \beta\rho^{S}(t) - \lambda_{12}\rho^{Ib1}(t) - \lambda_{13}\rho^{Ib1}(t) - \tau\rho^{Ib1}(t) + \lambda_{21}\rho^{Ib2}(t) \\
\qquad + \lambda_{31}\rho^{Ib3}(t) - \omega\rho^{Ib1}(t) = 0 \\
\dfrac{d\rho^{Ib2}(t)}{dt} = \alpha\rho^{S}(t) + \lambda_{12}\rho^{Ib1}(t) + \lambda_{32}\rho^{Ib3}(t) - \lambda_{23}\rho^{Ib2}(t) - \lambda_{21}\rho^{Ib2}(t) \\
\qquad - \mu\rho^{Ib2}(t) - \omega\rho^{Ib2}(t) = 0 \\
\dfrac{d\rho^{Ib3}(t)}{dt} = \gamma\rho^{S}(t) + \lambda_{13}\rho^{Ib1}(t) + \lambda_{23}\rho^{Ib2}(t) - \lambda_{31}\rho^{Ib3}(t) - \lambda_{32}\rho^{Ib3}(t) \\
\qquad - \sigma\rho^{Ib3}(t) - \omega\rho^{Ib3}(t) = 0
\end{cases}
\tag{5.9}
$$

当 S=0 时，Ib_1、Ib_2 和 Ib_3 均等于 0，因此不存在平衡点。当 $S\neq0$ 时，可解得：

$$
\begin{cases}
\rho^{s}(t) = \dfrac{v}{A} \\
\rho^{Ib1}(t) = \dfrac{\begin{gathered}v(\lambda_{23}(\beta(\sigma+\omega)+E\lambda_{31})+\lambda_{21}((\alpha+\beta)(\sigma+\omega)+E\lambda_{31}+E\lambda_{32})\\+(\mu+\omega)((\beta+\gamma)\lambda_{31}+\beta(\sigma+\omega+\lambda_{32})))\end{gathered}}{\begin{gathered}A(\lambda_{13}((\sigma+\omega)\lambda_{21}+(\sigma+\omega)\lambda_{23}+C)+\lambda_{12}((\sigma+\omega)\lambda_{23}+(\mu+\omega)B)\\+(\tau+\omega)(\lambda_{23}D+(\mu+\omega)B+\lambda_{21}B))\end{gathered}} \\
\rho^{Ib2}(t) = \dfrac{\begin{gathered}v((\tau+\omega)(\alpha(\sigma+\omega)+\alpha\lambda_{31}+(\alpha+\gamma)\lambda_{32})+\lambda_{13}(\alpha(\sigma+\omega)+E\lambda_{32})\\+\lambda_{12}((\alpha+\beta)(\sigma+\omega)+E\lambda_{31}+E\lambda_{32}))\end{gathered}}{\begin{gathered}A(\lambda_{13}((\sigma+\omega)\lambda_{21}+(\sigma+\omega)\lambda_{23}+C)+\lambda_{12}((\sigma+\omega)\lambda_{23}+(\mu+\omega)B)\\+(\tau+\omega)(\lambda_{23}D+(\mu+\omega)B+\lambda_{21}B))\end{gathered}} \\
\rho^{Ib3}(t) = \dfrac{\begin{gathered}v((\tau+\omega)(\gamma(\mu+\omega)+\gamma\lambda_{21}+(\alpha+\gamma)\lambda_{23})+\lambda_{12}(\gamma(\mu+\omega)+E\lambda_{23})\\+\lambda_{13}((\beta+\gamma)(\mu+\omega)+E\lambda_{21}+E\lambda_{23}))\end{gathered}}{\begin{gathered}A(\lambda_{13}((\sigma+\omega)\lambda_{21}+(\sigma+\omega)\lambda_{23}+C)+\lambda_{12}((\sigma+\omega)\lambda_{23}+(\mu+\omega)B)\\+(\tau+\omega)(\lambda_{23}D+(\mu+\omega)B+\lambda_{21}B))\end{gathered}}
\end{cases}
\tag{5.10}
$$

其中，$A=\alpha+\beta+\gamma+\delta+\omega$，$B=\sigma+\omega+\lambda_{31}+\lambda_{32}$，$C=\mu+\omega+\lambda_{32}$，$D=\sigma+\omega+\lambda_{31}$，$E=\alpha+\beta+\gamma$。

5.5.2 仿真参数设置

为验证社会化商务平台用户行为演化模型的科学性，基于第 3 章和第 4 章的调查问卷数据以及网站获取数据对模型进行参数设置，基于消费感染、参与感染、创建感染以及其他参数值对模型可能动态的影响，设置 13 组参数方案，如表 5 - 2 所示。依次为消费感染率 α、参与感染率 β、创建感染率 γ、直接感染率 δ、消费—参与感染率 λ_{12}、参与—消费感染率 λ_{21}、消费—创建感染率 λ_{13}、创建—消费感染率 λ_{31}、参与—创建感染率 λ_{23}、创建—参与感染率 λ_{32}、消费购买率 τ、参与购买率 μ、创建购买率 σ、新增个体比率 ν、系统退出率 ω 变化的参数设置方案。

表 5 - 2　　S - SI_bR 模型参数设置方案

方案		α	β	γ	δ	λ_{12}	λ_{21}	λ_{13}	λ_{31}	λ_{23}	λ_{32}	τ	μ	σ	ν	ω
第一组	1	**0.2**	0.3	0.1	0.005	0.05	0.4	0.01	0.5	0.02	0.3	0.01	0.003	0.005	0.1	0.1
	2	**0.3**	0.3	0.1	0.005	0.05	0.4	0.01	0.5	0.02	0.3	0.01	0.003	0.005	0.1	0.1
	3	**0.4**	0.3	0.1	0.005	0.05	0.4	0.01	0.5	0.02	0.3	0.01	0.003	0.005	0.1	0.1
第二组	4	0.2	**0.3**	0.1	0.005	0.05	0.4	0.01	0.5	0.02	0.3	0.01	0.003	0.005	0.1	0.1
	5	0.2	**0.5**	0.1	0.005	0.05	0.4	0.01	0.5	0.02	0.3	0.01	0.003	0.005	0.1	0.1
	6	0.2	**0.7**	0.1	0.005	0.05	0.4	0.01	0.5	0.02	0.3	0.01	0.003	0.005	0.1	0.1
第三组	7	0.2	0.3	**0.1**	0.005	0.05	0.4	0.01	0.5	0.02	0.3	0.01	0.003	0.005	0.1	0.1
	8	0.2	0.3	**0.3**	0.005	0.05	0.4	0.01	0.5	0.02	0.3	0.01	0.003	0.005	0.1	0.1
	9	0.2	0.3	**0.5**	0.005	0.05	0.4	0.01	0.5	0.02	0.3	0.01	0.003	0.005	0.1	0.1
第四组	10	0.2	0.3	0.1	**0.005**	0.05	0.4	0.01	0.5	0.02	0.3	0.01	0.003	0.005	0.1	0.1
	11	0.2	0.3	0.1	**0.010**	0.05	0.4	0.01	0.5	0.02	0.3	0.01	0.003	0.005	0.1	0.1
	12	0.2	0.3	0.1	**0.015**	0.05	0.4	0.01	0.5	0.02	0.3	0.01	0.003	0.005	0.1	0.1
第五组	13	0.2	0.3	0.1	0.005	**0.05**	0.4	0.01	0.5	0.02	0.3	0.01	0.003	0.005	0.1	0.1
	14	0.2	0.3	0.1	0.005	**0.15**	0.4	0.01	0.5	0.02	0.3	0.01	0.003	0.005	0.1	0.1
	15	0.2	0.3	0.1	0.005	**0.45**	0.4	0.01	0.5	0.02	0.3	0.01	0.003	0.005	0.1	0.1

续表

方案		α	β	γ	δ	λ_{12}	λ_{21}	λ_{13}	λ_{31}	λ_{23}	λ_{32}	τ	μ	σ	ν	ω
第六组	16	0.2	0.3	0.1	0.005	0.05	**0.4**	0.01	0.5	0.02	0.3	0.01	0.003	0.005	0.1	0.1
	17	0.2	0.3	0.1	0.005	0.05	**0.6**	0.01	0.5	0.02	0.3	0.01	0.003	0.005	0.1	0.1
	18	0.2	0.3	0.1	0.005	0.05	**0.8**	0.01	0.5	0.02	0.3	0.01	0.003	0.005	0.1	0.1
第七组	19	0.2	0.3	0.1	0.005	0.05	0.4	**0.01**	0.5	0.02	0.3	0.01	0.003	0.005	0.1	0.1
	20	0.2	0.3	0.1	0.005	0.05	0.4	**0.05**	0.5	0.02	0.3	0.01	0.003	0.005	0.1	0.1
	21	0.2	0.3	0.1	0.005	0.05	0.4	**0.1**	0.5	0.02	0.3	0.01	0.003	0.005	0.1	0.1
第八组	22	0.2	0.3	0.1	0.005	0.05	0.4	0.01	**0.5**	0.02	0.3	0.01	0.003	0.005	0.1	0.1
	23	0.2	0.3	0.1	0.005	0.05	0.4	0.01	**0.7**	0.02	0.3	0.01	0.003	0.005	0.1	0.1
	24	0.2	0.3	0.1	0.005	0.05	0.4	0.01	**0.9**	0.02	0.3	0.01	0.003	0.005	0.1	0.1
第九组	25	0.2	0.3	0.1	0.005	0.05	0.4	0.01	0.5	**0.02**	0.3	0.01	0.003	0.005	0.1	0.1
	26	0.2	0.3	0.1	0.005	0.05	0.4	0.01	0.5	**0.1**	0.3	0.01	0.003	0.005	0.1	0.1
	27	0.2	0.3	0.1	0.005	0.05	0.4	0.01	0.5	**0.2**	0.3	0.01	0.003	0.005	0.1	0.1
第十组	28	0.2	0.3	0.1	0.005	0.05	0.4	0.01	0.5	0.02	**0.3**	0.01	0.003	0.005	0.1	0.1
	29	0.2	0.3	0.1	0.005	0.05	0.4	0.01	0.5	0.02	**0.5**	0.01	0.003	0.005	0.1	0.1
	30	0.2	0.3	0.1	0.005	0.05	0.4	0.01	0.5	0.02	**0.7**	0.01	0.003	0.005	0.1	0.1
十一组	31	0.2	0.3	0.1	0.005	0.05	0.4	0.01	0.5	0.02	0.3	**0.01**	0.003	0.005	0.1	0.1
	32	0.2	0.3	0.1	0.005	0.05	0.4	0.01	0.5	0.02	0.3	**0.05**	0.003	0.005	0.1	0.1
	33	0.2	0.3	0.1	0.005	0.05	0.4	0.01	0.5	0.02	0.3	**0.1**	0.003	0.005	0.1	0.1
十二组	34	0.2	0.3	0.1	0.005	0.05	0.4	0.01	0.5	0.02	0.3	0.01	**0.003**	0.005	0.1	0.1
	35	0.2	0.3	0.1	0.005	0.05	0.4	0.01	0.5	0.02	0.3	0.01	**0.03**	0.005	0.1	0.1
	36	0.2	0.3	0.1	0.005	0.05	0.4	0.01	0.5	0.02	0.3	0.01	**0.06**	0.005	0.1	0.1
十三组	37	0.2	0.3	0.1	0.005	0.05	0.4	0.01	0.5	0.02	0.3	0.01	0.003	**0.005**	0.1	0.1
	38	0.2	0.3	0.1	0.005	0.05	0.4	0.01	0.5	0.02	0.3	0.01	0.003	**0.05**	0.1	0.1
	39	0.2	0.3	0.1	0.005	0.05	0.4	0.01	0.5	0.02	0.3	0.01	0.003	**0.1**	0.1	0.1

5.5.3 仿真结果分析

（1）整体仿真结果分析。为验证构建模型的科学性和有效性，本书通过 Visual Studio 软件平台应用 Python 3.8.4 对模型进行仿真检验，图 5－5 为社会化商务平台用户行为演化状态图。从易感者曲线趋势来看，随着时间变化，易感者比率呈现快速下降态势并逐渐趋于稳定。该现象说明无论商业视频信息呈现何种发展趋势，最终仍有部分用户不会在社会化商务平台对商业视频作出用户生成内容行为和商业活动参与行为。从消费者密度来看，在仿真初期，整体呈现出快速上升态势并逐渐趋于稳定。消费者密度在 10 步以后保持稳定发展态势，表明接触到商业视频信息的用户数量增长较快，伴随信息饱和后，部分稳定用户仅对商业视频信息进行浏览等消费行为，并未作出任何参与行为、创建行为和商业活动参与行为。从参与者和创建者密度来看，仿真初期两者较缓攀升至最高点，随后开始下降并逐渐趋于稳定。这种情况说明部分用户尽管没有作出商业活动参与行为，但伴随商业内容的日益传播，这些用户会持续保持参与状态。值得注意的是，消费者所表现出的密度相较于参与者和创建者保持较高比率，表明社会化商务平台上的用户更倾向于浏览商业视频信息，只进行内容消费行为。从购买者密度来看，整体呈现较缓上升态势并逐渐趋于稳定，说明初期在平台购买产品或服务的用户较少，随着对商业视频的浏览、点赞等用户生成内容行为，用户的商业活动参与行为逐渐增加并趋于稳定。

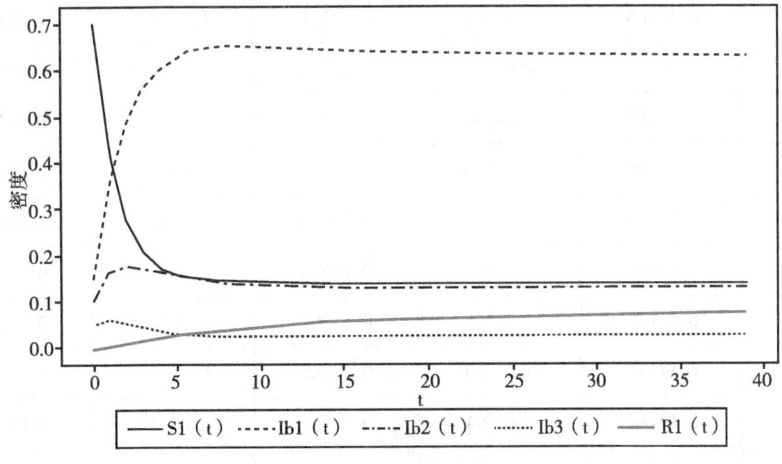

图 5－5　模型仿真图

表5-3是40步仿真结果数据，结果取5位小数。

表5-3　　40步仿真数据结果

步数	易感者	消费者	参与者	创建者	购买者
0	0.70000	0.15000	0.10000	0.05000	0.00000
1	0.41619	0.35398	0.16584	0.05822	0.00576
2	0.27532	0.48331	0.17951	0.05013	0.01174
3	0.19969	0.56944	0.17232	0.04004	0.01851
4	0.17192	0.60711	0.16288	0.03456	0.02353
5	0.15677	0.63016	0.15369	0.03084	0.02854
6	0.14885	0.64303	0.14609	0.02852	0.03350
7	0.14566	0.64805	0.14169	0.02745	0.03715
8	0.14382	0.65036	0.13830	0.02676	0.04076
9	0.14278	0.65075	0.13568	0.02631	0.04448
10	0.14229	0.64988	0.13397	0.02606	0.04781
11	0.14205	0.64841	0.13283	0.02591	0.05079
12	0.14194	0.64672	0.13206	0.02582	0.05345
13	0.14190	0.64540	0.13164	0.02578	0.05529
14	0.14186	0.64325	0.13111	0.02572	0.05806
15	0.14185	0.64192	0.13084	0.02569	0.05969
16	0.14185	0.64060	0.13061	0.02566	0.06127
17	0.14185	0.63940	0.13042	0.02564	0.06269
18	0.14185	0.63831	0.13026	0.02562	0.06396
19	0.14184	0.63707	0.13008	0.02560	0.06540
20	0.14184	0.63651	0.13000	0.02560	0.06604
21	0.14184	0.63550	0.12986	0.02558	0.06721
22	0.14184	0.63504	0.12980	0.02557	0.06774
23	0.14184	0.63403	0.12967	0.02556	0.06891
24	0.14184	0.63358	0.12961	0.02555	0.06942

续表

步数	易感者	消费者	参与者	创建者	购买者
25	0.14184	0.63317	0.12955	0.02554	0.06989
26	0.14184	0.63279	0.12950	0.02554	0.07033
27	0.14184	0.63209	0.12941	0.02552	0.07113
28	0.14184	0.63179	0.12937	0.02552	0.07148
29	0.14184	0.63151	0.12933	0.02552	0.07180
30	0.14184	0.63126	0.12930	0.02551	0.07209
31	0.14184	0.63087	0.12925	0.02550	0.07253
32	0.14184	0.63055	0.12920	0.02550	0.07291
33	0.14184	0.63055	0.12920	0.02550	0.07291
34	0.14184	0.63027	0.12917	0.02550	0.07323
35	0.14184	0.63027	0.12917	0.02550	0.07323
36	0.14184	0.63003	0.12914	0.02549	0.07350
37	0.14184	0.62983	0.12911	0.02549	0.07373
38	0.14184	0.62983	0.12911	0.02549	0.07373
39	0.14184	0.62965	0.12909	0.02549	0.07393
40	0.14184	0.62965	0.12909	0.02549	0.07393

（2）参与感染率变化仿真结果分析。其他参数不变，当参数 α 分别取值 0.2、0.3、0.4 时，社会化商务平台用户作出参与行为和商业活动参与行为的用户密度变化曲线如图 5－6 和图 5－7 所示。图 5－6 显示，α 值越大，参与者密度曲线上升速率就越快，峰值越高。无论参与感染率强度处于较低还是较高水平，都会有平台用户从易感者变为参与者，同时随着参与感染率强度的提高，参与行为也随之增多。由图 5－6 的曲线斜率可知，群体参与感染率的值越大，用户转变为信息参与者的速率越快，用户进入社会化商务平台后逐渐由易感者转变为参与者，受群体内点赞、评论等用户生成内容行为的影响，参与者数量显著增多。在整体用户相对不变的环境下，随着时间的推移，参与者数量逐渐下降，转变为其他用户群体，最

终保持在一定水平。由图5-7可知，部分用户群体受到参与行为的影响逐渐由参与者转变为实际购买者，但转变的比例较低，并且当参与感染率的变化幅度传导至商业活动参与行为时，产生的变化幅度较不明显。

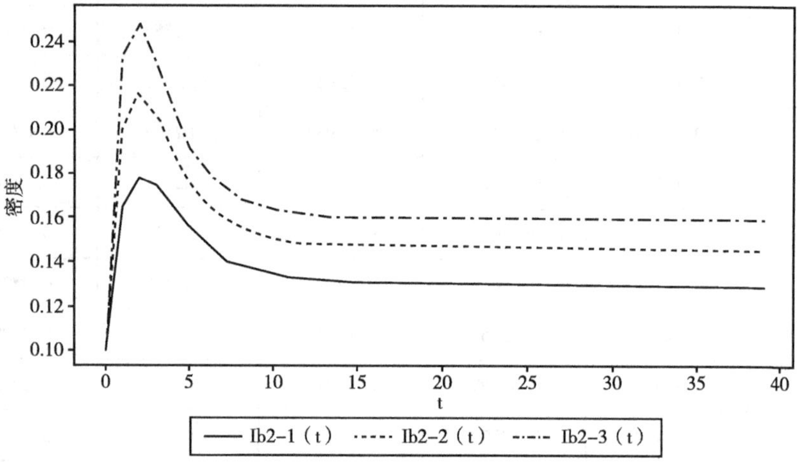

图5-6　不同α值对用户参与行为的影响

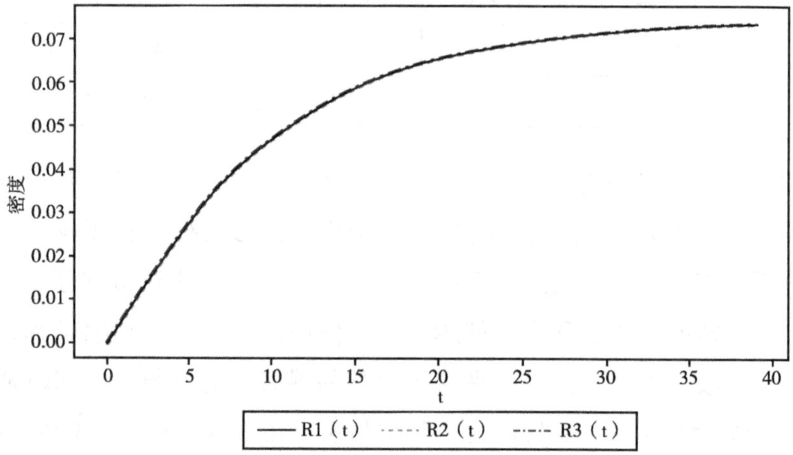

图5-7　不同α值对用户商业活动参与行为的影响

表5-4为1组1~3方案10步仿真数据结果，结果取5位小数。

表 5－4　　　　1 组 1～3 方案 10 步仿真数据结果

方案	步数	易感者	消费者	参与者	创建者	购买者
1 组 1 方案	0	0.70000	0.15000	0.10000	0.05000	0.00000
	1	0.41619	0.35398	0.16584	0.05822	0.00576
	2	0.27532	0.48331	0.17951	0.05013	0.01174
	3	0.19969	0.56944	0.17232	0.04004	0.01851
	4	0.17192	0.60711	0.16288	0.03456	0.02353
	5	0.15677	0.63016	0.15369	0.03084	0.02854
	6	0.14885	0.64303	0.14609	0.02852	0.03350
	7	0.14566	0.64805	0.14169	0.02745	0.03715
	8	0.14382	0.65036	0.13830	0.02676	0.04076
	9	0.14278	0.65075	0.13568	0.02631	0.04448
	10	0.14229	0.64988	0.13397	0.02606	0.04781
1 组 2 方案	0	0.70000	0.15000	0.10000	0.05000	0.00000
	1	0.36434	0.36842	0.20467	0.05638	0.00618
	2	0.23646	0.48737	0.21700	0.04751	0.01165
	3	0.16832	0.57301	0.20314	0.03729	0.01824
	4	0.14605	0.60948	0.18932	0.03219	0.02297
	5	0.13277	0.63612	0.17407	0.02820	0.02883
	6	0.12826	0.64671	0.16541	0.02649	0.03313
	7	0.12588	0.65244	0.15851	0.02539	0.03779
	8	0.12507	0.65395	0.15509	0.02494	0.04096
	9	0.12456	0.65391	0.15198	0.02458	0.04497
	10	0.12439	0.65301	0.15049	0.02443	0.04767
1 组 3 方案	0	0.70000	0.15000	0.10000	0.05000	0.00000
	1	0.34382	0.36027	0.23462	0.05551	0.00578
	2	0.20571	0.48913	0.24826	0.04541	0.01147
	3	0.14600	0.57226	0.22858	0.03551	0.01765
	4	0.12403	0.61655	0.20644	0.02958	0.02339
	5	0.11658	0.63674	0.19204	0.02679	0.02785

续表

方案	步数	易感者	消费者	参与者	创建者	购买者
1组 3方案	6	0.11261	0.65026	0.17903	0.02483	0.03327
	7	0.11134	0.65513	0.17202	0.02399	0.03751
	8	0.11092	0.65651	0.16844	0.02363	0.04050
	9	0.11066	0.65654	0.16527	0.02335	0.04418
	10	0.11055	0.65516	0.16301	0.02317	0.04811

（3）消费感染率变化仿真结果分析。其他参数不变，当参数β分别取值0.3、0.5、0.7时，社会化商务平台用户作出消费行为和商业活动参与行为的用户密度变化曲线如图5－8和图5－9所示。图5－8显示，β值越大，消费者密度曲线上升速率就越快，峰值越高且传播时间越短，达到稳定状态的时间便越早。社会化商务平台仅进行浏览的消费用户占比最高，在信息传播的初始阶段，平台用户都会较快成为信息的消费者。随着时间推移，消费用户群体快速达到峰值，随后下降保持在稳定状态。由图5－9可知，部分消费用户群体受群体内点赞、评论等参与行为的影响逐渐由消费者转变为实际购买者，但转变的比例较低。在系统平衡状态下，消费行为用户所占的比例是最高的，这与实际相符。社会化商务平台用户即使主

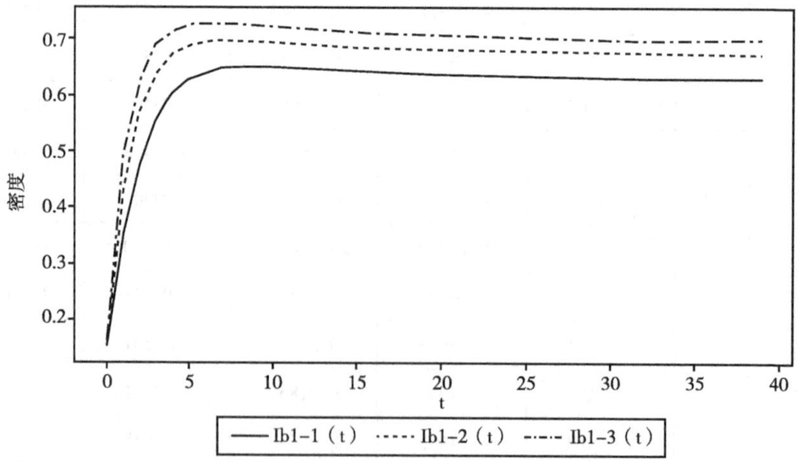

图5－8　不同β值对用户消费行为的影响

动或被动多次接触相关信息，但由于个体因素或外在因素，如风险感知较高等，依旧不会产生实际商业活动参与行为。

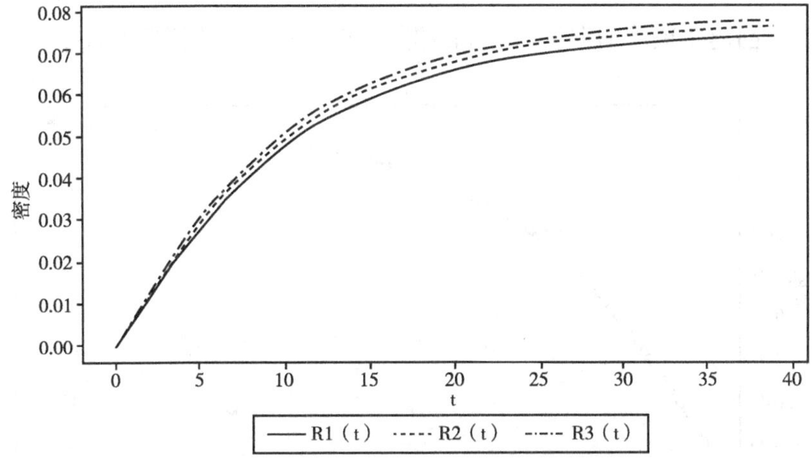

图 5-9　不同 β 值对用户商业活动参与行为的影响

（4）创建感染率变化仿真结果分析。其他参数不变，当参数 γ 分别取值 0.1、0.3、0.5 时，社会化商务平台用户作出创建行为和商业活动参与行为的用户密度变化曲线如图 5-10 和图 5-11 所示。图 5-9 显示，γ 值越大，创建者密度曲线上升速率就越快，峰值越高且传播时间越短，达到

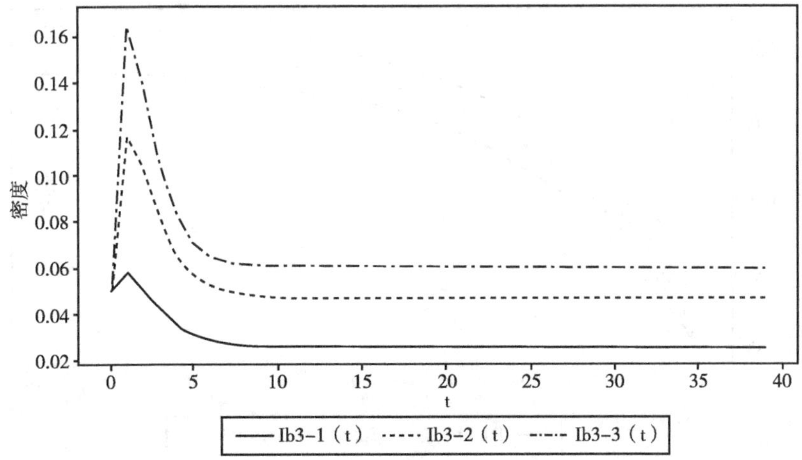

图 5-10　不同 γ 值对用户创建行为的影响

稳定状态的时间便越早。在商业视频信息传播的初始阶段，快速升至最高点，随后下降保持在稳定状态，在下降过程中创建者密度随时间单调递减，且减速逐渐减少，最终保持在稳定状态。由图 5 - 11 的购买者密度变化曲线来看，创建感染率对其不产生特别明显的影响，变化区间较小。

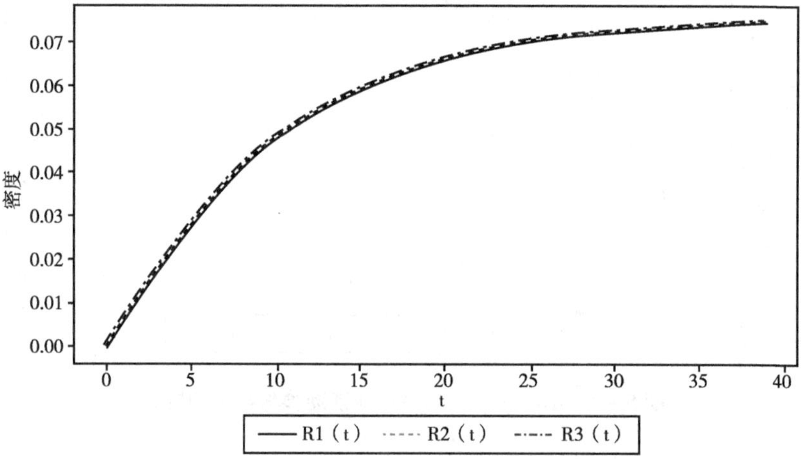

图 5 - 11　不同 γ 值对用户商业活动参与行为的影响

（5）直接感染率变化仿真结果分析。其他参数不变，当参数 δ 分别取值 0.005、0.010、0.015 时，社会化商务平台购买者密度变化曲线如图 5 - 12

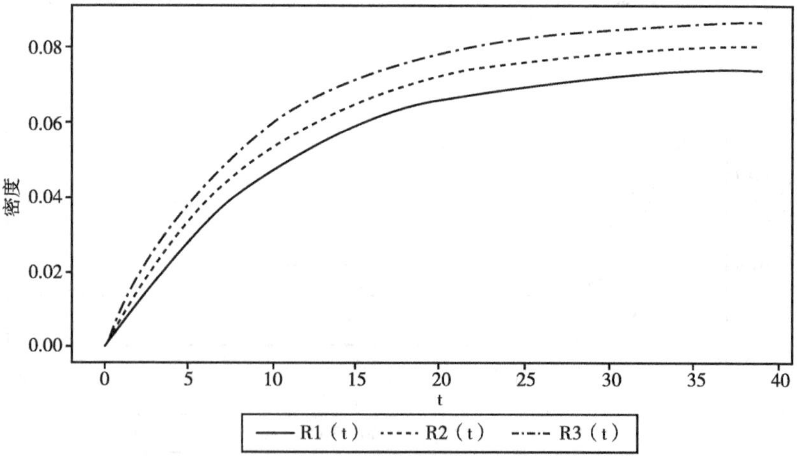

图 5 - 12　不同 δ 值对用户商业活动参与行为的影响

所示。图5－12显示，购买者密度随时间单调递增，最终保持在稳定状态。参数δ的变化对购买者密度产生的影响较大，这也反映了社会化商务平台中初级用户存在对相关视频内容的知识积累过程，并随着相关知识的积累和丰富，最终影响社会化商务平台商业活动参与行为的核心要素发生改变。总体来看，购买者的密度水平较低，在相对稳定的系统中，用户对特定类型的信息可能不会产生兴趣，或者存在其他购买渠道，可能基于转换成本和风险感知较高等原因不会在社会化商务平台中进行购买。

（6）消费—参与感染率变化仿真结果分析。其他参数不变，当参数λ_{12}分别取值0.05、0.15、0.45时，社会化商务平台用户作出消费行为、参与行为和商业活动参与行为的用户密度变化曲线如图5－13和图5－14所示，反映了消费—参与感染率变化对消费者、参与者和购买者的影响。图5－13显示，随着λ_{12}值的增加，消费者密度曲线在上升过程中的速率更慢，参与者密度曲线增加的速率更快。图5－14显示，即便消费—参与感染率增加，购买者的密度仍低于0.1且呈现下降趋势，这表明消费—参与感染率对购买者的密度影响较小，消费者和参与者减少的密度远大于购买者增加的密度。值得注意的是，参数λ_{12}的值取0.05时，参与者密度增加的速率和下降的速率均大于取其他值时的速率。

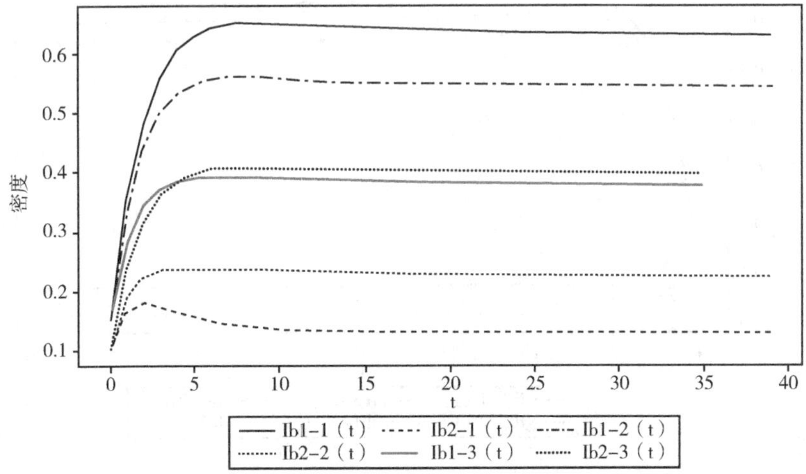

图5－13　不同λ_{12}值对用户消费行为和参与行为的影响

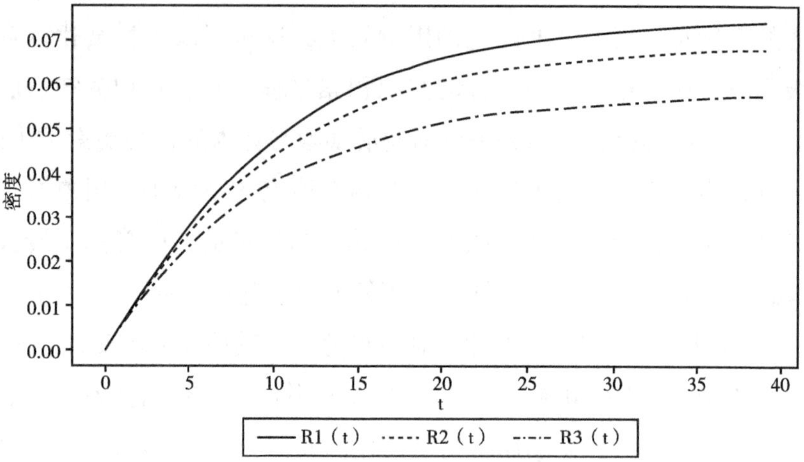

图 5－14　不同 λ_{12}值对用户商业活动参与行为的影响

（7）消费—创建感染率变化仿真结果分析。其他参数不变，当参数 λ_{13} 分别取值 0.01、0.05、0.1 时，社会化商务平台用户作出消费行为、创建行为和商业活动参与行为的用户密度变化曲线如图 5－15 和图 5－16 所示，反映了消费—创建感染率变化对消费者、创建者和购买者的影响。图 5－15 显示，消费者密度曲线随着时间变化呈现先单调递增，达到峰值后再单调

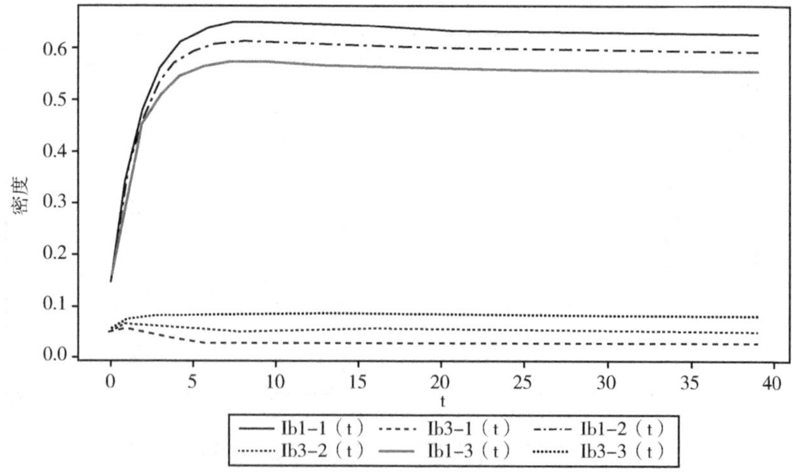

图 5－15　不同 λ_{13}值对用户消费行为和创建行为的影响

递减。随着 λ_{13} 值的增加，消费者密度曲线呈下降趋势，即社会化商务平台内的消费者转变为创建者。参数 λ_{13} 的增加实际是在社会化商务平台用户浏览商业视频信息后再作出的商业视频信息创建或发布行为，λ_{13} 值的增加会提高创建者密度，减少消费者密度，图 5－16 显示，随着 λ_{13} 值的增加，购买者密度是下降的，与其呈相反趋势。

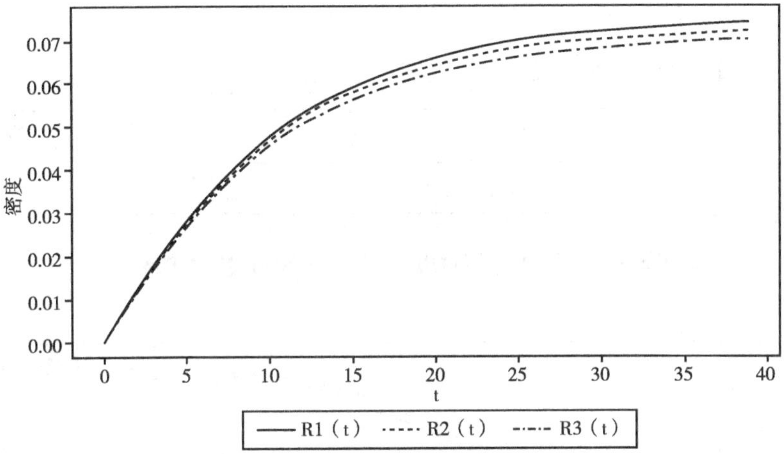

图 5－16　不同 λ_{13} 值对用户商业活动参与行为的影响

（8）参与—消费变化率仿真结果分析。其他参数不变，当参数 λ_{21} 分别取值 0.4、0.6、0.8 时，社会化商务平台用户作出消费行为、参与行为和商业活动参与行为的用户密度变化曲线如图 5－17 和图 5－18 所示，反映了参与—消费感染率变化对消费者、参与者和购买者的影响。图 5－17 显示，消费者密度曲线随着时间变化呈现先单调递增，达到峰值后再单调递减。随着 λ_{21} 值的增加，消费者密度曲线呈上升趋势，即社会化商务平台内的参与者转变为消费者。参数 λ_{21} 的增加实际上是社会化商务平台用户参与商业视频信息后再作出的商业视频信息消费行为，λ_{21} 值的增加会增加消费者密度，减少参与者密度。图 5－18 显示，随着 λ_{21} 值的增加，购买者密度是上升的，与其呈相同趋势。

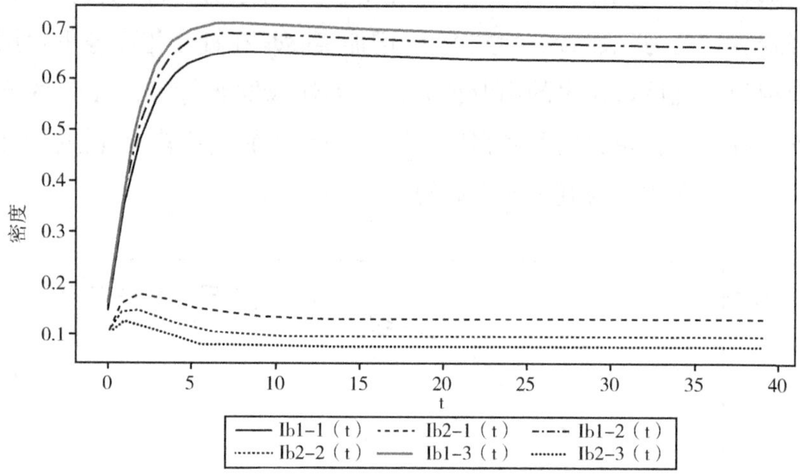

图 5-17　不同 λ_{21} 值对用户消费行为和创建行为的影响

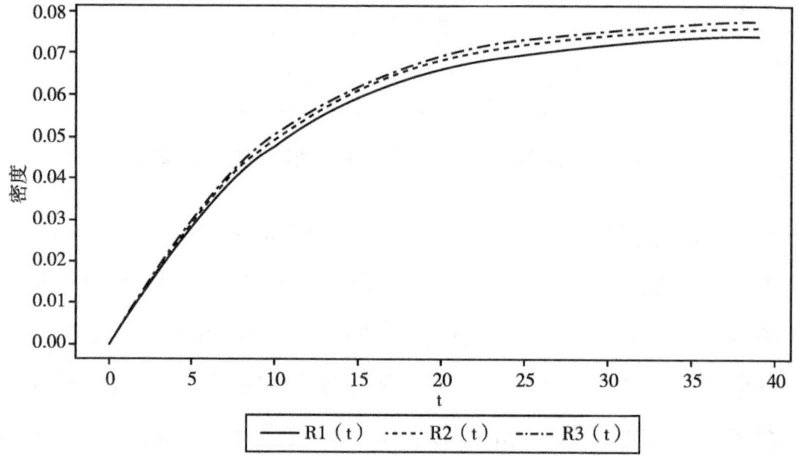

图 5-18　不同 λ_{21} 值对用户商业活动参与行为的影响

（9）参与—创建变化率仿真结果分析。其他参数不变，当参数 λ_{23} 分别取值 0.02、0.1、0.2 时，社会化商务平台用户作出参与行为、创建行为和商业活动参与行为的用户密度变化曲线如图 5-19 和图 5-20 所示，反映了参与—创建感染率变化对参与者、创建者和购买者的影响。图 5-19 中显示，参与者密度曲线随着时间变化呈现先单调递增，达到峰值后再单调递减。随着 λ_{23} 值的增加，参与者密度曲线呈下降趋势，即社会化商务平台内的参与者转变为创建者。参数 λ_{23} 的增加实际是社会化商务平台用户参与商业视频信息后再作出的商业视频信息创建行为，λ_{23} 值的增加会提高创建者密度，减少参与者密度。图 5-20 显示，随着 λ_{23} 值的增加，购买者密度是上升的，与其呈相同趋势。总体来看，购买者密度变化区间较小，说明参与—创建变化率的变化对购买者密度的影响并不是特别显著。

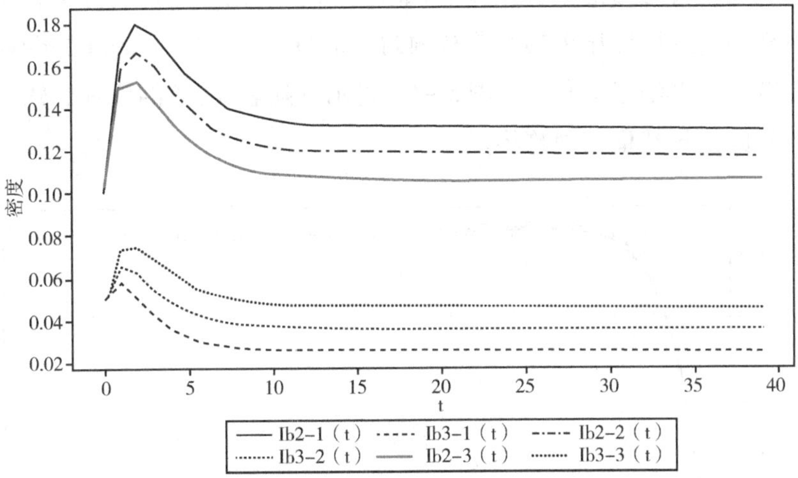

图 5-19　不同 λ_{23} 值对用户参与行为和创建行为的影响

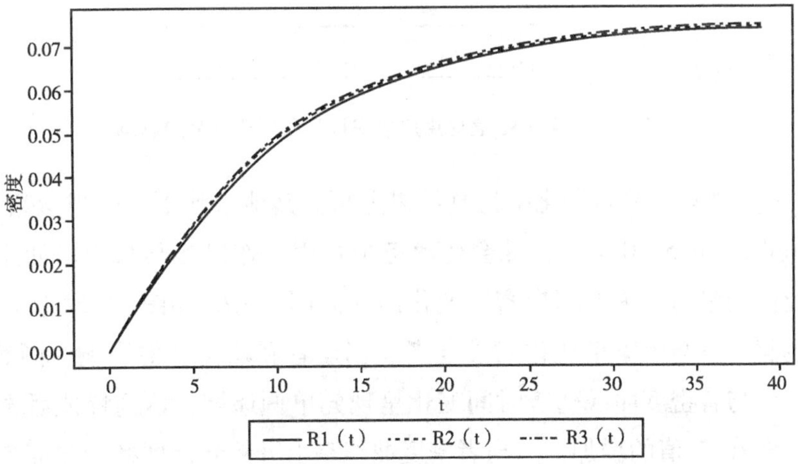

图 5-20　不同 λ_{23} 值对用户商业活动参与行为的影响

（10）创建—消费变化率仿真结果分析。其他参数不变，当参数 λ_{31} 分别取值 0.5、0.7、0.9 时，社会化商务平台用户作出消费行为、创建行为和商业活动参与行为的用户密度变化曲线如图 5－21 和图 5－22 所示，反映了创建—消费感染率变化对消费者、创建者和购买者的影响。图 5－21 中显示，消费者密度曲线随着时间变化呈现先单调递增，达到峰值后再单调递减。随着 λ_{31} 值的增加，消费者密度曲线呈上升趋势，即社会化商务平台内的创建者转变为消费者。参数 λ_{31} 的增加实际是社会化商务平台用户创建商业视频信息后再作出的商业视频内容消费行为，λ_{31} 值的增加会提高消费者密度，减少创建者密度。图 5－22 显示，随着 λ_{31} 值的增加，购买者密度是上升的，与其呈相同趋势。

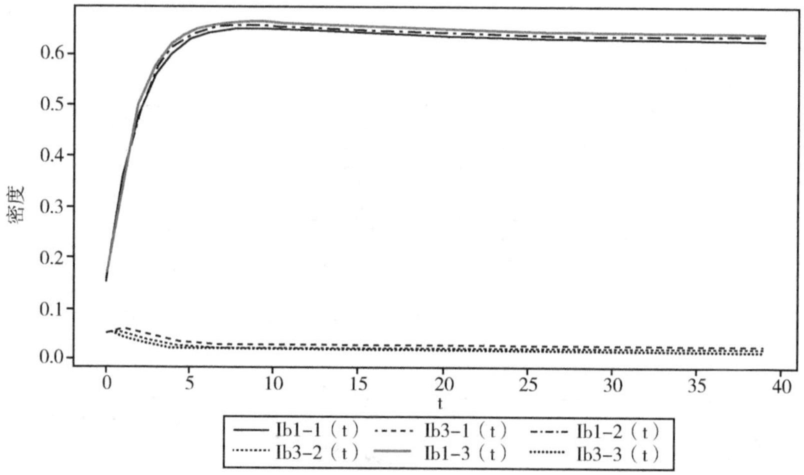

图 5－21　不同 λ_{31} 值对用户消费行为和创建行为的影响

（11）创建—参与变化率仿真结果分析。其他参数不变，当参数 λ_{32} 分别取值 0.3、0.5、0.7 时，社会化商务平台用户作出参与行为、创建行为和商业活动参与行为的用户密度变化曲线如图 5－23 和图 5－24 所示，反映了创建—参与感染率变化对参与者、创建者和购买者的影响。图 5－23 显示，参与者密度曲线随着时间变化呈现先单调递增，达到峰值后再单调递减。随着 λ_{32} 值的增加，参与者密度曲线呈上升趋势，即社会化商务平台内的创建者转变为参与者。参数 λ_{32} 的增加实际是社会化商务平台用户创建商业视频信息后再作出的商业视频参与行为，λ_{32}值的增加会提高参与者密度，减少创建者密度。图5－24显示，随着λ_{32}值的增加，购买者密度是上升的，与其呈相同趋势。

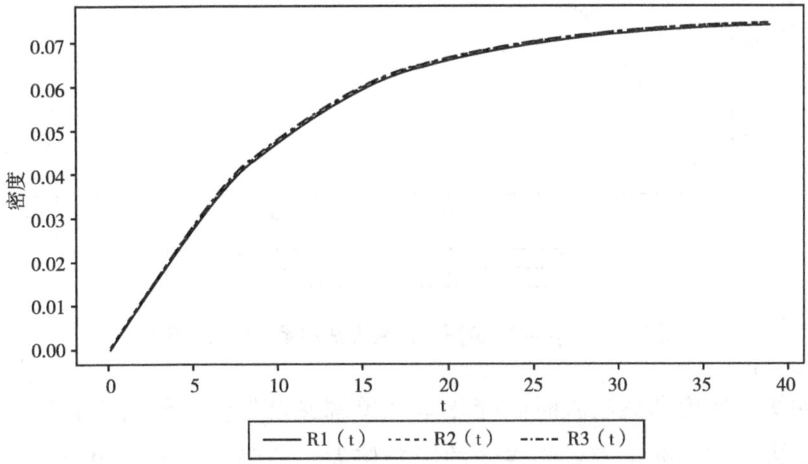

图5－22 不同λ_{31}值对用户商业活动参与行为的影响

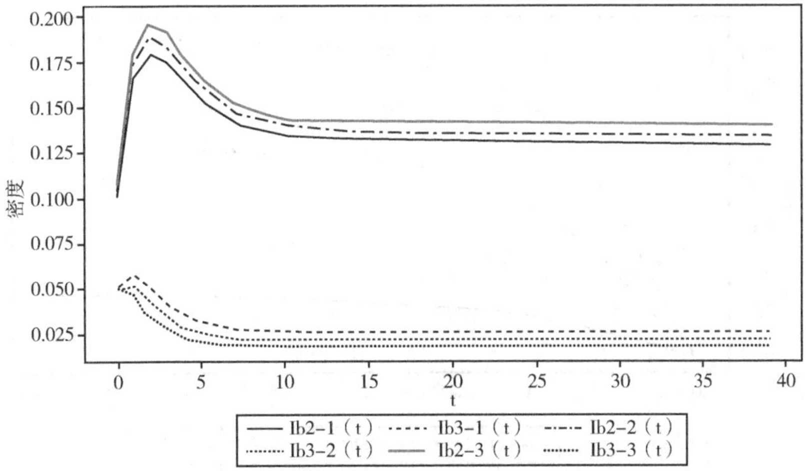

图5－23 不同λ_{32}值对用户参与行为和创建行为的影响

（12）消费—购买率仿真结果分析。其他参数不变，当参数τ分别取值0.01、0.05、0.1时，社会化商务平台用户作出商业活动参与行为的用户密度变化曲线如图5－25所示，反映了消费—购买率的变化对购买者的影

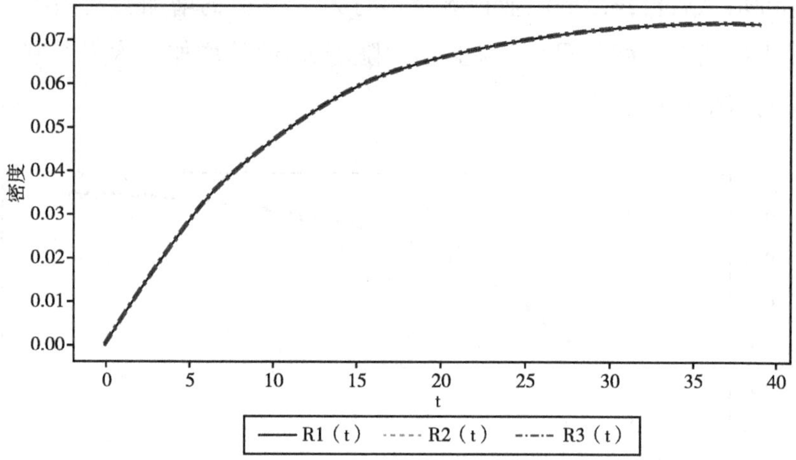

图 5－24　不同 λ_{32} 值对用户商业活动参与行为的影响

响。购买者密度曲线随着时间变化呈现单调递增趋势，即消费者转变为购买者。表明消费购买率对购买者的影响较大，消费购买率的增加会直接提高消费者转变为购买者的概率。

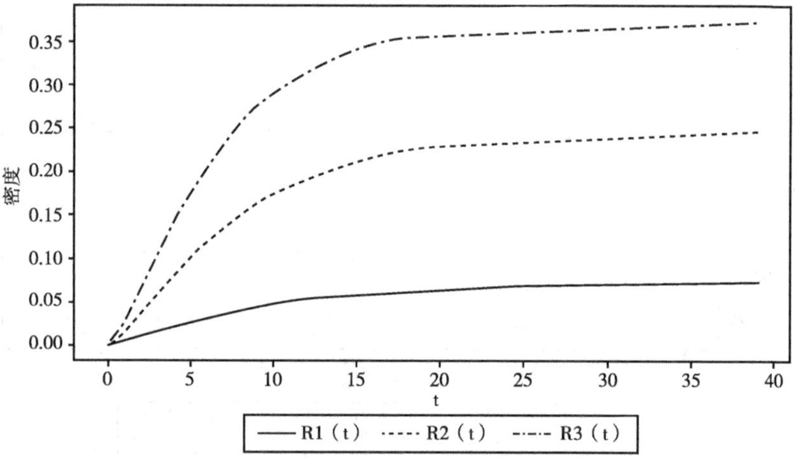

图 5－25　不同 τ 值对用户商业活动参与行为的影响

（13）参与—购买率仿真结果分析。其他参数不变，当参数 μ 分别取值 0.003、0.03、0.06 时，社会化商务平台用户在商业活动参与行为的用户密度的变化曲线如图 5－26 所示，反映了参与—购买率变化对购买者的影响。购买者密度曲线随着时间变化呈现单调递增趋势，即参与者转变为购买者。表明参与购买率对购买者的影响较大，参与—购买率的增加会直接提高参与者转变为购买者的概率。

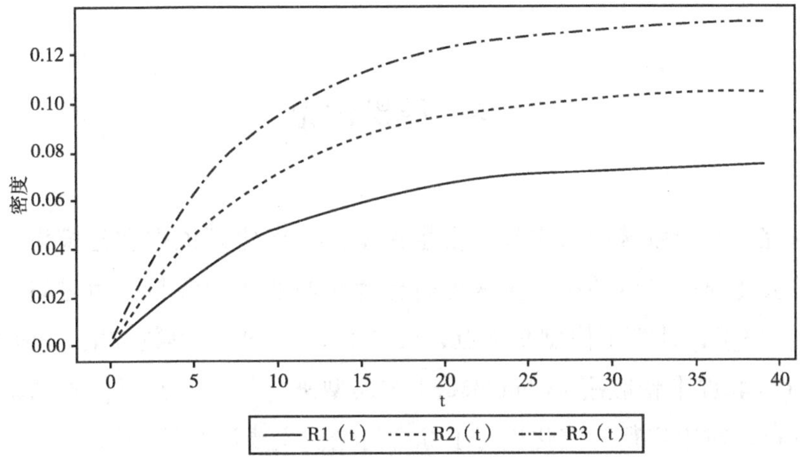

图 5-26　不同 μ 值对用户商业活动参与行为的影响

（14）创建—购买率仿真结果分析。其他参数不变，当参数 σ 分别取值 0.005、0.05、0.1 时，社会化商务平台用户作出商业活动参与行为的用户密度变化曲线如图 5-27 所示，反映了创建—购买率的变化对购买者的

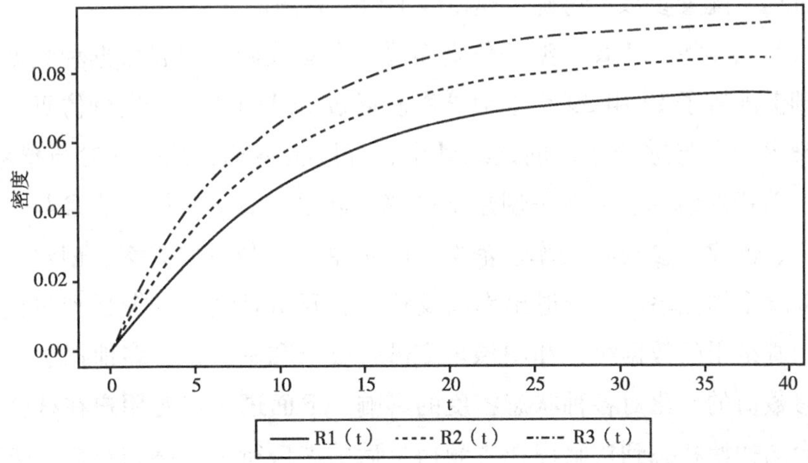

图 5-27　不同 σ 值对用户商业活动参与行为的影响

影响。图5-27显示，购买者密度曲线随着时间变化呈现单调递增趋势，即社会化商务平台的创建者转变为购买者。这表示社会化商务平台上的创建—购买率对购买者的影响较大，创建—购买率的增加会直接提高创建者转变为购买者的概率。

5.6 结果讨论

研究三基于系统动力学理论衍生模型，提出建模依据和建模思想，构建了社会化商务平台的用户生成内容行为与商业活动参与行为之间的演化模型 $S-SI_bR$，计算了模型平衡点，设置了13组39个参数方案，使用Visual Studio软件平台应用Python 3.8.4对模型进行仿真，并对仿真结果进行深入分析，对用户行为演化进行了综合讨论。主要研究结论如下：

（1）基于系统动力学理论衍生模型，提出建模依据和建模思想，指出社会化商务平台用户生成内容行为向商业活动参与行为演化与SIR模型描述的演化方式存在相似之处。

（2）构建了用户在社会化商务平台的用户生成内容行为与商业活动参与行为之间的演化模型 $S-SI_bR$。通过提出假设、构建模型和确定模型规则等过程，配置参数，讨论了模型的平衡点和阈值。

（3）针对 $S-SI_bR$ 模型的仿真实验，在有关调查问卷数据和数据采集的基础上配置了13组39个参数方案。通过Python 3.8.4进行仿真，从消费感染率、参与感染率、创建感染率、直接感染率、消费—参与感染率、参与—消费感染率、消费—创建感染率、创建—消费感染率、参与—创建感染率、创建—参与感染率、消费—购买率、参与—购买率、创建—购买率、新增个体比率、系统退出率以及整体展开仿真结果的分析和讨论。通过对仿真结果的数据统计和图像角度进行分析和阐述，更多地揭示了相应模型参数值的变化对各种状态密度的影响。下面进一步对用户在社会化商务平台的初始状态到接触商业视频信息后的消费行为、参与行为、创建行为和商业活动参与行为基于演化的视角及其复合演化特征进行综合讨论。

从整体上看，社会化商务平台对商业视频信息的消费行为是社会化商务平台用户行为的中心环节，在平台中存在的密度是最高的。在假定平台系统的退出率与进入率相同的情况下，平台内的不同用户群体最终趋于保持在特定平衡状态。最终的平衡状态显示，并没有因为各参数值的变化而使每一个用户都变成商业视频信息的用户生成内容行为个体或实际购买者，据此可认为社会化商务环境下的商业视频信息传播过程存在沉默个体且不会作出相关行为反应，这部分人群是提高后续群体密度的关键要素。

从现实情况考虑，新用户进入社会化商务平台，首先会通过搜索或被推送浏览有关商业视频的信息，逐渐增加相关商业知识。当知识累积和对平台购物深入了解后，社会化商务平台用户会存在三种行为倾向，第一种是对视频内容较为感兴趣，频繁地点赞、评论或分享，与其他用户进行交互；第二种是受相关视频创作的激发等原因，用户在社会化商务平台发布或创建与商业活动参与行为有关的视频内容，如分享购物经历等；第三种是在社会化商务平台内产生商业活动参与行为的用户，即从平台的潜在用户转变为现实购买者，完成身份的转变和行为演化。在快手短视频和抖音短视频等社会化商务平台中，用户会基于线上好友、线下的社会关系等形成庞大的关系网，加之从众效应或信任关系的影响，更加有利于商业视频内容的传播扩散。

从社会化商务平台用户消费、参与和创建等用户生成内容行为的角度来看，社会化商务平台用户的创建行为占据核心位置，虽然消费行为和参与行为在平台中普遍存在，但从中期过程来看，社会化商务平台的创建行为更有利于发展为商业活动参与行为，因为用户作出创建行为后再作出的检索、浏览、分享、评论等消费行为或参与行为更具有针对性，并且随着专业化程度的提高，频率越来越高。从参与行为和消费行为来看，转发、评论、点赞等行为存在初期频繁、中期针对性、后期较少的特征。即在用户刚进入社会化商务平台开始接触商业信息时，更多的是观看、评论和点赞，但是随着对相关信息了解的深入，便开始挖掘有价值的用户视频，这时的用户行为则更具有针对性，也更有价值。最后，随着时间的推移，开始转向视频发布或者基于需求的用户生成内容行为。

6 农村居民商业活动参与行为特征研究

社会化商务环境拓展了农村居民社会网络的深度和广度，改变了互联网的使用方式与传统购物模式。通过研究一和研究二对社会化商务平台情境下农村居民用户生成内容行为的后置作用结果进行探讨，深入、清晰地揭示了用户生成内容行为与商业活动参与行为之间的内在作用机制，并通过研究三动态、全面地了解了用户生成内容行为与商业活动参与行为之间的外在演化过程。进一步地，有效、精确地了解农村居民的商业活动参与行为特征是社会化平台快速发展和提高竞争优势的重要途径，同时也是企业迎合市场导向和拓宽销售渠道的有效方式。依托互联网的社会化商务平台是数据资源服务化、商品化的重要载体，能够为广大企业提供专业化、一站式的数据服务，实现用户数据资源的流通、共享和交易。因此，对农村居民在社会化商务平台的价值进行研究并加以区分，对获取农村居民行为特征和提高平台的经济效益具有重要意义。

B2C 组织人员或管理人员认为社会化媒体非常重要，愿意利用社会化媒体针对农村居民进行专门的营销活动。社会化商务营销应用的关键在于通过获取用户数据建立相应的分析模型，并根据个体行为偏好制定不同策略。数据挖掘工具广泛用于分析客户关系管理领域的用户数据，通过挖掘有用信息来有效分析用户的行为与特征。对企业来说，数据挖掘有利于企业获取和保留潜在用户，实现用户价值最大化，并以此来制定市场战略决策。数据挖掘模型中应用最广泛的模型之一是聚类或细分，即基于相似性来对个体进行区分[372]。聚类模型将具有相似行为的个体聚合成特定群体，在企业管理中起着非常重要的作用。

用户细分是根据用户偏好、用户需求等行为特征，将个体区分为不同群体，进而有针对性地制定管理策略满足用户需求。在相关研究领域，最为经典的是 RFM 模型，RFM 模型被广泛应用至用户细分和用户行为分析领域。RFM 分别表示近度 R（Recency）、频度 F（Frequency）和额度 M（Monetary），这三项是衡量用户价值的重要指标。用户细分研究中广泛使用的聚类方法是 K – Means 聚类方法。价值细分在客户关系管理中具有重要作用，意指企业以客户价值为细分标准，并根据客户价值大小将客户划分为不同群体，并以此为参考依据，制定最优策略。

社会化商务背景下选择有用信息有利于企业更准确地对用户进行分类。为探讨农村居民的用户价值，本书以传统 RFM 模型为基础进行改进，以农村居民在社会化商务平台的商业活动参与行为作为分析依据，采用 K – Means 聚类算法对农村居民群体进行多维聚类，不仅实现了社会化商务平台中农村居民群体价值的有效细分，同时明晰了农村居民用户类别之间的关联所在，精准刻画出农村居民的多维属性且精确识别出农村居民价值，有助于提高社会化商务平台的服务质量和服务效率。

6.1 RFM 模型与改进 RFM 模型

6.1.1 传统 RFM 模型

RFM 模型于 1994 年由休斯（Huges，1994）[373] 提出，是企业根据用户数据库中的交易信息对用户价值进行识别和评估，用于衡量用户价值的重要分析工具，被广泛应用至用户细分、用户价值和行为分析等领域，被国内外学者认为是区分用户价值的经典模型。RFM 模型包括近度 R、频度 F 和额度 M 三个变量。其中，R 表示用户最近一次的消费时间到观察时间段尾的时间间隔，反映用户的活跃程度。区间越长，R 值越大，表明用户的活跃程度和价值越低。反之，R 值越小，表明用户的活跃程度和价值越高。F 表示观察时间段内用户的购买频次，反映用户的忠诚度。F 值越大，表示用户的忠诚度和价值越高，因为 F 值越大，用户的消费惯性以及对平台的消费黏性就越大。M 表示观察时间段内用户的累计支出总额，反映用户的消费能力，是衡量绩效的最直观指标。M 值越大，表示用户价值越高。综合 R、F、M 三个指标认为：（1）近期有过购买行为的用户再次产生购买行为的可能性高于近期没有购买行为的用户。（2）购买频率较高的用户相较于购买频次较低的用户更有可能再次产生购买行为。（3）支出总额较高的用户相较于支出总额较低的用户更有可能再次产生购买行为。因此，最近一段时间内有过频繁购买行为且累计支出总额较大的用户是企业最关注的群体，此类用户群体的价值较高，不需要过多成本就可以产生持续性购买行为。

6.1.2 传统 RFM 模型的局限性

RFM 模型主要通过分析用户购买行为对用户价值进行衡量，虽然已经被广泛应用于用户价值细分领域，但在社会化商务平台针对农村居民群体的价值研究中，RFM 模型存在一定局限性，并不完全适用。（1）应用场景的局限性。传统 RFM 模型主要适用于快速消费类的购买行为[374]，面对不具有周期性的行为特征时，即农村居民在社会化商务平台的商业活动参与行为的周期较长，交易数据过于稀疏，会导致传统 RFM 模型的不适用。（2）时间维度的局限性。农村居民在社会化商务平台的消费时间具有随机性，模型中的时间指标不能全面地揭示农村居民与社会化商务平台的交互时间，无法有效识别忠诚用户或潜在的、具有较高价值的用户。（3）平台特性的局限性。社会化商务平台作为网络产品或服务的销售平台，用户的日常活跃行为同样可以作为衡量用户价值的重要指标[375]，传统 RFM 模型并未涉及这一指标，导致无法准确识别用户的真正价值。（4）用户群体的局限性。本书的用户群体是农村居民，相对固定，也会导致传统 RFM 模型的不适用。

鉴于此，考虑到农村居民这一特殊用户群体的独特属性以及社会化商务平台的交易场景与以往文献存在的较大差别，有必要对传统 RFM 模型进行改进以更好地完成用户群体细分。通过更适合的模型分析，为平台企业和平台商家针对特定用户群体分配资源，与用户建立长期稳定的关系。因此，本书提取农村居民行为特征，对传统分析指标进行改进并建模，更有效地识别农村居民行为特征。

6.1.3　改进 RFM 模型

（1）指标选择。RFM 模型是管理学中的经典模型，能够较好地表征用户群体行为特征。作为经典的客户关系管理模型，可以多维度、多角度地描述用户轮廓。由于农村居民在社会化商务平台商业活动参与行为的交易数据较少，导致 RFM 模型存在指标数据过于稀疏、对潜在且有高价值的用户重视不足等问题。伴随 RFM 模型应用领域的延伸和扩展，众多学者依据不同的应用情景，对传统 RFM 模型进行改进研究。除 R、F、M 三项指标，学者试图通过添加新指标来提高对潜在用户的预测准确度。黄和李（Hwang and Lee，2021）[376] 利用用户网站访问数据的频度和近度信息建立 RF 模型，通过将网站权重添加到访问频度构建 RWF 模型。Marcus 模型采用客户平均交易金额 A（Average Monetary）代替传统 RFM 模型中的交易金额 M 这一细分变量。本书借鉴以往研究成果，针对传统 RFM 模型的局限性，同时充分考虑农村居民群体的行为特征，构建以平均消费时间 $\overline{R}$（Recency）、消费频次 F（Frequency）、平均消费金额 $\overline{M}$（Monetary）和平均网站使用时长 $\overline{T}$（Time）为用户价值分类指标的 RFMT 修正模型。其中：

$\overline{R}$：平均消费时间，用户在观察时间内的平均交易时间间隔。

$$\overline{R} = \frac{T_{last\_time} - T_{first\_time}}{F} \tag{6.1}$$

其中，T_{last_time} 表示观察时间内用户最后一次产生订单交易的时间，T_{first_time} 表示用户在观察时间内第一次产生订单交易的时间，F 表示用户在观察时间内发生交易的次数。

F：消费频次，用户在观察时间内发生交易的次数。

$\overline{M}$：平均消费金额，用户在观察时间内的平均消费金额。

$$\overline{M} = M_i \tag{6.2}$$

其中，M_i 表示用户的单次消费的平均金额。

$\overline{T}$：平均网站使用时长，用户在观察时间内每天使用社会化商务平台的平均时间长度。

改进 RFM 模型中将平均消费时间间隔 $\overline{R}$ 代替传统 RFM 模型中的最近消费时间 R，以此更好地描述农村居民的消费习惯，有效解决了最近消费时间指标 R 随机性较大的问题。对于消费频繁、用户黏性大的忠诚用户，使用平均消费时间间隔更具有代表性。以平均消费金额 $\overline{M}$ 代替传统 RFM 模型中的累计支出总额 M，有效消除消费频次与累计支出总额之间的线性关系对用户价值评估所造成的偏差[377]。将平均网站使用时长 $\overline{T}$ 作为新增变量引入模型中，平均网站使用时长可用于衡量农村居民的日常活跃行为，从而更全面地描述群体特征。同时给出假设：①$\overline{R}$ 的取值越小，表示农村居民在社会化商务平台的活跃性越高，进行商业活动参与行为的可能性和用户价值越高。反之，则越低。②F 的取值越大，表示农村居民对社会化商务平台的忠诚度越高，进行商业活动参与行为的可能性和用户价值越高。反之，则越低。③$\overline{M}$ 的取值越大，表示农村居民在社会化商务平台的消费能力越强，进行商业活动参与行为的可能性和用户价值越高。反之，则越低。④$\overline{T}$ 的取值越大，表示农村居民对社会化商务平台的内容越满意，进行商业活动参与行为的可能性和用户价值越高。反之，则越低。相较于传统 RFM 模型，改进后的 RFMT 模型能够更为精准地刻画农村居民这一特殊群体的差异和价值。

（2）数据处理和权重确定。本书将 RFM 模型优化为加权 RFM 模型。既有研究大多使用传统 RFM 模型，对近度 R、频度 F 和额度 M 赋予相同的权重[378,379]，而加权 RFM 模型则为每个指标分配权重。斯通（Stone，1995）[380]应用加权 RFM 模型时指出，根据研究问题的需要，可以对 R、F、M 分配不同权重。权重通常由各个行业的专家赋予，并运用层析分析法（Analytical Hierarchy Process，AHP）对各指标权重进行赋值，这一过程可以有效解决现有 RFM 模型的局限性[381]。然而，层次分析法也存在不足之处，层次分析法属于系统分析方法，其判断矩阵完全由专家打分确定，主观性较强，难以规避专家经验丰富程度对权重赋予的影响。这一主观赋权法根据主观意识赋权，其随机性使得研究结果不具有代表性。熵权法则依据客观数据对指标的权重进行赋值，是一种客观赋权方法。客观赋权法能够很好地弥补主观赋权法的不足，科学客观地消除评价指标权重的人为干扰因素，并且在权重计算过程中能够反映原始数据的绝大部分信息。

鉴于此，为避免主观赋权的随机性，并保证指标权重的可行性，本书采用熵值法计算各指标权重。熵值法通过计算指标的信息熵，依据指标的相对变化程度对系统整体的影响来确定指标权重。根据熵的特性，可以利用熵值判断一个事件的随机性和无序化程度，也可用于判断指标的离散程度以及度量信息量的大小。熵值越小，表明指标的离散程度越大，指标的无序性越小，携带的信息量越多，则该指标对结果的作用越大，权重分配也就越大，反之亦然。

由于 RFMT 模型中各指标的计量单位、取值范围有所不同，因此，需要对指标进行标准化处理，将指标的绝对值转化为相对值，达到异质指标归一化、标准化的目的。本书的指标性质有所不同，分为正向指标和负向指标。其中，正向指标的数值越高越好，负向指标的数值越低越好。平均消费时间 $\overline{R}$ 对于用户价值是负向指标，将 $\overline{R}$ 采用逆向标准方法，如公式（6.3）所示，消费频次 F、平均消费金额 $\overline{M}$、平均网站使用时长 $\overline{T}$ 对于用户价值是正向指标，采用正向标准化方法，如公式（6.4）所示。

$$X_{ij} = \frac{\max(x_j) - x_{ij}}{\max(x_j) - \min(x_j)} \tag{6.3}$$

$$X_{ij} = \frac{x_{ij} - \min(x_j)}{\max(x_j) - \min(x_j)} \tag{6.4}$$

式（6.3）和式（6.4）中，X_{ij}表示第 i 个农村居民的第 j 项指标进行标准化后的数值，x_{ij}表示第 i 个农村居民的第 j 项指标的原始值，$\max(x_j)$ 和 $\min(x_j)$ 分别表示第 j 项指标中的最大值和最小值。通过极差法，将不同单位、不同取值范围的数据处理为 0 ~ 1 的数据，将原始矩阵转变为标准化矩阵：

$$X = \{X_{ij}\}_{m\times n} = \begin{Bmatrix} x_{11} & x_{12} & \cdots & x_{1n} \\ x_{21} & x_{22} & \cdots & x_{2n} \\ \cdots & \cdots & \cdots & \cdots \\ x_{m1} & x_{m2} & \cdots & x_{mn} \end{Bmatrix} \tag{6.5}$$

式（6.5）中，X 为标准化矩阵，x_{ij}为第 i 个农村居民（i = 1，2，3… m）第 j 项指标的原始值（j = 1，2，3…n）。

由于标准化后的数值通常出现零值，无法进行后续计算，需要对标准化后的数据进行平移处理，如公式（6.6）所示。

$$X'_{ij} = X_{ij} + a \tag{6.6}$$

式（6.6）中，X'_{ij}为平移后得到的数值，a 为平移处理的幅度。数据经过处理后，采用熵值法计算指标权重。

①计算指标比重 p_{ij}，计算公式如下：

$$p_{ij} = \frac{X'_{ij}}{\sum_{i=1}^{m} X'_{ij}} \tag{6.7}$$

式（6.7）中，X'_{ij}是农村居民 i 第 j 项指标标准化且平移后的数值，i=1，2，…，m；j=1，2，…，n，p_{ij}表示第 i 个农村居民，第 j 项单项指标值的比重。

②计算各指标的熵值 E_j，计算公式如下：

$$E_j = -\frac{1}{\ln m}\sum_{i=1}^{m} p_{ij}\ln(p_{ij}) \tag{6.8}$$

式（6.8）中，E_j 是指标 j 的熵值，$0 \leqslant E_j \leqslant 1$。

③计算指标的差异性系数 G_j，计算公式如下：

$$G_j = 1 - E_j \tag{6.9}$$

式（6.9）中，G_j 表示第 j 项指标的差异性系数，G_j 值越大，表示指标的差异性越大，所占的权重也越高，反之则越小。

④确定指标权重 W_j，计算公式如下：

$$W_j = \frac{G_j}{\sum_{j=1}^{n} G_j} = \frac{1 - E_j}{n - \sum_{i=1}^{n} E_j} \tag{6.10}$$

式（6.10）中，W_j 为指标 j 的权重，j=1，2，…，n。

6.2 K-Means 聚类算法

K-Means 聚类算法（K-Means Clustering Algorithm）是一种经典的、多重迭代求解的无监督学习算法，也被称为 K 均值聚类算法。优势在于能够处理各种类型的数据、实施性较强、聚类效果良好，广泛应用在科研领域。K－Means 聚类算法可以基于距离计算，将数据划分为不同的簇，簇内样本的相似度较高，簇间样本的相似度较低，以此识别同类群体样本。主要思路为：对于给定的样本数据 $X=\{X_1, X_2, X_3 \cdots X_n\}$，其中，n 为样本数，从样本数据中集中选取 k 个对象作为初始类簇中心，计算每个研究样本与 k 个初始类簇中心的距离，将每个样本划分到距离（相似性）最近的类簇中心对应的群集中；然后将每个聚类中所有对象的平均值重新计算为新的类簇中心点；重复迭代以上过程，直至标准函数收敛，即每个类簇中心点的位置基本不变或这一过程不再有新对象重新分配给不同的类簇。算法步骤[382]如下：

S1：输入样本集 $X=\{X_1, X_2, X_3 \cdots X_n\}$，确定聚类数量 k；

S2：确定 k 个初始类簇 $C_i(1 \leqslant i \leqslant k)$ 和 k 个聚类中心向量 $\mu(1 \leqslant i \leqslant k)$；

S3：对于每个研究样本 $X_j(1 \leqslant j \leqslant m)$，计算其到各聚类中心 μ_i 的距离 dj_i；

S4：将研究样本划分到距离最近的类簇；

S5：重新计算 k 个簇的聚类中心向量；

$$\mu'_i = \frac{\sum_{x \in C_i} X}{|C_i|} \tag{6.11}$$

S6：重复 S3 ~ S5，通过不断迭代，直至聚类中心向量不再发生变化；

S7：评估聚类效果。由于人为选取聚类数量 k，不同 k 值的聚类结果不完全相同，通过计算轮廓系数（Silhouette Coefficient）和簇内误方差平方和（Sum of the Squared Errors，SSE）指标来确定最佳 k 值。

首先，基于轮廓系数确定最佳聚类数。轮廓系数基于内聚度和分离度两种因素，可用于客观评价聚类结果。通常认为较小的簇内内聚度和较大的簇间分离度代表着聚类效果良好。在本书中，通过平均轮廓系数最大的方法确定最佳聚类数量 k。过程如下：将样本数据分为 k 个类簇，针对每个簇，分别计算簇内每个点 i 向量的轮廓系数：

$$S(i) = \frac{b(i) - a(i)}{\max\{a(i), b(i)\}} \tag{6.12}$$

其中，$a(i) = \mathrm{average}$(i 向量到同簇所有其他点的距离)，即表示 i 向量到其所在簇内所有其他点不相似程度的均值；$b(i) = \min$(i 向量到与其相邻的最近簇内其他点的平均距离)，即表示 i 向量到相邻最近簇的每一个点的平均不相似程度的最小值。将所有向量的轮廓系数取均值即为聚类结果中的总轮廓系数，轮廓系数取值为 [-1，1]。通过公式（6.12）发现，如果 S(i) 小于 0，说明 i 向量与最近的其他簇元素的平均距离小于其所在簇元素的平均距离，表明聚类效果较差。如果 a(i) 趋近于 0 或者 b(i) 足够大，则 S(i) 趋近于 1，表明聚类效果较好。

其次，基于 SSE 手肘法确定最佳聚类数。簇内误方差平方和（Within - cluster Sum of Square Error，SSE）的手肘法是经过多次迭代，数据集内每个数据点到其簇内质心的距离平方值的总和，也称为畸变程度（Distortions）。SSE 值越小，表明聚类效果越好；反之，SSE 值越大，表明失真程度越高，聚类内部的紧度越松动。因为聚类类别越多，SSE 值就越大，但当类别达到一定程度时，数据具有一定区分度，畸变程度可达到一个临界点，趋近平缓后逐渐下降，临界点对应的 k 值可视为聚类效果最佳点，即 SSE 与 k 值的关系呈现“手肘”形状。核心指标如公式（6.13）所示。

$$SSE = \sum_{i=1}^{k} \sum_{x \in C_i} |x - \mu_i|^2 \tag{6.13}$$

其中，C_i 为第 i 个类簇；μ_i 为类簇 C_i 的中心向量；x 为类簇 C_i 中的点。

最后，聚类分析。聚类算法流程如图 6 - 1 所示。

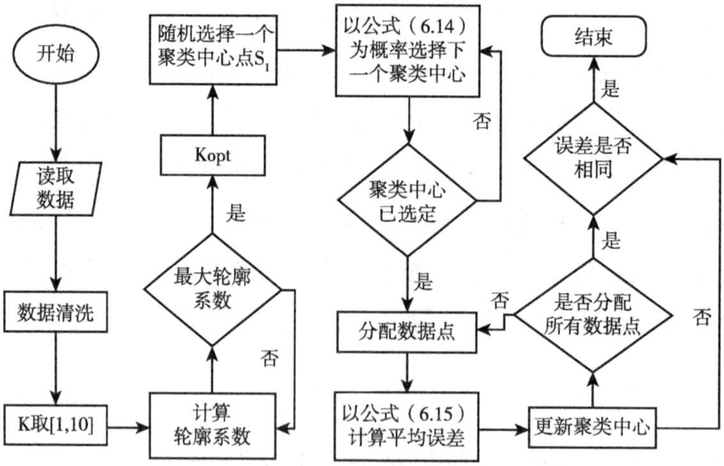

图 6 - 1 聚类算法流程图

公式（6.14）：$\frac{D(X')^2}{\sum_{x\in X} D(X)^2}$，其中，D（X）^{2} 是数据点到最近聚类中心的距离，$S_i = x' \in X$。

公式（6.15）：平均误差等于 $\sum_{i=1}^{n}[\min_{r=1,\cdots k} d(X_i,C_r)^2]$。

6.3　农村居民商业活动参与行为聚类分析

6.3.1　原始数据清洗及指标计算

本书针对的是在社会化商务平台产生过商业活动参与行为的农村居民，由于研究对象的特殊性，无法通过数据抓取等形式获得相关数据，因为数据抓取过程中，无法判断用户是否为农村居民，并且难以获取特定农村居民的所有订单信息。因此，只能通过实地调研的方式，由农村居民自身填写调查问卷获取相关数据。通过研究一和研究二的相关调研，共有 219 位农村居民在社会化商务平台购买过产品或服务。因此，针对满足条件的 219 位农村居民进行农村居民商业活动参与行为特征分析，样本信息如图 6－2 所示。由于农村居民在社会化商务平台的商业活动参与行为的随机性较大，所以研究四以年为统计周期，要求被调查者填写近一年（以填写

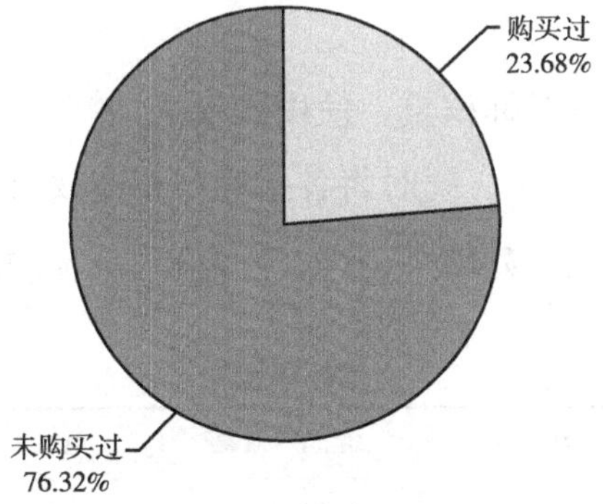

图 6－2　样本描述

问卷日期为基准，推至一年前）的商业活动参与行为信息，具体包括平均每天使用社会化商务平台的时间、平均消费金额、平均交易时间间隔，再通过平均交易间隔计算近一年内的交易次数。

通过提取219位农村居民行为的四项指标形成初始数据，如表6-1所示。

表6-1 部分用户数据

用户ID	$\overline{R}$/天	F/次	$\overline{M}$/元	$\overline{T}$/小时
001	60	6.0833	30	6
003	30	12.1667	50	4

表6-1中，用户ID为001的用户近一年内在社会化商务平台中平均每60天购买一次产品或服务，近一年内共发生6.0833次商业活动参与行为，平均消费金额为30元，平均每天使用社会化商务平台的时间约6小时。用户ID为003的用户近一年内在社会化商务平台中平均每30天购买一次产品或服务，近一年内共发生12.1667次商业活动参与行为，平均消费金额为50元，平均每天使用社会化商务平台的时间约4小时。

将$\overline{R}$指标采用逆向标准化方法即公式（6.3）进行标准化，F、$\overline{M}$和$\overline{T}$指标采用正向标准化方法即公式（6.4）进行标准化。

6.3.2 指标赋权

通过熵权法计算各指标权重，使用熵权法计算改进RFM模型中各指标大小的权重如表6-2所示，同时将各指标与相应权重相乘进行赋权，得到聚类分析中所用的赋权后数据集，$\overline{R}'$，F'，$\overline{M}'$，$\overline{T}'$为赋值后的指标。

表6-2 指标权重

指标	$\overline{R}'$	F'	$\overline{M}'$	$\overline{T}'$
权重	0.019305	0.373704	0.350425	0.256566

6.3.3 K – Means 聚类

研究四采用 Sklearn. Cluster 中的 K – Means 类进行 K – Means 聚类分析，采用 Sklearn. Metrics 的 Silhouette Score 类计算轮廓系数。将 K 值从 2 ~ 10 逐次循环，并绘制不同 K 值下的簇内误方差（SSE）曲线和轮廓系数曲线，具体结果如图 6 – 3 和图 6 – 4 所示。由图 6 – 3 可知，当 K = 3 时，SSE 达到“肘部”；由图 6 – 4 可知，当 K = 3 时，轮廓系数达到最大值，表明在四种评价指标下，K 取 3 时聚类效果最佳。

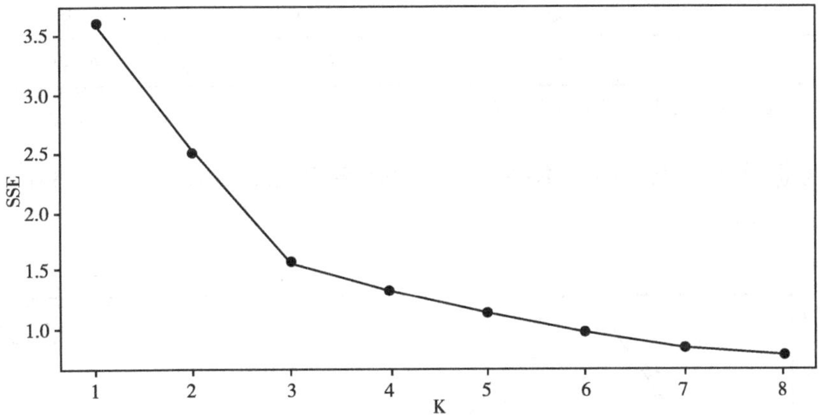

图 6 – 3　不同 K 值下的簇内误方差（SSE）

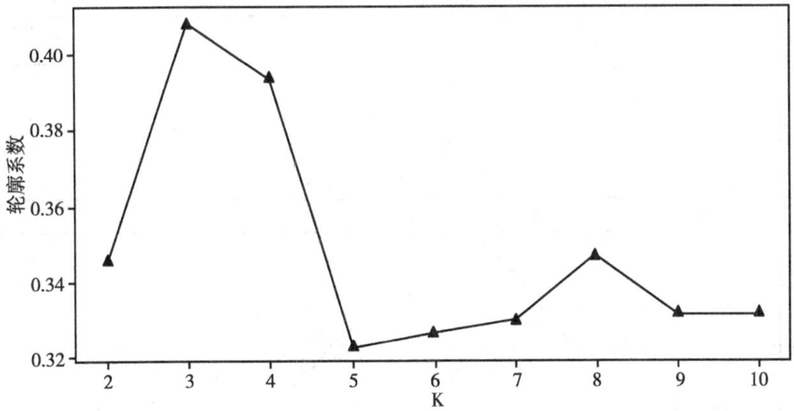

图 6 – 4　不同 K 值下的轮廓系数

使用 K - Means 算法对赋权后的数据集进行聚类，得到三类农村居民群体，导出三类群体的标准数据，并计算每类农村居民四个指标的平均值以及每一类的个体数量，得到表 6 - 3。

表 6 - 3　　用户聚类结果

类别	Cluster_1	Cluster_2	Cluster_3
$\overline{R}'$	0. 019079878	0. 016832142	0. 016737087
F′	0. 267583378	0. 081735158	0. 081304426
$\overline{M}'$	0. 11549752	0. 081746545	0. 076427512
$\overline{T}'$	0. 178863497	0. 212990865	0. 055737035
N	35	126	58
P	15. 98%	57. 53%	26. 49%

注：N 表示样本数量；P 表示样本比例。

根据分析结果，绘制不同类别的概率密度图，如图 6 - 5、图 6 - 6 和图 6 - 7 所示。

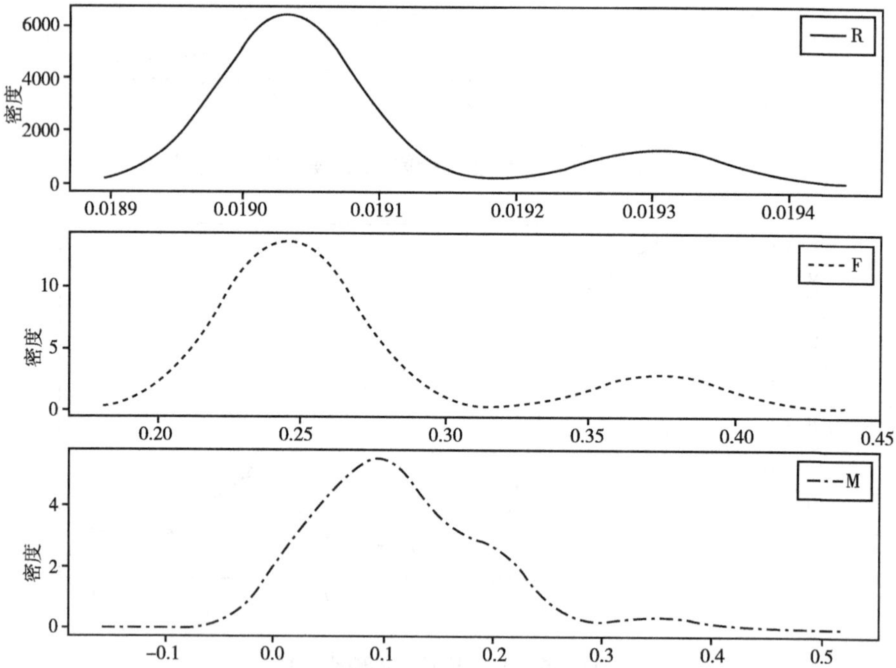

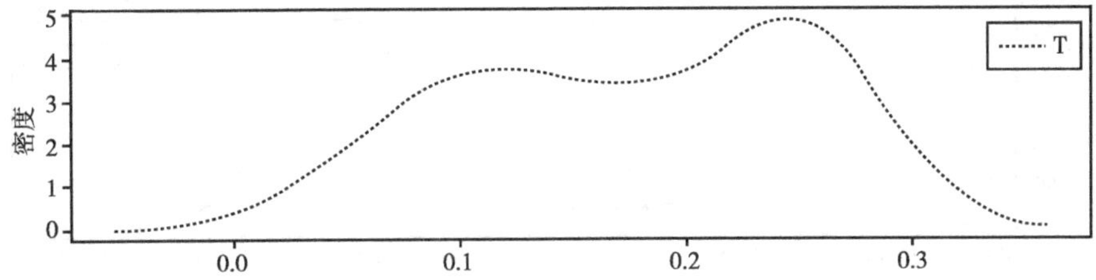

图6－5　类别1的概率密度图

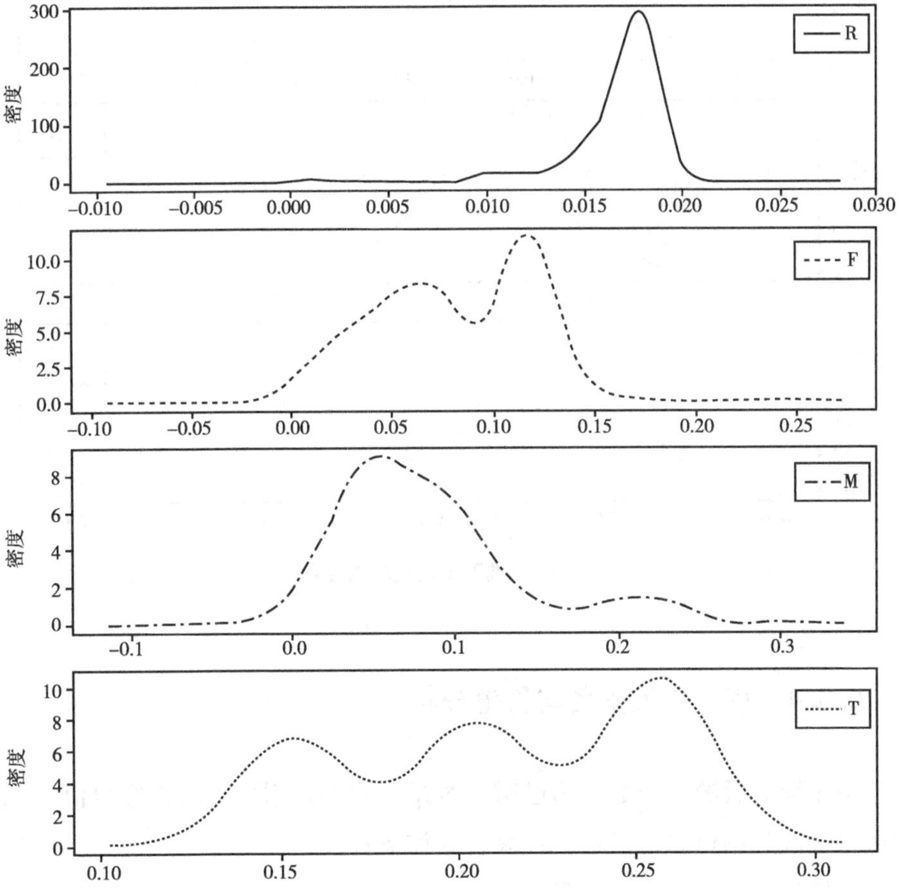

图6－6　类别2的概率密度图

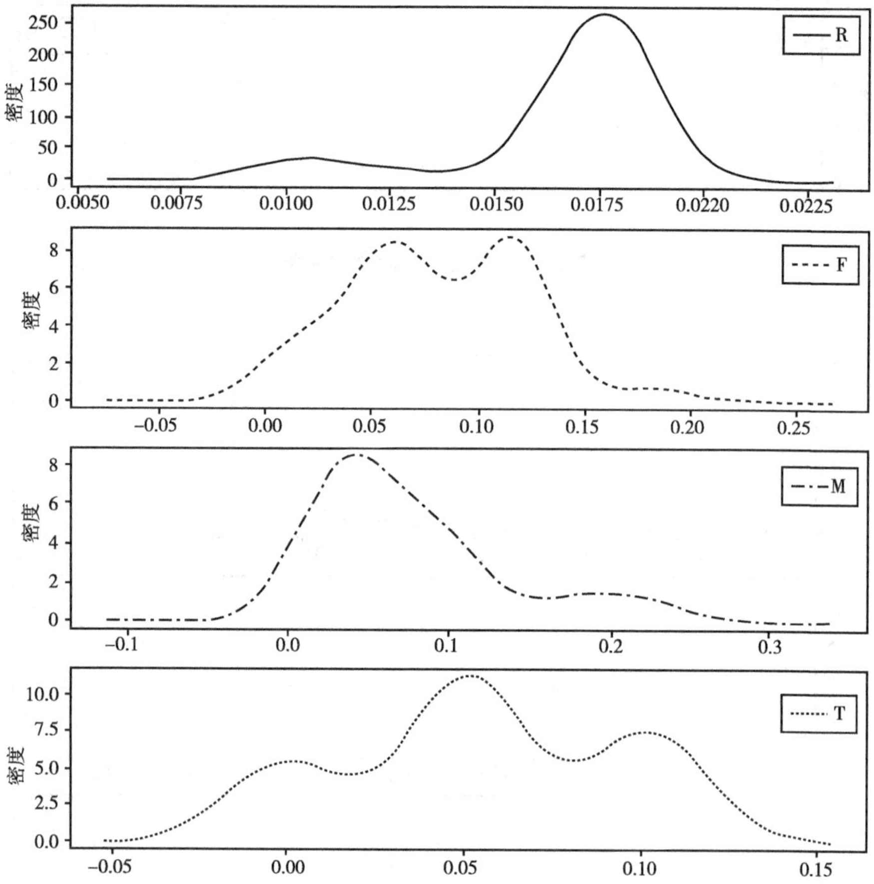

图 6-7　类别 3 的概率密度图

6.3.4　用户价值排名与价值分析

由于聚类后的用户数据为已赋权数据，故将各用户类的指标价值相加，即可得到该类用户总价值量。计算公式如下：

$$价值量 = \overline{R}' + F' + \overline{M}' + \overline{T}' \tag{6.14}$$

计算结果如表 6-4 所示。

表6-4 用户价值排名

指标	Cluster_1	Cluster_2	Cluster_3
$\overline{R}'$	0.019079878	0.016832142	0.016737087
F′	0.267583378	0.081735158	0.081304426
$\overline{M}'$	0.11549752	0.081746545	0.076427512
$\overline{T}'$	0.178863497	0.212990865	0.055737035
N	35	126	58
价值量	0.581024273	0.39330471	0.23020606
价值排名	1	2	3

注：N表示样本数量。

由RFMT模型可知，价值量越高，说明该类农村居民对社会化商务平台或商家的利润贡献度越大，因此按照价值排名与用户特征，将农村居民划分为重要保持型用户、发展型用户和一般型用户。从数据分析结果可知，每类用户的特征如下：

（1）重要保持型用户。农村居民群体1对社会化商务平台的价值最大，是平台的重要保持型用户。首先，经反向标准化的$\overline{R}$指标和正向标准化的F指标在所有用户群体中最高，表明农村居民群体1在社会化商务平台中有较大的消费粘性，产生商业活动参与行为较为频繁，体现了对社会化商务平台内容和服务具有较高的活跃度和忠诚度。其次，$\overline{M}$指标也高于其他各用户群体，说明该用户群体的平均消费金额较高，具有较强的贡献度，是平台企业或平台商家的重要利润来源。最后，$\overline{T}$指标介于农村居民群体2和农村居民群体3之间，表明该类农村居民平均每天使用社会化商务平台的时间一般，参与性和消费价值仍有挖掘的可能性。由此可以刻画出平台中高价值农村居民的特征，即消费间隔较短、消费频次较高以及平均消费金额较高。

（2）发展型用户。农村居民群体2对社会化商务平台的价值次于群体1，是平台的发展型用户。通过对反向标准化的$\overline{R}$指标和正向标准化的F指标、$\overline{M}$指标进行观察可以发现，群体2在社会化商务平台的消费间隔、消费频次和平均消费金额上表现较为可观，该类群体在社会化商务平台具有一定的消费黏性，且具有一定的活跃度和忠诚度。$\overline{T}$ 指标在所有用户群体中最大，表明农村居民群体2接触平台的时间最多，具有较强的积极性。虽然平均消费金额不及群体1用户，但这类农村居民群体具有相当大的价值发展空间。平台可以从农村居民需求的角度出发，以个性化需求为关键点，有针对性地提升农村居民的活跃度和忠诚度，提高消费能力，将其发展转化为重要保持型用户。

（3）一般型用户。农村居民群体3在社会化商务平台中各指标的表现相较于另外两类用户群体不够理想，是平台的一般用户。通过对反向标准化的 $\overline{R}$ 指标和正向标准化的F指标观察发现，群体3进行商业活动参与行为的平均交易时间间隔较长、交易频率较低，对平台内容和服务的活跃度和忠诚度不高。$\overline{M}$ 指标是最低的，这类农村居民对服务内容的平均消费金额较低，在社会化商务平台未进行可观的消费，对平台的利润增长作出的贡献一般。虽然该类农村居民在社会化商务平台中表现一般，但仍具有一定的价值空间。相比于从未在社会化商务平台购买过产品或服务的农村居民群体，是未来可继续发展为更高层次的用户群体。这类农村居民群体可能隐藏重大价值，可针对这类人群探究其活跃度、忠诚度、贡献度和活跃性较低的根本原因，并采取相应措施将其转化为更高层次的发展型用户和重要保持型用户。

6.4 结果讨论

研究四基于农村居民在社会化商务平台的用户行为数据，提出了识别用户价值的改进RFMT模型。该改进模型考虑产生商业活动参与行为的平均消费时间、消费频次、平均消费金额和每天在社会化商务平台的使用时间四个指标。首先，分别使用正向标准化、负向标准化方法对指标进行规范化处理。其次，采用客观赋值法中的熵值法计算指标权重。最后，使用K－Means聚类算法对改进的RFMT模型进行聚类分析，将农村居民群体细分为不同价值的用户群体，分别为重要保持型用户、发展型用户和一般型用户，并重点分析这三类农村居民群体在 RFMT 指标中的具体行为表现，提取出不同农村居民群体的特征。对农村居民群体特征的识别，有利于社会化商务平台实现基于用户价值的分层管理，区分农村居民群体，明确不同群体间的差异，进而实现差异化管理。

7 研究结论与管理启示

本书在社会化商务平台的整体框架下，以农村居民的在线行为作为研究主题，围绕研究主题开展四个子研究完整地构成了层层递进的逻辑分析框架，得出以下研究结论、理论贡献、管理启示与未来展望。

7.1 研究结论

第一，提出了农村居民在社会化商务平台的用户生成内容行为模式的驱动因素与作用结果。基于媒体系统依赖理论，通过理论推演和模型构建，将农村居民在社会化商务平台的用户生成内容行为区分为消费行为、参与行为和创建行为三种模式，探讨驱动因素对不同行为模式产生的差异化影响路径以及不同用户生成内容行为的差异化作用结果。研究发现，理解依赖关系是消费行为和参与行为的显著正向预测因素，但与创建行为不存在作用关系；目标依赖关系是消费行为、参与行为和创建行为的显著正向预测因素；娱乐依赖关系是消费行为、参与行为和创建行为的显著正向预测因素。消费行为、参与行为和创建行为对农村居民在社会化商务平台内的商业活动参与意愿存在显著促进作用，且创建行为的作用关系是最显著的，其次为参与行为和消费行为。此外，商业活动参与意愿显著预测实际商业活动参与行为。

第二，构建了农村居民在社会化商务平台的用户生成内容行为对商业活动参与意愿的内在作用机制。基于准社会互动理论和社会认同理论，通过理论推演和模型构建，探讨农村居民在影响者的作用下，用户生成内容行为如何作用于商业活动参与意愿，并厘清两者关系的边界条件。研究发现，农村居民与影响者之间的用户生成内容行为对商业活动参与意愿具有直接影响，并通过准社会关系和社会认同的中介作用对商业活动参与意愿产生间接影响，准社会关系和社会认同发挥链式中介作用，阐明了影响者在信息说服中的独特机制。同时，研究发现准社会关系在用户生成内容行为与商业活动参与意愿之间存在中介和调节的双重作用，拓展了用户生成内容行为与商业活动参与意愿之间的边界条件。研究表明，用户生成内容行为更有可能产生整体积极的效价，对影响者的深层次关系依恋和友谊感会唤起积极情绪。影响者发布的商业信息内容属于说服性信息的一种，高水平准社会关系的存在很大程度上能够减少农村居民接受这类信息的阻力，农村居民更愿意倾听并内化影响者提出的观点。换言之，当商业信息的来源是农村居民认为较为喜爱并期望与其建立联系的用户时，由说服性信息引起的负面反应就越小，越有可能接受其推荐的产品或服务。

第三，构建了社会化商务平台的用户生成内容行为与商业活动参与行为之间的演化模型。基于系统动力学理论衍生模型，提出建模依据和建模思想，构建了社会化商务平台的用户生成内容行为与商业活动参与行为之间的演化模型 $S-SI_bR$。通过提出假设、构建模型、确定模型规则等过程，配置参数，讨论了模型的平衡点。研究发现，社会化商务平台用户生成内容行为向商业活动参与行为演化与 SIR 模型描述的演化方式存在相似之处，在有关调查问卷数据和采集数据的基础上配置了 13 组 39 个参数方案。分析发现，社会化商务平台对商业视频信息的消费行为是社会化商务平台用户信息行为的中心环节，在平台中存在的密度是最高的。从现实情况考虑，新用户进入社会化商务平台，首先会通过搜索或被推送浏览有关商业视频的信息，逐渐提升相关商业知识。从用户生成内容行为角度来看，社会化商务平台用户的创建行为占据核心位置，虽然消费行为和参与行为在平台中普遍存在，但从中期过程来看，社会化商务平台的创建行为更有利于发展为商业活动参与行为。

第四，提取了农村居民在社会化商务平台的商业活动参与行为特征。基于农村居民在社会化商务平台的用户行为数据，提出一种识别农村居民价值的改进 RFM 模型。首先基于正向标准化、反向标准化方法对指标进行规范化处理；其次采用客观赋值法中的熵值法计算指标权重；最后使用 K-Means 算法对改进的 RFM 模型进行聚类分析，将农村居民群体细分为不同价值的用户群体。研究发现，按照价值排名与用户特征，可将农村居民群体划分为重要保持型用户、发展型用户以及一般型用户。农村居民群体 1 在社会化商务平台中有较大的消费黏性，具有较高的活跃度和忠诚度，同时，该用户群体的平均消费金额较高，具有较强的贡献度。农村居民群体 2 在社会化商务平台的消费间隔、消费频次和平均消费金额上表现较为可观，该类群体在社会化商务平台具有一定的消费粘性，且具有一定的活跃度和忠诚度。农村居民群体 3 的商业活动参与行为平均交易时间间隔较长、交易频率较低，对平台内容和服务的活跃度和忠诚度不高。

7.2 理论贡献

（1）本书完整地揭示了用户生成内容行为的动因与作用结果，拓展了用户生成内容行为的研究内容。有关用户生成内容的研究通常将其视为一个整体性概念[7,8]，忽视了用户生成内容具有多个不同的维度。因此，本书基于行为角度，对用户生成内容进行挖掘，将用户生成内容行为区分为三个维度来构建理论框架，更细粒度地探讨了不同用户生成内容行为的差异化驱动因素与作用结果，为后续相关研究奠定了良好的理论基础。在社会化媒体使用行为的驱动因素研究中，主要基于使用与满足理论探讨个体如何以及为何使用特定媒体，因为动机能够激发和引导个体行为，所以媒体使用是目标导向行为，能够利用特定动机来解释。但相关研究存在以下不足，一方面，现有研究对个体使用互联网的动机进行了广泛研究，但缺乏针对用户生成内容行为动机的探讨[383]。另一方面，社会化媒体支持多种类型活动，如分享和发布等不同类型的用户生成内容行为，媒体使用与其提供的满足对于不同用户存在差异，不同用户行为的动机不能一概而论。关于用户生成内容的作用结果研究，通常讨论用户生成内容对接收者的影响，例如，探讨用户生成内容的特征及其创建者的特征对接收者态度与行为的影响[6,37,384]，但缺乏探讨用户生成内容对创建者的影响[142]。根据目标设置理论，个体创建用户生成内容会导致未来行为的变化，尤其在用户生成内容激活特定目标的情况下[385]。因此，基于创建者角度和用户行为角度，探讨用户生成内容行为对创建者自身未来行为的影响具有重要理论价值。基于此，本书基于媒体系统依赖理论刻画不同用户生成内容行为的动因，并探讨三种用户生成内容行为独特的影响机制，有效弥补了理论缺口，有助于形成一个更强大的用户行为预测模型，为全面了解用户生成内容行为提供了理论参考。

（2）本书基于准社会互动理论与社会认同理论考察了用户生成内容行为与商业活动参与意愿的内在作用机制与边界条件，为揭示农村居民在线行为的作用路径提供了较为系统的分析框架。一方面，鉴于互联网的可扩展性与传播速度，一些社会化媒体贡献者吸引了大量追随者，并成为追随者的建议来源，随着这些贡献者逐渐发展成社会化媒体影响者，影响者与追随者共同构建影响者账户的社会环境与群体规范[45]。以往研究对于影响者的特征如何作用于用户的认知与行为展开了广泛而深入的理论探索。例如，楼和袁（Lou and Yuan，2019）[149]研究发现，影响者的可信度、吸引力和相似性对个体购买意愿和品牌意识存在积极作用。然而，与传统购物环境相比，社会化商务购物环境更具交互性与功能性，通过为个体提供更多条件来形成准社会互动[43]，使准社会互动成为影响者发挥作用的重要潜在机制[46]。准社会互动可以通过对影响者的关注、评论等用户生成内容行为来建立，由此产生的准社会关系更有利于用户接受影响者的背书与建议[46]。但现有研究缺少从关系视角切入，探讨用户与影响者之间建立的关系对用户认知与行为的作用路径。因此，本书基于准社会互动理论对社会化商务背景下的影响者如何通过内在心理机制对消费决策产生作用的探讨，有效地弥补了上述研究内容的不足。另一方面，对影响者的相关研究大多基于来源可信度理论、说服知识模型、社会比较理论和归因理论等视角，缺少从社会认同理论视角进行解释的文献，社会认同理论对于揭示个体对影响者的情感和态度反应具有重要潜在价值[18]，因为该理论更为注重个体对特定群体支持、驳斥的心理变化。基于此，本书基于准社会互动理论与社会认同理论，探讨影响者的用户生成内容行为对个体行为意愿的影响机制，拓展了用户生成内容行为作用机制的理论视角，丰富了准社会互动理论与社会认同理论的研究成果。

（3）本书对用户生成内容行为与商业活动参与行为的演化模型构建，为管理学与信息行为学、传播学领域的跨学科研究作出有益探索，延伸了用户在线行为的理论边界，拓展了用户在线行为的研究视角。社会科学研究经常面临很多难以解决的复杂问题，但在交叉学科时代，这些问题常因学科交叉而破解，学科交叉通过结合不同学科的理论知识，有效打破了固有的思维定式和思维惯性。在管理学领域，越来越多的学者呼吁采用跨学科范式开展研究[386,387]，因为伴随着社会的快速发展，使用单一学科知识越来越难以解决复杂社会问题。基于此，本书借鉴信息行为学和传播学领域的相关内容，在经典 SIR 传播模型的基础上改进，得到任意时刻各行为主体的所处状态，其中，用户生成内容行为的主体描述为消费者、参与者与创建者，商业活动参与行为主体描述为购买者，进而利用系统动力学方法构建群体行为的动态演化模型，分析演化模型的稳定性条件与演化规律。用户生成内容行为呈现高度反应性与个性化，具有高度动态特征[33]，现有研究通常采用基于实证调研的静态方法或结构方程模型等计量方法，无法提供行为的动态特征信息，即无法完全反映用户生成内容行为与商业活动参与行为的复杂动态演变过程，缺乏对作用过程与作用路径的精准刻画。本书通过将系统动力学的计算机模拟仿真与动态演化相结合的动态研究方法，实现对既有静态方法探讨两者关系相关研究的有效补充。通过跨学科对用户生成内容行为与商业活动参与行为进行深入探索，摆脱了路径依赖，加深了从单一学科知识范围对两者关系的认知，丰富了用户在线行为研究方法，使研究结论更为客观准确。

（4）本书丰富了社会化商务领域农村居民群体在线行为的研究成果，拓展了研究情境与研究对象。社会化商务是商业模式的范式转变[1]，其理念是通过社会化媒体与用户建立亲密关系，提高关系质量，进而促进商业交易[388]。社会化商务环境由电子商务的以产品和服务为导向转变为以用户和社交为导向，更关注用户需求与用户价值。不同媒体具有独特的架构、规范和文化[92]，用户倾向于以不同的方式看待媒体的独特功能和交互方式。考虑到媒体差异，以往针对传统社会化媒体的研究结论可能不适用于解释社会化商务情境下的用户行为。因此，有必要结合社会化商务特征来完善相关理论研究。与传统媒介不同，社会化媒体的开放性导致用户异质性，不同群体的心理特质和行为都有所不同。其中，社会化媒体等互联网技术正在全方位向农村居民的生活领域渗透，全面地改变他们的消费心理和消费行为[389]，致使农村居民与城镇居民原有的消费差异可能更加明显，导致针对城镇居民、大学生等群体的有关研究结论缺乏普适性，不能直接应用至农村居民这一特殊群体。因此，本书将农村居民置于新的社会环境中，赋予新的研究情境，考察社会化商务情境中农村居民在线行为有助于推动相关领域的理论研究。

7.3　管理启示

第一，对平台企业而言，应采取适当措施提高农村居民用户的参与度与活跃度。农村居民用户在社会化商务平台的用户生成内容行为在预测其自身的商业活动参与意愿与行为中发挥重要作用，因此，平台企业应重点挖掘个体行为蕴藏的用户价值，提高农村居民的消费欲望。平台企业可以充分利用平台功能，鼓励农村居民积极参与，深化农村居民与平台的交流互动，进而促进产生购买行为。例如，社会化商务平台服务商可以设置激励机制，一方面用来调动农村居民参与或发布内容的积极性，鼓励农村居民普遍参与到平台活动中，提高整体参与水平。另一方面，激励机制可以用于奖励平台贡献较大的农村居民，吸引农村居民创建更多内容，这是一种行之有效的实践策略，因为用户创建的内容越多，其他用户对其进行浏览、评论等用户生成内容行为的机会就越多，进行商业活动的可能性就越大。此外，平台企业可以根据农村居民先前的搜索、浏览等行为向其投放个性化内容，以促进个体赋能，提高参与社会活动的可能性和主动性。考虑到农村居民通常利用社会化商务平台的点赞、评论或转发等功能进行用户生成内容行为，为鼓励农村居民积极参与提高用户黏性，平台企业需要对平台的交互功能进行优化，为农村居民提高便捷性，以促进农村居民与影响者、农村居民与平台之间的互动，从而获得持续性成功和持续性发展。

第二，对平台企业和平台商家而言，识别农村居民的确切需求和行为在社会化商务的发展过程中至关重要。社会化商务平台的不断发展变化，对农村居民的认知、心理与行为产生一定影响，构建农村居民在社会化商务平台的用户生成内容行为与商业活动参与行为之间的演化模型，为平台企业和平台商家深入了解用户行为演化过程，制定实践政策提供参考价值。研究成果能够帮助平台企业和平台商家更深入地了解商业信息内容传播方式，促使用户、企业和其他消费行为主体之间建立关系，实现数字空间中“人——货——场”三者关系的重构。同时，根据农村居民的使用行为，最大限度地提高预测农村居民商业活动参与行为的精准度，有助于实现社会化商务平台社交功能和商务功能的融合。

第三，对广告商而言，影响者营销策略可有效提升经济绩效，但实施影响者营销策略时需要选择合适的影响者。一方面，面对社会化媒体环境中日益增加的海量信息，用户表现出越来越多的信息规避行为，其中，广告信息规避行为尤为突出。在此情境下，影响者营销策略可以有效的将品牌信息或产品信息嵌入影响者创建的内容中进行传播，减少用户抗拒心理。另一方面，为实现积极的广告效果，将信息传递给细分市场，拓展销售渠道，广告商需要更加重视影响者的选择。广告商可能会发现，如果只关注影响者自身的特点，如追随者数量等因素，可能达不到预期的背书效果。本书一个非常重要的启示在于对影响者独特作用机制的探讨，研究发现在用户中引发准社会体验和社会认同的影响者能够有效加强背书的有效性，进而增加购买的可能性。因此，广告商需要选择被用户广泛参与和深度认同的影响者，因为能够与目标用户建立并保持积极准社会关系的影响者至关重要，同时可以评估影响者与用户建立联系和保持亲密的个人能力以及关注者与影响者之间的关系质量，关系质量越稳定，越有可能产生商业活动参与意愿或实际参与行为。此外，实施影响者营销策略时，还需要关注影响者与用户的沟通方式，如回应式或对话式等，令用户舒服的沟通方式更有可能产生互动行为。综合考虑社会化商务平台即时性、互动性和亲密性等方面的表现可知，典型的影响者营销策略倾向于将社会化媒体作为产品信息、促销活动或营销信息的沟通渠道，因此需要根据用户群体选择最适宜的影响者。

7.4 研究展望

本书以社会化商务平台为研究背景，以农村居民为研究对象，对农村居民的用户生成内容行为和商业活动参与行为进行探讨。为平台企业或平台商家的实践活动提供思路和借鉴。社会化商务平台中的用户生成内容行为模式划分以及与商业活动参与行为之间的联系尚处于初步探索阶段，未来仍然有很多有价值的问题值得深入挖掘：

第一，农村居民在社会化商务平台的用户生成内容行为研究尚处于萌芽期，在未来的社会发展中，农村居民的用户生成内容行为可能会受到诸多因素的影响，后续研究可加入其他因素对用户生成内容行为的动因进行探讨。第二，本书的研究重点是一个特定的社会化商务平台，即快手等视频类平台。选择此类平台是因为这是一种在农村居民群体中普遍使用的平台，而且允许非互惠的关系。未来可针对其他社会化商务平台进行探讨，验证结论的稳定性和有效性。第三，本书专注于农村居民这一特定类型的用户群体，未来可扩展到其他用户群体，对多种群体之间的差异进行对比分析，得出更有针对性的结论。

参考文献

[1] Busalim A H. Understanding social commerce: A systematic literature review and directions for further research [J]. International Journal of Information Management, 2016, 36 (6): 1075 – 1088.

[2] Kim S, Park H. Effects of various characteristics of social commerce (s – commerce) on consumers' trust and trust performance [J]. International Journal of Information Management, 2013, 33 (2): 318 – 332.

[3] Lin X, Li Y, Wang X. Social commerce research: Definition, research themes and the trends [J]. International Journal of Information Management, 2017, 37 (3): 190 – 201.

[4] Zhao H, Morad B. From e – commerce to social commerce: A close look at design features [J]. Electronic Commerce Research and Applications, 2013, 12 (4): 246 – 259.

[5] Presi C, Saridakis C, Hartmans S. User – generated content behaviour of the dissatisfied service customer [J]. European Journal of Marketing, 2014, 48 (9/10): 1600 – 1625.

[6] Kim A J, Johnson K K. Power of consumers using social media: Examining the influences of brand – related user – generated content on Facebook [J]. Computers in Human Behavior, 2016, 58: 98 – 108.

[7] Naeem M, Ozuem W. Developing UGC social brand engagement model: Insights from diverse consumers [J]. Journal of Consumer Behaviour, 2021, 20 (2): 426 – 439.

[8] González – Rodríguez M R, Díaz – Fernández M C, Bilgihan A, et al. UGC involvement, motivation and personality: Comparison between China

and Spain [J]. Journal of Destination Marketing & Management, 2021, 19: 100543.

[9] Shao G. Understanding the appeal of user - generated media: A uses and gratification perspective [J]. Internet Research, 2009, 19 (1): 7 -25.

[10] 赵宇翔, 范哲, 朱庆华. 用户生成内容 (UGC) 概念解析及研究进展 [J]. 中国图书馆学报, 2012, 38 (5): 68 -81.

[11] Tang T, Fang E, Wang F. Is neutral really neutral? The effects of neutral user - generated content on product sales [J]. Journal of Marketing, 2014, 78 (4): 41 -58.

[12] Chen X, Li X, Yao D, et al. Seeking the support of the silent majority: are lurking users valuable to UGC platforms? [J]. Journal of the Academy of Marketing Science, 2019, 47 (6): 986 -1004.

[13] Muda M, Hamzah M I. Should I suggest this YouTube clip? The impact of UGC source credibility on eWOM and purchase intention [J]. Journal of Research in Interactive Marketing, 2021, 15 (3): 441 -459.

[14] Terry D, Matthew S E, Laura B. Exploring consumer motivations for creating user - generated content [J]. Journal of Interactive Advertising, 2008, 8 (2): 16 -25.

[15] Mir I A, Ur REHMAN K. Factors affecting consumer attitudes and intentions toward user - generated product content on YouTube [J]. Management & Marketing, 2013, 8 (4): 637 -654.

[16] Riadh L, Elodie M, Hamida S. YouTube vloggers' popularity and influence: The roles of homophily, emotional attachment, and expertise [J]. Journal of Retailing and Consumer Services, 2019, 54: 102021 -102027.

[17] Mangold W G, Faulds D J. Social media: The new hybrid element of the promotion mix [J]. Business Horizons, 2009, 52 (4): 357 -365.

[18] Vrontis D, Makrides A, Christofi M, et al. Social media influencer marketing: A systematic review, integrative framework and future research agenda [J]. International Journal of Consumer Studies, 2021, 45 (4):

617 – 644.

[19] Casaló L V, Flavián C, Ibáñez – Sánchez S. Influencers on Instagram: Antecedents and consequences of opinion leadership [J]. Journal of Business Research, 2020, 117: 510 – 519.

[20] 王茜. "互联网 +" 促进我国消费升级的效应与机制 [J]. 财经论丛, 2016 (12): 94 – 102.

[21] 江小涓. 高度联通社会中的资源重组与服务业增长 [J]. 经济研究, 2017, 52 (3): 4 – 17.

[22] 郭险峰, 文波. 新格局下的农村消费: 意涵、问题与进路 [J]. 青海社会科学, 2021 (5): 89 – 97.

[23] 孙涛, 王硕. 数字经济赋能城乡多维融合的理论机制与实践方略 [J]. 理论与改革, 2023 (1): 143 – 156.

[24] Pettijohn II T F, LaPiene K E, Pettijohn T F, et al. Relationships between Facebook intensity, friendship contingent self – esteem, and personality in US college students [J]. Journal of Psychosocial Research on Cyberspace, 2012, 6 (1): 1 – 7.

[25] Brown W J. Examining four processes of audience involvement with media personae: Transportation, parasocial interaction, identification, and worship [J]. Communication Theory, 2015, 25 (3): 259 – 283.

[26] Jung E L, Brandi W. YouTube vloggers' influence on consumer luxury brand perceptions and intentions [J]. Journal of Business Research, 2016, 69 (12): 5753 – 5760.

[27] Kumju H, Qi Z. Influence of parasocial relationship between digital celebrities and their followers on followers' purchase and electronic word – of – mouth intentions, and persuasion knowledge [J]. Computers in Human Behavior, 2018, 87: 155 – 173.

[28] Rebecca B R, Michael P M. Development of parasocial interaction relationships [J]. Journal of Broadcasting & Electronic Media, 1987, 31 (3): 279 – 292.

[29] 李宝库，赵博，刘莹，等．农村居民网络消费支付意愿调查分析［J］．管理世界，2018，34（6）：94－103.

[30] 贺唯唯，侯俊军．数字经济发展对居民消费的影响——来自城市面板数据的经验证据［J］．改革，2023（5）：41－53.

[31] Geng R，Chen J. The influencing mechanism of interaction quality of UGC on consumers' purchase intention – an empirical analysis [J]. Frontiers in Psychology，2021，12：697382.

[32] Sun Y，Dong X，McIntyre S. Motivation of user – generated content：Social connectedness moderates the effects of monetary rewards [J]. Marketing Science，2017，36（3）：329－337.

[33] Naab T K，Sehl A. Studies of user – generated content：A systematic review [J]. Journalism，2017，18（10）：1256－1273.

[34] Zhang H，Fam K，Goh T，et al. When are influentials equally influenceable? The strength of strong ties in new product adoption [J]. Journal of Business Research，2018，82：160－170.

[35] Nardi B A，Schiano D J，Gumbrecht M. Blogging as social activity，or，would you let 900 million people read your diary? Proceedings of the 2004 ACM Conference on Computer Supported Cooperative Work [C]. Chicago，2004.

[36] 范晓屏．非交易类虚拟社区成员参与动机：实证研究与管理启示［J］．管理工程学报，2009，23（1）：1－6.

[37] Colicev A，Kumar A，O'Connor P. Modeling the relationship between firm and user generated content and the stages of the marketing funnel [J]. International Journal of Research in Marketing，2019，36（1）：100－116.

[38] Dimoka A，Hong Y，Pavlou P A. On product uncertainty in online markets：Theory and evidence [J]. MIS Quarterly，2012，31（2）：395－426.

[39] Li X，Wu C，Mai F. The effect of online reviews on product sales：A joint sentiment – topic analysis [J]. Information & Management，2019，

56 (2): 172 - 184.

[40] Liu Y. Word of mouth for movies: Its dynamics and impact on box office revenue [J]. Journal of Marketing, 2006, 70 (3): 74 - 89.

[41] Kyung - Hyan Y, Ulrike G. Influence of personality on travel - related consumer - generated media creation [J]. Computers in Human Behavior, 2011, 27 (2): 609 - 621.

[42] Khan M L. Social media engagement: What motivates user participation and consumption on YouTube? [J]. Computers in Human Behavior, 2017, 66: 236 - 247.

[43] Zheng X, Men J, Xiang L, et al. Role of technology attraction and parasocial interaction in social shopping websites [J]. International Journal of Information Management, 2020, 51 (7): 102041 - 102043.

[44] De Veirman M, Cauberghe V, Hudders L. Marketing through Instagram influencers: The impact of number of followers and product divergence on brand attitude [J]. International Journal of Advertising, 2017, 36 (5): 798 - 828.

[45] Farivar S, Wang F. Effective influencer marketing: A social identity perspective [J]. Journal of Retailing and Consumer Services, 2022, 67: 103021 - 103026.

[46] Hudders L, De Jans S, De Veirman M. The commercialization of social media stars: A literature review and conceptual framework on the strategic use of social media influencers [J]. International Journal of Advertising, 2021, 40 (3): 327 - 375.

[47] 贾微微，别永越．网红经济视域下的影响者营销：研究述评与展望[J]．外国经济与管理，2021，43 (1): 23 - 43.

[48] 赵佳佳，孙晓琳，苏岚岚．数字乡村发展对农村居民家庭消费的影响——基于县域数字乡村指数与中国家庭追踪调查的匹配数据 [J]．中国农业大学学报（社会科学版），2022，39 (5): 114 - 132.

[49] 祝仲坤，冷晨昕．互联网与农村消费——来自中国社会状况综合调查

的证据［J］. 经济科学，2017（6）：115－128.

［50］Sharma S，Singh S，Kujur F，et al. Social media activities and its influence on customer－brand relationship：An empirical study of apparel retailers' activity in India［J］. Journal of Theoretical and Applied Electronic Commerce Research，2020，16（4）：602－617.

［51］Jamil K，Dunnan L，Gul R F，et al. Role of social media marketing activities in influencing customer intentions：A perspective of a new emerging era［J］. Frontiers in Psychology，2022，12：1－12.

［52］翁凝，王震. 疾病冲击降低了农村家庭非患病成员的劳动力供给吗？——基于中国劳动力动态调查追踪数据的经验分析［J］. 劳动经济研究，2021，9（5）：78－97.

［53］徐祥临. 再论巩固和完善农村基本经营制度——兼论重建村民组土地经营市场［J］. 毛泽东邓小平理论研究，2021（4）：11－20.

［54］陈忠明. 农村居民食物安全消费行为研究［D］. 吉林农业大学，2019.

［55］徐玲. 吉林省农村居民生活消费变化及影响因素研究［D］. 吉林农业大学，2017.

［56］陈丽华. 社会资本对农村居民代际收入流动性的影响效应与机制研究［D］. 西南大学，2020.

［57］孙瑞婷. 城乡居民养老资产储备行为研究［D］. 华中农业大学，2022.

［58］Rubel S. 2006 trends to watch part II：Social commerce［EB/OL］.（2009－10－06）［2021－4－19］. https：//socialcommercetoday. com/steve－rubels－original－2005－social－commerce－post/.

［59］Wang C，Zhang P. The evolution of social commerce：The people，management，technology，and information dimensions［J］. Communications of the Association for Information Systems，2012，31（5）：105－127.

［60］Kim Y A，Srivastava J，Srivastava P. Impact of social influence in E－commerce decision making：International conference on electronic commerce［C］. Minneapolis，MN（US），2007.

[61] Marsden P. How social commerce works: The social psychology of social shopping [EB/OL]. (2009-12-06) [2021-5-15]. https://socialcommercetoday.com/how-social-commerce-works-the-social-psychology-of-social-shopping/.

[62] Constantinides E, Romero C L, Boria M A G. Social media: A new frontier for retailers? [J]. European Retail Research, 2008, 22: 1-28.

[63] Andrew T S, Olivier T. Deriving value from social commerce networks [J]. Journal of Marketing Research, 2010, 47 (2): 215-228.

[64] Liang T, Ho Y, Li Y, et al. What drives social commerce: The role of social support and relationship quality [J]. International Journal of Electronic Commerce, 2011, 16 (2): 69-90.

[65] Marsden P, Chaney P. The social commerce handbook: 20 secrets for turning social media into social sales [M]. McGraw Hill Professional, 2012.

[66] Zhang P, Wang C. The evolution of social commerce: An examination from the people, business, technology, and information perspective [M] //The evolution of social commerce: an examination from the people, business, technology, and information perspective, communications of the AIS (CAIS). 2012: 105-127.

[67] Yadav M S, De Valck K, Hennig-Thurau T, et al. Social commerce: A contingency framework for assessing marketing potential [J]. Journal of Interactive Marketing, 2013, 27 (4): 311-323.

[68] Sharma S, Crossler R E. Disclosing too much? Situational factors affecting information disclosure in social commerce environment [J]. Electronic Commerce Research and Applications, 2014, 13 (5): 305-319.

[69] Esmaeili L, Hashemi G S A. A systematic review on social commerce [J]. Journal of Strategic Marketing, 2019, 27 (4): 317-355.

[70] Sohn J W, Kim J K. Factors that influence purchase intentions in social commerce [J]. Technology in Society, 2020, 63: 101361-101365.

[71] Ting Peng L, Efraim T. Introduction to the special issue social commerce: A research framework for social commerce [J]. International Journal of Electronic Commerce, 2011, 16 (2): 5-13.

[72] 陶晓波，杨学成，许研．社会化商务研究述评与展望 [J]．管理评论，2015，27 (11)：75-85.

[73] Carroll B. Social shopping: A new twist on E-commerce [J]. Furniture Today, 2008, 32 (20): 81.

[74] Parise S, Guinan P J. Marketing using web 2.0: 41st Hawaii International International Conference on Systems Science (HICSS-41 2008) [C]. Waikoloa, 2008. IEEE Computer Society Press.

[75] Beisel D. The emerging field of social commerce and social shopping - genuineVC [EB/OL]. (2006-11-01) [2021-5-9]. https://genuinevc.com/2006/11/01/the-emerging-field-of-social-commerce-and-social-shopping/.

[76] 张皓，肖邦明．社会化商务社区关系涌现与维持机制研究——基于动态视角的网络闭包理论 [J]．南开管理评论，2020，23 (3)：39-50.

[77] 林家宝，胡倩，鲁耀斌．社会化商务特性对消费者决策行为的影响研究——基于关系管理的视角 [J]．商业经济与管理，2017 (1)：52-63.

[78] Nambisan S, Baron R A. Virtual customer environments: Testing a model of voluntary participation in value co-creation activities [J]. Journal of Product Innovation Management, 2009, 26 (4): 388-406.

[79] 张爽，魏明侠．在线冲动购买欲望的形成：基于社会化商务的实证研究 [J]．暨南学报（哲学社会科学版），2019，41 (5)：17-29.

[80] Nick H, Mohana S, Philip P, et al. A Study on the continuance participation in on-line communities with social commerce perspective [J]. Technological Forecasting & Social Change, 2015, 96: 232-241.

[81] Mirkovski K, Yin C, Liu L, et al. Exploring the contingent effect of community equity on users' intention to share information [J]. Information

Systems Frontiers, 2019, 4 (21): 845 – 860.
[82] 李耀，宋珍珍，周密．“内容 + 交易”型平台用户生成内容与后续购买行为的关系机制——一个有调节的链式中介模型 [J]．财经论丛，2021 (3): 82 – 92.
[83] Curty R G, Zhang P. Social commerce: Looking back and forward [J]. Proceedings of the American Society for Information Science and Technology, 2011, 48 (1): 1 – 10.
[84] Indvik L. The 7 species of social commerce [EB/OL]. (2013 – 05 – 10) [2017 – 5 – 13]. http://mashable.com/2013/05/10/social – commerced – definition/.
[85] 周涛，石楠．社会交互对社会化商务用户体验的作用机理研究 [J]．现代情报，2019, 39 (2): 105 – 110.
[86] Ochoa X, Duval E. Qualitative analysis of user – generated content on the Web: Proceedings of the First International Workshop on Understanding the Web Evolution [C]. Beijing, 2008.
[87] Christodoulides G, Jevons C, Bonhomme J. Memo to marketers: Quantitative evidence for change: How user – generated content really affects brands [J]. Journal of Advertising Research, 2012, 52 (1): 53 – 64.
[88] Status I A B P. User generated content, social media and advertising: An overview [R]. London: Internet Advertising Bureau Status Report, 2008.
[89] Cheong H J, Morrison M A. Consumers' reliance on product information and recommendations found in UGC [J]. Journal of Interactive Advertising, 2008, 8 (2): 38 – 49.
[90] Kaplan A M, Haenlein M. Users of the world, unite! The challenges and opportunities of social media [J]. Business Horizons, 2010, 53 (1): 59 – 68.
[91] Munar A M. Tourist – created content: Rethinking destination branding [J]. International Journal of Culture, Tourism and Hospitality Research, 2011, 5 (3): 291 – 305.

[92] Smith A N, Fischer E, Yongjian C. How does brand - related user - generated content differ across YouTube, Facebook, and Twitter? [J]. Journal of Interactive Marketing, 2012, 26 (2): 102 - 113.

[93] 李贺，张世颖．移动互联网用户生成内容质量评价体系研究 [J]. 情报理论与实践，2015，38 (10)：6 - 11.

[94] Owusu R A, Mutshinda C M, Antai I, et al. Which UGC features drive web purchase intent? A spike - and - slab bayesian variable selection approach [J]. Internet Research, 2016, 26 (1): 22 - 37.

[95] 秦芬，李扬．用户生成内容激励机制研究综述及展望 [J]．外国经济与管理，2018，40 (8)：141 - 152.

[96] Saura J R, Bennett D R. A three - stage method for data text mining: Using UGC in business intelligence analysis [J]. Symmetry, 2019, 11 (4): 519.

[97] OECD. Participative Web and user - created content: Web 2.0, Wikis and social networking [M]. Paris: Organization for Economic Cooperation and Development (OECD), 2007.

[98] Johan Ö. Information, expression, participation: How involvement in user - generated content relates to democratic engagement among young people [J]. New Media & Society, 2012, 14 (6): 1004 - 1021.

[99] 陶兴．多源学术新媒体用户生成内容的知识聚合研究 [D]．吉林大学，2020.

[100] Cheung C M, Thadani D R. The impact of electronic word - of - mouth communication: A literature analysis and integrative model [J]. Decision Support Systems, 2012, 54 (1): 461 - 470.

[101] Krishnamurthy S, Dou W. Note from special issue editors: Advertising with user - generated content: A framework and research agenda [J]. Journal of Interactive Advertising, 2008, 8 (2): 1 - 4.

[102] Schivinski B, Pontes N, Czarnecka B, et al. Effects of social media brand - related content on fashion products buying behaviour - a modera-

ted mediation model [J]. Journal of Product & Brand Management, 2022, 31 (7): 1047 - 1062.

[103] Katz E, Blumler J G, Gurevitch M. Utilization of mass communication by the individual [M] //Blumler J G, Katz E. The uses of mass communications: Current perspectives on gratifications research. California: Beverly Hills, 1974: 19 - 32.

[104] Mcauail D. Mass communication theory: An introduction [M]. London: Sage, 1987.

[105] Wasko M, Faraj S. It is what one does: Why people participate and help others in electronic communities of practice [J]. The Journal of Strategic Information Systems, 2000, 9 (2 - 3): 155 - 173.

[106] Pempek T A, Yermolayeva Y A, Calvert S L. College students' social networking experiences on Facebook [J]. Journal of Applied Developmental Psychology, 2009, 30 (3): 227 - 238.

[107] Wang X, Li Y. Trust, psychological need, and motivation to produce user generated content: A self - determination perspective [J]. Journal of Electronic Commerce Research, 2014, 15 (3): 241 - 253.

[108] Crowston K, Fagnot I. Stages of motivation for contributing user - generated content: A theory and empirical test [J]. International Journal of Human - Computer Studies, 2018, 109: 89 - 101.

[109] 金兼斌. 博客——个人网络出版的理想、现实与未来 [J]. 新闻与传播研究, 2004 (4): 53 - 61.

[110] 王明辉, 李宗波. 大学生博客写作动机的实证解析 [J]. 河南大学学报 (社会科学版), 2009, 49 (2): 142 - 146.

[111] 赵宇翔, 朱庆华. Web 2.0 环境下影响用户生成内容的主要动因研究 [J]. 中国图书馆学报, 2009, 35 (5): 107 - 116.

[112] 柳瑶, 郎宇洁, 李凌. 微博用户生成内容的动机研究 [J]. 图书情报工作, 2013, 57 (10): 51 - 57.

[113] 孟健, 姜燕. 社会化商务环境下用户生成内容的动机研究——以

"大众点评网"为例［J］. 现代情报，2015，35（11）：31－37.
［114］范哲，张乾. MOA视角下的问答网站用户贡献行为研究［J］. 图书与情报，2015（5）：123－132.
［115］王雨心，闵庆飞，宋亚楠. 基于感知互动性探究社交媒体用户生成内容的影响因素［J］. 情报科学，2018，36（2）：101－106.
［116］王兴兰. 大学生虚拟学习社区用户生成行为实证研究［J］. 图书馆学研究，2019（6）：73－80.
［117］Bahtar A Z，Muda M. The impact of User－Generated Content（UGC）on product reviews towards online purchasing－A conceptual framework［J］. Procedia Economics and Finance，2016，37：337－342.
［118］Morra M C，Gelosa V，Ceruti F，et al. Original or counterfeit luxury fashion brands? The effect of social media on purchase intention［J］. Journal of Global Fashion Marketing，2018，9（1）：24－39.
［119］Taylor S H，Hinck A S，Lim H. An experimental test of how selfies change social judgments on Facebook［J］. Cyberpsychology，Behavior，and Social Networking，2017，20（10）：610－614.
［120］Barry C T，Mcdougall K H，Anderson A C，et al. 'Check your selfie before you wreck your selfie'：Personality ratings of Instagram users as a function of self－image posts［J］. Journal of Research in Personality，2019，82：103843.
［121］Burmann C，Arnhold U. User generated branding：State of the art of research［M］. Lit，2008.
［122］Gómez M，Lopez C，Molina A. An integrated model of social media brand engagement［J］. Computers in Human Behavior，2019，96：196－206.
［123］Kim M，Song D. When brand－related UGC induces effectiveness on social media：The role of content sponsorship and content type［J］. International Journal of Advertising，2018，37（1）：105－124.
［124］Estrella－Ramón A，Ellis－Chadwick F. Do different kinds of user－gen-

erated content in online brand communities really work? [J]. Online Information Review, 2017, 41 (7): 954 -968.

[125] Chen Y, Xie J. Online consumer review: Word - of - mouth as a new element of marketing communication mix [J]. Management Science, 2008, 54 (3): 477 -491.

[126] Chevalier J A, Mayzlin D. The effect of word of mouth on sales: Online book reviews [J]. Journal of Marketing Research, 2006, 43 (3): 345 -354.

[127] Duan W, Gu B, Whinston A B. Do online reviews matter? - An empirical investigation of panel data [J]. Decision Support Systems, 2008, 45 (4): 1007 -1016.

[128] Li X, Hitt L M. Self - selection and information role of online product reviews [J]. Information Systems Research, 2008, 19 (4): 456 -474.

[129] Pasternak O, Veloutsou C, Morgan - Thomas A. Self - presentation, privacy and electronic word - of - mouth in social media [J]. Journal of Product & Brand Management, 2017, 26 (4): 415 -428.

[130] Li S G, Zhang Y Q, Yu Z X, et al. Economical user - generated content (UGC) marketing for online stores based on a fine - grained joint model of the consumer purchase decision process [J]. Electronic Commerce Research, 2021, 21: 1083 -1112.

[131] Ghose A, Ipeirotis P G, Li B. Designing ranking systems for hotels on travel search engines by mining user - generated and crowdsourced content [J]. Marketing Science, 2012, 31 (3): 493 -520.

[132] Zhao K, Zhang P, Lee H. Understanding the impacts of user - and marketer - generated content on free digital content consumption [J]. Decision Support Systems, 2022, 154: 113684.

[133] Yamamoto M, Nah S, Choung H. Consumption and production of user - generated content, credibility, and political participation [J]. Communication Studies, 2022, 73 (1): 1 -16.

[134] Turban E, King D, Lang J. Introduction to electronic commerce (3ed) [G]. Upper Saddle River: Pearson Education, 2011.

[135] 马艳艳，王铁男，董雪艳．技术可供性视角下社会化商务用户购买意愿研究［J］．情报科学，2021，39（4）：92－98.

[136] 卢云帆，鲁耀斌，林家宝，等．社会化商务中顾客在线沟通研究：影响因素和作用规律［J］．管理评论，2014，26（4）：111－121.

[137] 卢宝周，张涛，王雪琪，等．社会化商务平台中在线购买决策影响因素分析［J］．经济问题探索，2015（6）：46－54.

[138] Brandtzag P B. Towards a unified media－user typology (MUT): A meta－analysis and review of the research literature on media－user typologies [J]. Computers in Human Behavior, 2010, 26 (5): 940－956.

[139] 李研，洪俊杰．居民消费不平衡的统计测度及消费潜力分析［J］．数量经济技术经济研究，2021，38（11）：84－102.

[140] 孔祥利，王张明．我国城乡居民消费差异及对策分析［J］．经济管理，2013，35（5）：1－9.

[141] 包旭阳，刘婧菁，张兵．城乡居民网购行为影响机制 SEM 分析［J］．统计与决策，2016（8）：111－114.

[142] Malthouse E C, Calder B J, Kim S J, et al. Evidence that user－generated content that produces engagement increases purchase behaviours [J]. Journal of Marketing Management, 2016, 32 (5－6): 427－444.

[143] Jacobson J, Gruzd A, Hernández－García N. Social media marketing: Who is watching the watchers? [J]. Journal of Retailing and Consumer Services, 2020, 53: 101774.

[144] Labrecque L I. Fostering consumer－brand relationships in social media environments: The role of parasocial interaction [J]. Journal of Interactive Marketing, 2014, 28 (2): 134－148.

[145] Hearn A, Schoenhoff S. From celebrity to influencer: Tracing the diffusion of celebrity value across the data stream [M] //David Marshall P, Redmond S. A Companion to Celebrity. John Wiley and Sons, 2016:

194 –212.

[146] Brown D, Hayes N. Influencer marketing [M]. Oxford: Elsevier, 2008.

[147] Freberg K, Graham K, Mcgaughey K, et al. Who are the social media influencers? A study of public perceptions of personality [J]. Public Relations Review, 2011, 37 (1): 90 –92.

[148] Carter D. Hustle and brand: The sociotechnical shaping of influence [J]. Social Media + Society, 2016, 2 (3): 1 –12.

[149] Chen L, Shupei Y. Influencer marketing: How message value and credibility affect consumer trust of branded content on social media [J]. Journal of Interactive Advertising, 2019, 19 (1): 58 –73.

[150] Colin C, Pamela E G. The challenges native advertising poses: Exploring potential federal trade commission responses and identifying research needs [J]. Journal of Public Policy & Marketing, 2019, 38 (1): 882 –909.

[151] Deborah A, Michela A, B C A. How to quantify social media influencers: An empirical application at the Teatro alla Scala [J]. Heliyon, 2019, 5 (5): 1677.

[152] Wong V C, Fock H, Ho C K. Toward a process – transfer model of the endorser effect [J]. Journal of Marketing Research, 2020, 57 (3): 565 –581.

[153] Schouten A P, Janssen L, Verspaget M. Celebrity vs. influencer endorsements in advertising: the role of identification, credibility, and product – endorser fit [J]. International Journal of Advertising, 2020, 39 (2): 258 –281.

[154] Amanda S, Ravi P, T. B C. Celebrity endorsement, brand credibility and brand equity [J]. European Journal of Marketing, 2011, 45 (6): 882 –909.

[155] Shareef M A, Kapoor K K, Mukerji B, et al. Group behavior in social media: Antecedents of initial trust formation [J]. Computers in Human

Behavior, 2020, 105: 106225.

[156] Campbell C, Farrell J R. More than meets the eye: The functional components underlying influencer marketing [J]. Business Horizons, 2020, 63 (4): 469 - 479.

[157] Thorne L. Word - of - mouth advertising, online and off: How to spark buzz, excitement, and free publicity for your business or organization with little or no money [M]. Florida: Atlantic Publishing Company, 2008.

[158] Tuten T L, Solomon M. Social media marketing [M]. Sage, 2017.

[159] Ahmad I. The influencer marketing revolution [EB/OL]. (2018 - 02 - 16) [2021 - 7 - 27]. https: //www. social mediatoday. com/news/the - influencer - marketing - revolution - infographic/517146/.

[160] Childers C C, Lemon L L, Hoy M G. #Sponsored#Ad: Agency perspective on influencer marketing campaigns [J]. Journal of Current Issues & Research in Advertising, 2019, 40 (3): 258 - 274.

[161] Martínez - López F J, Anaya - Sánchez R, Giordano M F, et al. Behind influencer marketing: key marketing decisions and their effects on followers' responses [J]. Journal of Marketing Management, 2020, 36 (7 - 8): 579 - 607.

[162] Ermiş C. Social influencers in the digital environment: The effect of social media influencer's gender and age on credibility and purchase intention [D]. University of Twente, 2021.

[163] Bristol T. Persuading senior adults: The influence of endorser age on brand attitudes [J]. Journal of Current Issues & Research in Advertising, 1996, 18 (2): 59 - 67.

[164] Milliman R E, Erffmeyer R C. Improving advertising aimed at seniors [J]. Journal of Advertising Research, 1989, 29 (6): 31 - 36.

[165] Stubb C. Story versus info: Tracking blog readers' online viewing time of sponsored blog posts based on content - specific elements [J]. Comput-

ers in Human Behavior, 2018, 82: 54-62.

[166] Djafarova E, Rushworth C. Exploring the credibility of online celebrities' Instagram profiles in influencing the purchase decisions of young female users [J]. Computers in Human Behavior, 2017, 68: 1-7.

[167] Trivedi J, Sama R. The effect of influencer marketing on consumers' brand admiration and online purchase intentions: An emerging market perspective [J]. Journal of Internet Commerce, 2020, 19 (1): 103-124.

[168] Gräve J. What KPIs are key? Evaluating performance metrics for social media influencers [J]. Social Media + Society, 2019, 5 (3): 667407741.

[169] Boerman S C. The effects of the standardized Instagram disclosure for micro - and meso - influencers [J]. Computers in Human Behavior, 2020, 103: 199-207.

[170] Kay S, Mulcahy R, Parkinson J. When less is more: The impact of macro and micro social media influencers' disclosure [J]. Journal of Marketing Management, 2020, 36 (3-4): 248-278.

[171] De Veirman M, Hudders L. Disclosing sponsored Instagram posts: the role of material connection with the brand and message - sidedness when disclosing covert advertising [J]. International Journal of Advertising, 2020, 39 (1).

[172] Lu L, Chang W, Chang H. Consumer attitudes toward blogger's sponsored recommendations and purchase intention: The effect of sponsorship type, product type, and brand awareness [J]. Computers in Human Behavior, 2014, 34: 258-266.

[173] Ki C C, Kim Y. The mechanism by which social media influencers persuade consumers: The role of consumers' desire to mimic [J]. Psychology & Marketing, 2019, 36 (10): 905-922.

[174] Stubb C, Colliander J. "This is not sponsored content" - The effects of impartiality disclosure and e - commerce landing pages on consumer re-

sponses to social media influencer posts [J]. Computers in Human Behavior, 2019, 98: 210 – 222.

[175] Dhanesh G S, Duthler G. Relationship management through social media influencers: Effects of followers' awareness of paid endorsement [J]. Public Relations Review, 2019, 45 (3): 101765.

[176] William O B, Michael J E. Reference group influence on product and brand purchase decisions [J]. Journal of Consumer Research, 1982, 9 (2): 183 – 194.

[177] Ki C C, Cuevas L M, Chong S M, et al. Influencer marketing: Social media influencers as human brands attaching to followers and yielding positive marketing results by fulfilling needs [J]. Journal of Retailing and Consumer Services, 2020, 55: 102131 – 102133.

[178] Enke N, Borchers N S. Social media influencers in strategic communication: A conceptual framework for strategic social media Influencer communication [J]. International Journal of Strategic Communication, 2019, 13 (4): 261 – 277.

[179] Reinikainen H, Munnukka J, Maity D, et al. 'You really are a great big sister' – parasocial relationships, credibility, and the moderating role of audience comments in influencer marketing [J]. Journal of Marketing Management, 2020, 36 (3 – 4): 279 – 298.

[180] Hu L, Min Q, Han S, et al. Understanding followers' stickiness to digital influencers: The effect of psychological responses [J]. International Journal of Information Management, 2020, 54: 102161 – 102169.

[181] García – Rapp F. Popularity markers on YouTube's attention economy: The case of Bubzbeauty [J]. Celebrity Studies, 2017, 8 (2): 228 – 245.

[182] Jerslev A. Media times in the time of the microcelebrity: Celebrification and the YouTuber Zoella [J]. International Journal of Communication, 2016, 10: 19.

[183] Grant M. Who is the celebrity endorser? Cultural foundations of the endorsement process [J]. Journal of Consumer Research, 1989, 16 (3): 310 - 321.

[184] Dipayan B, Abhijit B, Neel D. The differential effects of celebrity and expert endorsements on consumer risk perceptions. The role of consumer knowledge, perceived congruency, and product technology orientation [J]. Journal of Advertising, 2006, 35 (2): 17 - 31.

[185] Kim D Y, Kim H. Influencer advertising on social media: The multiple inference model on influencer - product congruence and sponsorship disclosure [J]. Journal of Business Research, 2021, 130: 405 - 415.

[186] De Jans S, Cauberghe V, Hudders L. How an advertising disclosure alerts young adolescents to sponsored vlogs: The moderating role of a peer - based advertising literacy intervention through an informational vlog [J]. Journal of Advertising, 2018, 47 (4): 309 - 325.

[187] Brehm J W. Psychological reactance: Theory and applications [J]. ACR North American Advances, 1989, 16: 72 - 75.

[188] Van Dam S, Van Reijmersdal E. Insights in adolescents' advertising literacy, perceptions and responses regarding sponsored influencer videos and disclosures [J]. Cyberpsychology: Journal of Psychosocial Research on Cyberspace, 2019, 13 (2): 1 - 19.

[189] Grigsby J L. Fake ads: The influence of counterfeit native ads on brands and consumers [J]. Journal of Promotion Management, 2020, 26 (4): 569 - 592.

[190] Munnukka J, Maity D, Reinikainen H, et al. "Thanks for watching". The effectiveness of YouTube vlogendorsements [J]. Computers in Human Behavior, 2019, 93: 226 - 234.

[191] Kim M, Kim J. How does a celebrity make fans happy? Interaction between celebrities and fans in the social media context [J]. Computers in Human Behavior, 2020, 111: 106411 - 106419.

[192] Jin S V, Ryu E. "I'll buy what she's#wearing": The roles of envy toward and parasocial interaction with influencers in Instagram celebrity - based brand endorsement and social commerce [J]. Journal of Retailing and Consumer Services, 2020, 55: 102121.

[193] Hill S R, Troshani I, Chandrasekar D. Signalling effects of vlogger popularity on online consumers [J]. Journal of Computer Information Systems, 2020, 60 (1): 76 - 84.

[194] Breves P L, Liebers N, Abt M, et al. The perceived fit between instagram influencers and the endorsed brand: How influencer - brand fit affects source credibility and persuasive effectiveness [J]. Journal of Advertising Research, 2019, 59 (4): 440 - 454.

[195] Hughes C, Swaminathan V, Brooks G. Driving brand engagement through online social influencers: An empirical investigation of sponsored blogging campaigns [J]. Journal of Marketing, 2019, 83 (5): 78 - 96.

[196] Sokolova K, Kefi H. Instagram and YouTube bloggers promote it, why should I buy? How credibility and parasocial interaction influence purchase intentions [J]. Journal of Retailing and Consumer Services, 2020, 53 (1): 101741 - 101742.

[197] Roggeveen A L, Grewal D, Townsend C, et al. The impact of dynamic presentation format on consumer preferences for hedonic products and services [J]. Journal of Marketing, 2015, 79 (6): 34 - 49.

[198] 胡倩，林家宝，李蕾，等．社会化商务特性和社会支持对水果消费者购买意愿的影响 [J]. 管理学报，2017，14 (07): 1095 - 1104.

[199] Ball - Rokeach S, DeFleur M. A dependency model of mass - media effects [J]. Communication Research, 1976, 3 (1): 3 - 21.

[200] Ball - Rokeach S J. The origins of individual media - system dependency: A sociological framework [J]. Communication research, 1985, 12 (4): 485 - 510.

[201] William E L, Sandra J B. Dependency relations and newspaper readership

[J]. Journalism & Mass Communication Quarterly, 1993, 70 (3): 602 - 614.

[202] Sandra J B. A theory of media power and a theory of media use: Different stories, questions, and ways of thinking [J]. Mass Communication and Society, 1998, 1 (1 - 2): 5 - 40.

[203] Patwardhan P, Yang J. Internet dependency relations and online consumer behavior: A media system dependency theory perspective on why people shop, chat, and read news online [J]. Journal of Interactive Advertising, 2003, 3 (2): 57 - 69.

[204] Chiu C, Huang H. Examining the antecedents of user gratification and its effects on individuals' social network services usage: The moderating role of habit [J]. European Journal of Information Systems, 2015, 24 (4): 411 - 430.

[205] THOMAS A M. Social identity and media dependency in the gay community [J]. Communication Research, 2000, 27 (4): 438 - 460.

[206] Ball - Rokeach S J, Rokeach M, Grube J W. The great American values test: Influencing behavior and belief through television [M]. New York: Free Press, 1984.

[207] Grant A E, Guthrie K K, Ball - Rokeach S J. Television shopping: A media system dependency perspective [J]. Communication Research, 1991, 18 (6): 773 - 798.

[208] Loges W E. Canaries in the coal mine: Perceptions of threat and media system dependency relations [J]. Communication Research, 1994, 21 (1): 5 - 23.

[209] Chunli J, Susana M, Guihai H. How social media advertising features influence consumption and sharing intentions: The mediation of customer engagement [J]. Journal of Research in Interactive Marketing, 2021, 16 (1): 137 - 153.

[210] Pauwels L, Hellriegel P. Strategic and tactical uses of Internet design and

infrastructure: The case of YouTube [J]. Journal of Visual Literacy, 2009, 28 (1): 51 -69.

[211] Chuang W, Matthew K O L, Zhongsheng H. A theory of social media dependence: Evidence from microblog users [J]. Decision Support Systems, 2015, 69: 40 -49.

[212] Kırık A, Arslan A, Çetinkaya A, et al. A quantitative research on the level of social media addiction among young people in Turkey [J]. International Journal of Sport Culture and Science, 2015, 3 (3): 108 - 122.

[213] Lee C S, Ma L. News sharing in social media: The effect of gratifications and prior experience [J]. Computers in Human Behavior, 2011, 28 (2): 331 -339.

[214] Roy Sanjit K. Internet uses and gratifications: A survey in the Indian context [J]. Computers in Human Behavior, 2009, 25 (4): 878 -886.

[215] McQuail D, Bumler J G, Brown J R. The television audience: A revised perspective [M] //Sociology of mass communication. London: Longman, 1972: 438 -454.

[216] Lin C A. Modeling the gratification - seeking process of television viewing [J]. Human Communication Research, 1993, 20 (2): 224 -244.

[217] Andrew D S, Nicole B E, Cliff L, et al. Facebook as a toolkit: A uses and gratification approach to unbundling feature use [J]. Computers in Human Behavior, 2011, 27 (6): 2322 -2329.

[218] Jiménez - Castillo D, Sánchez - Fernández R. The role of digital influencers in brand recommendation: Examining their impact on engagement, expected value and purchase intention [J]. International Journal of Information Management, 2019, 49: 366 -376.

[219] Lazarsfeld Paul F. 人民的选择 [M]. 唐茜，译. 北京：中国人民大学出版社，2012.

[220] Uzunoǧlu E, Misci Kip S. Brand communication through digital influenc-

ers: Leveraging blogger engagement [J]. International Journal of Information Management, 2014, 34 (5): 592 - 602.

[221] Del Águila - Obra A R, Padilla - Meléndez A, Serarols - Tarres C. Value creation and new intermediaries on Internet. An exploratory analysis of the online news industry and the web content aggregators [J]. International Journal of Information Management, 2007, 27 (3): 187 - 199.

[222] Al A E. I love this tourist attraction and feel good. Will I be back? Proceedings of EMAC [C], Groningen, 2017.

[223] Ho, Liao, Rosenthal. Applying the theory of planned behavior and media dependency theory: Predictors of public pro - environmental behavioral intentions in Singapore [J]. Environmental Communication, 2015, 9 (1): 77 - 99.

[224] Nirmalya B. The role of self - esteem, negative affect and normative influence in impulse buying [J]. Marketing Intelligence & Planning, 2016, 34 (4): 523 - 539.

[225] Kim - Vick J, Ma Y, Park J. Are US consumers ready to adopt mobile technology for fashion goods? [J]. Journal of Fashion Marketing and Management, 2009, 13: 215 - 230.

[226] 袁登华，高丽丹. 社交媒体中的准社会互动与营销效能研究 [J]. 外国经济与管理，2020，42 (7): 21 - 35.

[227] 刘祖云，范虹珏. 中国城镇化：基于社会互动的理论考察 [J]. 学海，2014 (6): 16 - 22.

[228] Horton D, Richard Wohl R. Mass communication and para - social interaction [J]. Psychiatry, 1956, 19 (3): 215 - 229.

[229] Rubin A M, Perse E M, Powell R A. Loneliness, parasocial interaction, and local television news viewing [J]. Human Communication Research, 1985, 12 (2): 155 - 180.

[230] Giles D C. Parasocial interaction: A review of the literature and a model for future research [J]. Media Psychology, 2002, 4 (3): 279 - 305.

[231] Schramm H, Hartmann T. The PSI – Process Scales. A new measure to assess the intensity and breadth of parasocial processes [J]. Communications, 2008, 33 (4): 385 – 401.

[232] Perse E M, Rubin R B. Attribution in social and parasocial relationships [J]. Communication Research, 1989, 16 (1): 59 – 77.

[233] Yuksel M, Labrecque L I. "Digital buddies": Parasocial interactions in social media [J]. Journal of Research in Interactive Marketing, 2016, 10 (4): 305 – 320.

[234] Hartmann T. Parasocial interaction, parasocial relationships, and well – Being [M] //Reinecke L, Oliver M B. The Routledge Handbook of Media Use and Well – Being. New York: Routledge, 2016.

[235] Jayson L D, Tilo H, Sarah F R. Parasocial interaction and parasocial relationship: Conceptual clarification and a critical assessment of measures [J]. Human Communication Research, 2016, 42 (1): 21 – 44.

[236] Schmid H, Klimmt C. A magically nice guy: Parasocial relationships with Harry Potter across different cultures [J]. International Communication Gazette, 2011, 73 (3): 252 – 269.

[237] Stever G S, Lawson K. Twitter as a way for celebrities to communicate with fans: Implications for the study of parasocial interaction [J]. North American Journal of Psychology, 2013, 15 (2): 339 – 354.

[238] 费鸿萍，周成臣．主播类型与品牌态度及购买意愿——基于网络直播购物场景的实验研究 [J]．河南师范大学学报（哲学社会科学版），2021，48 (3)：80 – 89.

[239] Jiyoung C. YouTube makeup tutorials reinforce postfeminist beliefs through social comparison [J]. Media Psychology, 2019, 24 (2): 167 – 189.

[240] Kelman H C. Compliance, identification, and internalization three processes of attitude change [J]. Journal of Conflict Resolution, 1958, 2 (1): 51 – 60.

[241] Kujur F, Singh S. Engaging customers through online participation in so-

cial networking sites [J]. Asia Pacific Management Review, 2017, 22 (1): 16 - 24.
[242] Maslow A H. A theory of human motivation [J]. Psychological Review, 1943, 50 (4): 370 - 396.
[243] Rabbie J M, Horwitz M. The arousal of ingroup - outgroup bias by a chance win or loss [J]. Journal of Personality and Social Psychology, 1969, 13 (3): 269 - 277.
[244] Tajfel H. Experiments in intergroup discrimination [J]. Scientific American, 1970, 223 (5): 96 - 103.
[245] Tajfel H, Billig M, Bundy R, et al. Social categorization and inter - group behavior [J]. European Journal of Social Psychology, 1971, 1 (2): 149 - 178.
[246] Otten S, Mummendey A. To our benefit or at your expense? Justice considerations in intergroup allocations ofpositive and negative resources [J]. Social Justice Research, 1999, 12 (1): 19 - 38.
[247] 张莹瑞，佐斌．社会认同理论及其发展 [J]. 心理科学进展，2006 (3): 475 - 480.
[248] Tajfel H E. Differentiation between social groups: Studies in the social psychology of intergroup relations [M]. London: Academic Press, 1978.
[249] Tajfel H. Social psychology of intergroup relations [J]. Annual Review of Psychology, 1982, 33 (1): 1 - 39.
[250] 闫国疆．问题与反思：近30年中国身份认同研究析评 [J]. 西南民族大学学报（人文社会科学版），2013, 34 (4): 30 - 38.
[251] Hogg M A. Chapter 5 social identity theory [M] //Burke P J. Contemporary social psychological theories; Second Edition. Redwood City: Stanford University Press, 2018: 112 - 138.
[252] Jin S V, Ryu E. Celebrity fashion brand endorsement in Facebook viral marketing and social commerce: Interactive effects of social identifica-

tion, materialism, fashion involvement, and opinion leadership [J]. Journal of Fashion Marketing and Management: An International Journal, 2019, 23 (1): 104-123.

[253] Jin S A, Phua J. Following celebrities' tweets about brands: The impact of Twitter-based electronic word-of-mouth on consumers' source credibility perception, buying intention, and social identification with celebrities [J]. Journal of Advertising, 2014, 43 (2): 181-195.

[254] Jin S V. "Celebrity 2.0 and beyond!" effects of Facebook profile sources on social networking advertising [J]. Computers in Human Behavior, 2018, 79: 154-168.

[255] Wang T. Social identity dimensions and consumer behavior in social media [J]. Asia Pacific Management Review, 2017, 22 (1): 45-51.

[256] Dholakia U M, Bagozzi R P, Pearo L K. A social influence model of consumer participation in network-and small-group-based virtual communities [J]. International Journal of Research in Marketing, 2004, 21 (3): 241-263.

[257] Lee D, Kim H S, Kim J K. The impact of online brand community type on consumer's community engagement behaviors: Consumer-created vs. marketer-created online brand community in online social-networking web sites [J]. Cyberpsychology, Behavior, and Social Networking, 2011, 14 (1-2): 59-63.

[258] Madrigal R. Social identity effects in a belief-attitude-intentions hierarchy: Implications for corporate sponsorship [J]. Psychology & Marketing, 2001, 18 (2): 145-165.

[259] 王春光. 新生代农村流动人口的社会认同与城乡融合的关系 [J]. 社会学研究, 2001 (3): 63-76.

[260] Campo M, Mackie D M, Sanchez X. Emotions in group Sports: A narrative review from a social identity perspective [J]. Frontiers in Psychology, 2019, 10: 1-10.

[261] 周贤润. 新生代农民工的消费认同与主体建构 [J]. 北京社会科学, 2021 (9): 121-128.

[262] Phua J, Jin S V, Kim J J. Gratifications of using Facebook, Twitter, Instagram, or Snapchat to follow brands: The moderating effect of social comparison, trust, tie strength, and network homophily on brand identification, brand engagement, brand commitment, and membership intention [J]. Telematics and Informatics, 2017, 34 (1): 412-424.

[263] Defleur M L, Ball-Rokeach S J. Theories of mass communication [J]. Journal of Aesthetic Education, 1989.

[264] Oeldorf-Hirsch A, Schmierbach M, Appelman A, et al. For the birds: Media sourcing, Twitter, and the minimal effect on audience perceptions [J]. Convergence, 2020, 26 (2): 350-368.

[265] Langaro D, De Fátima Salgueiro M, Rita P, et al. Users' participation in Facebook brand pages and its influence on word-of-mouth: The role of brand knowledge and brand relationship [J]. Journal of Creative Communications, 2019, 14 (3): 177-195.

[266] Wu C H. The impact of customer-to-customer interaction and customer homogeneity on customer satisfaction in tourism service-the service encounter prospective [J]. Tourism Management, 2007, 28 (6): 1518-1528.

[267] Racherla P, Friske W. Perceived "Usefulness" of online consumer reviews: An exploratory investigation across three services categories [J]. Electronic Commerce Research and Applications, 2012, 11 (6): 548-559.

[268] Grieco E. More Americans are turning to multiple social media sites for news [EB/OL]. (2017-11-02) [2021-8-18]. https://www.benton.org/headlines/more-americans-are-turning-multiple-social-media-sites-news.

[269] Nam J, Jung Y. Digital natives' snack content consumption and their

goals: A means – end chain approach [J]. Telematics and Informatics, 2021: 101661 – 101664.

[270] Hollebeek L D, Macky K. Digital content marketing's role in fostering consumer engagement, trust, and value: Framework, fundamental propositions, and implications [J]. Journal of Interactive Marketing, 2019, 45: 27 – 41.

[271] Joinson A N. Looking at, looking up or keeping up with people? Motives and use of Facebook: Proceedings of the SIGCHI Conference on Human Factors in Computing Systems [C]. Florence, Italy, 2008. Association for Computing Machinery.

[272] Hsu M, Chang C, Lin H, et al. Determinants of continued use of social media: The perspectives of uses and gratifications theory and perceived interactivity [J]. Information Technology Newsweekly, 2015, 20 (2): 1 – 14.

[273] Patricia G L. Publicly private and privately public: social networking on YouTube [J]. Journal of Computer – Mediated Communication, 2008, 13 (1): 361 – 380.

[274] Mark D R, Shahrokh N, Harry B. Domestication of smartphones and mobile applications: A quantitative mixed – method study [J]. Mobile Media & Communication, 2016, 4 (3): 347 – 370.

[275] Schäfer S, Sülflow M, Müller P. The special taste of snack news: An application of niche theory to understand the appeal of Facebook as a news source [J]. First Monday, 2017, 22 (4): 1 – 40.

[276] Omar B, Dequan W. Watch, share or create: The influence of personality traits and user motivation on TikTok mobile video [J]. Editor & Publisher, 2020, 14 (4): 121 – 137.

[277] Robert L, Matthew S E. A social cognitive theory of internet uses and gratifications: Toward a new model of media attendance [J]. Journal of Broadcasting & Electronic Media, 2004, 48 (3): 358 – 377.

[278] Rubin A M, Step M M. Impact of motivation, attraction, and parasocial interaction on talk radio listening [J]. Journal of Broadcasting & Electronic Media, 2000, 44 (4): 635 -654.

[279] Poon D C H, Leung L. Effects of narcissism, leisure boredom, and gratifications sought on user - generated content among net - generation users [M] //Evolving psychological and educational perspectives on cyber behavior. IGI Global, 2013: 49 -63.

[280] Rubin A M. Media uses and effects: A uses - and - gratifications perspective [M] //Bryant, Zillmann D. Media effects: Advances in theory and research. Hillsdale, NJ: Lawrence Erlbaum Associates, 1994: 417 - 436.

[281] Elsweiler D, Wilson M L, Lunn B K. Understanding casual - leisure information behaviour [M] //New directions in information behaviour. Emerald Group Publishing Limited, 2011.

[282] Calder B J, Malthouse E C, Schaedel U. An experimental study of the relationship between online engagement and advertising effectiveness [J]. Journal of Interactive Marketing, 2009, 23 (4): 321 -331.

[283] Louis L. User - generated content on the internet: An examination of gratifications, civic engagement and psychological empowerment [J]. New Media & Society, 2009, 11 (8): 1327 -1347.

[284] Best M, Neuhauser D. Joseph Juran: Overcoming resistance to organisational change [J]. BMJ Quality & Safety, 2006, 15 (5): 380 -382.

[285] MEJ N. Power laws, Pareto distributions and Zipf's law [J]. Contemporary Physics, 2005, 46 (5): 323 -351.

[286] Eastin M S, LaRose R. Internet self - efficacy and the psychology of the digital divide [J]. Journal of Computer - Mediated Communication, 2000, 6 (1).

[287] Bronner F, Neijens P. Audience experiences of media context and embedded advertising: A comparison of eight media [J]. International Journal

of Market Research, 2006, 48 (1): 81 - 100.

[288] Gummerus J, Liljander V, Weman E, et al. Customer engagement in a Facebook brand community [J]. Management Research Review, 2012, 35 (9): 857 - 877.

[289] Vivek S D, Beatty S E, Morgan R M. Customer engagement: Exploring customer relationships beyond purchase [J]. Journal of Marketing Theory and Practice, 2012, 20 (2): 122 - 146.

[290] Heinonen K. Consumer activity in social media: Managerial approaches to consumers' social media behavior [J]. Journal of Consumer Behaviour, 2011, 10 (6): 356 - 364.

[291] Hill R J, Fishbein M, Ajzen I. Belief, attitude, intention and behavior: An introduction to theory and research [J]. Contemporary Sociology, 1977, 6 (2): 177 - 189.

[292] Hsu M. The management of sports tourism: A causal modeling test of the theory of planned behaviour [J]. International Journal of Management, 2013, 30 (2): 474 - 491.

[293] Bendapudi N, Leone R P. Psychological implications of customer participation in Co - production [J]. Journal of Marketing, 2003, 67 (1): 14 - 28.

[294] Chan K W, Yim C K B, Lam S S K. Is customer participation in value creation a double - edged sword? Evidence from professional financial services across cultures [J]. Journal of Marketing, 2010, 74 (3): 48 - 64.

[295] 令狐克睿. 社会化媒体情境下顾客契合对价值共创的影响研究 [D]. 华南理工大学, 2019.

[296] 陈晓萍, 徐淑英, 樊景立. 组织与管理研究的实证方法 [M]. 北京: 北京大学出版社, 2012.

[297] Spears N, Singh S N. Measuring attitude toward the brand and purchase intentions [J]. Journal of Current Issues & Research in Advertising,

2004, 26 (2): 53 - 66.

[298] Alok G, Bo - chiuan S, Zhiping W. An empirical study of consumer switching from traditional to electronic channels: A purchase - decision process perspective [J]. International Journal of Electronic Commerce, 2004, 8 (3): 131 - 161.

[299] Dillman D A, Smyth J D, Christian L M. Internet, phone, mail, and mixed - mode surveys [M]. New York: 2014.

[300] Rummel R J. Applied factor analysis [M]. Evanston: North - Western University Press, 1970.

[301] Pallant J. SPSS survival manual: A step by step guide to data analysis using IBM SPSS [M]. London: Routledge, 2020.

[302] 周志民，张宁，李蜜．品牌关系驱动因素研究——以年轻人样本为例 [J]. 管理学报，2009，6 (10)：1384 - 1391.

[303] 薛可，阳长征，余明阳．意见领袖与受众定位对品牌传播的影响——传统媒体与新媒体背景下的对比研究 [J]. 软科学，2015，29 (2)：106 - 111.

[304] Boomsma A. The robustness of maximum likelihood estimation in structural equation models: Structural modeling by example: Applications in educational, sociological, and behavioral research [C], Cambridge University Press, 1987. New York.

[305] Breckler S J, Wiggins E C. Affect versus evaluation in the structure of attitudes [J]. Journal of Experimental Social Psychology, 1989, 25 (3): 253 - 271.

[306] 贾新明，刘亮．结构方程模型与联立方程模型的比较 [J]. 数理统计与管理，2008 (3)：439 - 446.

[307] Ajzen I, Cote N G. Attitudes and the prediction of behavior [J]. Attitudes and Attitude Change, 2008, 13 (1): 289 - 311.

[308] Liang H, Saraf N, Hu Q, et al. Assimilation of enterprise systems: The effect of institutional pressures and the mediating role of top management

[J]. MIS Quarterly, 2007: 59-87.

[309] 吴明隆. 结构方程模型: AMOS 的操作与应用 [M]. 重庆大学出版社, 2009.

[310] Fornell C, Larcker D F. Evaluating structural equation models with unobservable variables and measurement error [J]. Journal of Marketing Research, 1981, 18 (1): 39-50.

[311] Henseler J, Ringle C M, Sarstedt M. A new criterion for assessing discriminant validity in variance-based structural equation modeling [J]. Journal of the Academy of Marketing Science, 2015, 43 (1): 115-135.

[312] Chin W W. How to write up and report PLS analyses [M] //Handbook of partial least squares. Springer, 2010: 655-690.

[313] Suhaiza Z, Mohammad I, Behzad F, et al. Effects of supply chain practices, integration and closed-loop supply chain activities on cost-containment of biodiesel [J]. Review of Managerial Science, 2020, 14 (6): 1299-1319.

[314] Gerlitz C, Helmond A. Hit, link, like and share. Organizing the social and the fabric of the web in a Like economy: DMI mini-conference [C]. 2011.

[315] Ferris A L, Hollenbaugh E E. A uses and gratifications approach to exploring antecedents to Facebook dependency [J]. Journal of Broadcasting & Electronic Media, 2018, 62 (1): 51-70.

[316] Pavlou P A, Liang H, Xue Y. Understanding and mitigating uncertainty in online exchange relationships: A principal-agent perspective [J]. MIS Quarterly, 2007: 105-136.

[317] Yuan S, Lou C. How social media influencers foster relationships with followers: The roles of source credibility and fairness in parasocial relationship and product interest [J]. Journal of Interactive Advertising, 2020, 20 (2): 133-147.

[318] Xiang L, Zheng X, Lee M, et al. Exploring consumers' impulse buying

behavior on social commerce platform: The role of parasocial interaction [J]. International Journal of Information Management, 2016, 36: 333 - 347.

[319] Levy M R. Watching TV news as para - social interaction [J]. Journal of Broadcasting, 1979, 23 (1): 69 - 80.

[320] Tukachinsky R, Stever G. Theorizing development of parasocial engagement [J]. Communication Theory, 2018, 29 (3): 297 - 318.

[321] Keller K L. Conceptualizing, measuring, and managing customer - based brand equity [J]. Journal of Marketing, 1993, 57 (1): 1 - 22.

[322] Ryu S, Park J. The effects of benefit - driven commitment on usage of social media for shopping and positive word - of - mouth [J]. Journal of Retailing and Consumer Services, 2020, 55: 102091 - 102094.

[323] Yan S, Kuan - Ju C, Jhih - Syuan E L. When social media influencers endorse brands: The effects of self - influencer congruence, parasocial identification, and perceived endorser motive [J]. International Journal of Advertising, 2020, 39 (5): 590 - 610.

[324] Sheldon S, Peter J B. The past, present, and future of an identity theory [J]. Social Psychology Quarterly, 2000, 63 (4): 284 - 297.

[325] Albert B. Social cognitive theory of mass communication [J]. Media Psychology, 2001, 3 (3): 265 - 299.

[326] Sommer K, David H S. From digital media influencers to celebrity endorsers: Attributions drive endorser effectiveness [J]. Marketing Letters, 2016, 27 (3): 553 - 567.

[327] Brian D T, Linda I N. Toward effective use of cause - related marketing alliances [J]. Journal of Product & Brand Management, 2000, 9 (7): 472 - 484.

[328] Xiang L, Zheng X, Zhang H, et al. What drives social commerce: The role of parasocial interaction: PACIS2014 [C], 2014. 2014/01/01.

[329] Olbrich R, Holsing C. Modeling consumer purchasing behavior in social

shopping communities with clickstream data [J]. International Journal of Electronic Commerce, 2011, 16 (2): 15 -40.

[330] Bond B J. Following your "friend": Social media and the strength of adolescents' parasocial relationships with media personae [J]. Cyberpsychology, Behavior, and Social Networking, 2016, 19 (11): 656 - 660.

[331] Krotz F. Parasoziale Interaktion und Identität im elektronisch mediatisierten Kommunikationsraum [M] //Vorderer P. Fernsehen als "Beziehungskiste": Parasoziale Beziehungen und Interaktionen mit TV - Personen. Wiesbaden: VS Verlag für Sozialwissenschaften, 1996: 73 -90.

[332] Altman I, Taylor D. Social penetration: The development of interpersonal relationships [M]. New York: NY: Holt, Rinehart, and Winston, 1973.

[333] Klimmt C, Hartmann T, Schramm H. Parasocial interactions and relationships [M] //Bryant J, Vorderer P. Psychology of entertainment. Mahwah: NJ: lawrence Erlbaum, 2006: 291 -313.

[334] Ballantine P W, Martin B A S. Forming parasocial relationships in online communities [J]. Advances in Consumer Research, 2005, 32: 197 -201.

[335] Kim H, Ko E, Kim J. SNS users' para - social relationships with celebrities: Social media effects on purchase intentions [J]. Journal of Global Scholars of Marketing Science, 2015, 25 (3): 279 -294.

[336] Herbert C K. Processes of opinion change [J]. The Public Opinion Quarterly, 1961, 25 (1): 57 -78.

[337] Fraser B P, Brown W J. Media, celebrities, and social influence: Identification with Elvis Presley [J]. Mass Communication and Society, 2002, 5 (2): 183 -206.

[338] Burke K. A rhetoric of motives [M]. Univ of California Press, 1969.

[339] Dalal A. Examining the effects of parasocial interaction and identification with social media influencers on collaborating brands [D]., 2019.

[340] Jonathan C. Defining identification: A theoretical look at the identification of audiences with media characters [J]. Mass Communication and Society, 2001, 4 (3): 245 - 264.

[341] William J B, Michael D B, Mihai C B. Social influence of an international celebrity: Responses to the death of princess diana [J]. Journal of Communication, 2003, 53 (4): 587 - 605.

[342] Delia J G, O'Keefe B J. The constructivist approach to communication [M] //Human communication theory: Comparative essays. Harper and Row, 1982: 147 - 191.

[343] Homans G C. Social behavior: Its elementary forms [M]. New York: Harcourt, 1974.

[344] Fowles J. Advertising and popular culture [M]. Sage, 1996.

[345] Moyer - Gusé E, Chung A H, Jain P. Identification with characters and discussion of taboo topics after exposure to an entertainment narrative about sexual health [J]. Journal of Communication, 2011, 61 (3): 387 - 406.

[346] Chen K, Lin J, Shan Y. Influencer marketing in China: The roles of parasocial identification, consumer engagement, and inferences of manipulative intent [J]. Journal of Consumer Behaviour, 2021, 20 (6): 1436 - 1448.

[347] Tukachinsky R, Walter N, Saucier C J. Antecedents and effects of parasocial relationships: A meta - analysis [J]. Journal of Communication, 2020, 70 (6): 868 - 894.

[348] Berger J. Research shows micro - influencers have more impact than average consumers [EB/OL]. (2016 - 01 - 01) [2021 - 7 - 28]. http: //go2. experticity. com/rs/288 - azs - 731/images/experticitykellerfaysurveysum mary_. pdf.

[349] Tukachinsky R, Sangalang A. The effect of relational and interactive aspects of parasocial experiences on attitudes and message resistance [J].

Communication Reports, 2016, 29 (3): 175 - 188.

[350] Daniel K, Jack L K, Richard H T. Fairness and the assumptions of economics [J]. Journal of Business, 1986, 59 (4): 345 - 354.

[351] Katherine J S. Trust transfer on the World Wide Web [J]. Organization Science, 2003, 14 (1): 5 - 17.

[352] Kuan - Yu L, Hsi - Peng L. Why people use social networking sites: An empirical study integrating network externalities and motivation theory [J]. Computers in Human Behavior, 2011, 27 (3): 1152 - 1161.

[353] Hsu C, Lin J C. Acceptance of blog usage: The roles of technology acceptance, social influence and knowledge sharing motivation [J]. Information & Management, 2008, 45 (1): 65 - 74.

[354] Mahajan J. The overconfidence effect in marketing management predictions [J]. Journal of Marketing Research, 1992, 29 (3): 329 - 342.

[355] Kevin G, Scott R S. A model of fan identification: Antecedents and sponsorship outcomes [J]. Journal of Services Marketing, 2003, 17 (3): 275 - 294.

[356] Glen E K, Blake E A. Evidence toward an expanded model of organizational identification [J]. Journal of Organizational Behavior, 2004, 25 (1).

[357] Preacher K J, Hayes A F. Asymptotic and resampling strategies for assessing and comparing indirect effects in multiple mediator models [J]. Behavior Research Methods, 2008, 40 (3): 879 - 891.

[358] Hartmann T, Schramm H, Klimmt C. Personenorientierte Medienrezeption: Ein Zwei - Ebenen - Modell parasozialer Interaktionen [J]. Publizistik, 2004, 49 (1): 25 - 47.

[359] Hartmann T. Parasocial interaction and paracommunication with new media characters [M] //Konijn E A, Tanis S U M, Barnes S B. Mediated interpersonal communication. New York, NY, and London England: Routledge, 2008: 177 - 199.

[360] Baldwin M W. Relational schemas and the processing of social information

[J]. Psychological Bulletin, 1992, 112 (3): 461 -484.

[361] Kermack W O, McKendrick A G. A contribution to the mathematical theory of epidemics [J]. Proceedings of the royal society of london. Series A, Containing papers of a mathematical and physical character, 1927, 115 (772): 700 -721.

[362] 张靖，陈明亮. 在线消费者行为研究中神经科学方法的应用——以在线消费者行为模式为框架的综述 [J]. 外国经济与管理，2022, 44 (2): 84 -101.

[363] Maslowska E, Malthouse E C, Collinger T. The customer engagement ecosystem [J]. Journal of Marketing Management, 2016, 32 (5 -6): 469 -501.

[364] 林泽瑞. 基于 SICAS 模型的出版文化品牌营销策略研究 [J]. 科技与出版，2022 (9): 107 -113.

[365] 李欣颖. 移动短视频用户信息行为影响因素及动态演化研究 [D]. 吉林大学，2021.

[366] 中国广视索福瑞媒介研究. 2021 年短视频用户价值研究报告 [R]. 2021.

[367] 中国广视索福瑞媒介研究. 短视频用户价值研究报告 2019H1 [R]. 2019.

[368] 温凤鸣，解学芳. 短视频推荐算法的运行逻辑与伦理隐忧——基于行动者网络理论视角 [J]. 西南民族大学学报（人文社会科学版），2022, 43 (2): 160 -169.

[369] 王晰巍，赵丹，魏骏巍，等. 移动环境下网络舆情信息传播模式及实证研究——以埃博拉话题为例 [J]. 情报学报，2015, 34 (7): 683 -692.

[370] 中国互联网络发展状况统计报告. 第 50 次《中国互联网络发展状况统计报告》[R]. 2022.

[371] 快手大数据研究院. 2021 年第三季度业绩 [R]. 2021.

[372] Ngai E, Xiu L, Chau D. Application of data mining techniques in cus-

tomer relationship management: A literature review and classification [J]. Expert Systems with Applications, 2009, 36 (2): 2592 -2602.

[373] Huges A M. Strategic database marketing: The master plan for starting and managing a profitable, customer - based marketing program [M]. New York: McGraw - Hill, 1994.

[374] Pauler G, Dick A. Maximizing profit of a food retailing chain by targeting and promoting valuable customers using loyalty card and scanner data [J]. European Journal of Operational Research, 2006, 174 (2): 1260 -1280.

[375] 郭宇，孙振兴，刘文晴，等．基于数据驱动的移动图书馆 UGC 用户画像研究 [J]. 情报理论与实践，2022，45（1）：30 -37.

[376] Hwang S, Lee Y. Identifying customer priority for new products in target marketing: Using RFM model and TextRank [J]. Innovative Marketing, 2021, 17 (2): 125 -136.

[377] 邢绍艳，朱学芳．付费知识直播用户流失预测实证研究 [J]. 信息资源管理学报，2022，12（4）：121 -130.

[378] Birant D. Data mining using RFM analysis [M] //Knowledge - oriented applications in data mining. IntechOpen, 2011.

[379] Khajvand M, Tarokh M J. Estimating customer future value of different customer segments based on adapted RFM model in retail banking context [J]. Procedia Computer Science, 2011, 3: 1327 -1332.

[380] Stone B. Successful direct marketing methods [M]. New York: MCGraw - Hill Company, 1995.

[381] Zaheri F, Farughi H, Soltanpanah H, et al. Using multiple criteria decision making models for ranking customers of bank network based on loyalty properties in weighted RFM model [J]. Management Science Letters, 2002, 2 (2): 697 -704.

[382] 赵正，黄倩倩，童楠楠．基于 K - Means 聚类的新冠肺炎疫情期间惠企政策偏离度研究 [J]. 数据分析与知识发现，2021，5（12）：148 - 157.

[383] Knoll J, Proksch R. Why we watch others' responses to online advertising – investigating users' motivations for viewing user – generated content in the context of online advertising [J]. Journal of Marketing Communications, 2017, 23 (4): 400 – 412.

[384] Narangajavana Kaosiri Y, Callarisa Fiol L J, Moliner Tena M A, et al. User – generated content sources in social media: A new approach to explore tourist satisfaction [J]. Journal of Travel Research, 2019, 58 (2): 253 – 265.

[385] Locke E A, Latham G P. Building a practically useful theory of goal setting and task motivation: A 35 – year odyssey [J]. American Psychologist, 2002, 57 (9): 705 – 717.

[386] MacInnis D J, Morwitz V G, Botti S, et al. Creating boundary – breaking, marketing – relevant consumer research [J]. Journal of Marketing, 2020, 84 (2): 1 – 23.

[387] Moorman C, van Heerde H J, Moreau C P, et al. Challenging the boundaries of marketing [Z]. SAGE Publications Sage CA: Los Angeles, CA, 2019: 83, 1 – 4.

[388] Hajli M N. The role of social support on relationship quality and social commerce [J]. Technological Forecasting and Social Change, 2014, 87: 17 – 27.

[389] 张永丽，徐腊梅．互联网使用对西部贫困地区农户家庭生活消费的影响——基于甘肃省1735个农户的调查 [J]. 中国农村经济，2019 (2): 42 – 59.

附录1

研究一调查问卷

日期________ 问卷编号______

尊敬的先生/女士：

您好！这是一份学术性调查问卷，本调查采用匿名方式，对您填写的相关信息将严格保密，所得数据仅用于学术研究，不做其他用途，请放心填写。本问卷中的答案没有对错之分，只需按照您的实际情况和真实想法填写。衷心感谢您的帮助与支持！

一、基本信息，请根据您的实际情况作答。

1. 近一年的时间里，您在本地居住的时间总和是否超过6个月？

□是 □否

2. 您在本地是否拥有土地承包经营权，进行农业生产？

□是 □否

3. 近两个月您使用过社会化商务平台吗？（单选或多选都可）

社会化商务平台包括快手、抖音、西瓜视频、好看视频等

□快手 □抖音 □西瓜视频 □好看视频 □其他______

□没有使用过

二、根据您使用快手、抖音、西瓜视频、好看视频等平台的经历，对下列说法的同意程度打分，分数越高代表越同意（1＝非常不同意；2＝比较不同意；3＝有一点不同意；4＝不确定；5＝有一点同意；6＝比较同意；7＝非常同意），在选项上画"√"即可。

SEU1 使用该平台帮助我更了解自己	1	2	3	4	5	6	7
SEU2 使用该平台帮助我更了解自己的兴趣	1	2	3	4	5	6	7
SEU3 使用该平台帮助我更了解自己的能力	1	2	3	4	5	6	7
SEU4 使用该平台帮助我更了解自己的价值观	1	2	3	4	5	6	7

SOU1 从该平台获得的信息有助于了解周围发生的事情	1	2	3	4	5	6	7
SOU2 从该平台获得的信息有助于了解国家的有关情况	1	2	3	4	5	6	7
SOU3 从该平台获得的信息有助于了解世界大事	1	2	3	4	5	6	7
SOU4 从该平台获得的信息有助于了解重大新闻事件	1	2	3	4	5	6	7

AO1 从该平台获得的信息帮助我处理日常问题	1	2	3	4	5	6	7
AO2 从该平台获得的信息帮助我规划活动	1	2	3	4	5	6	7
AO3 从该平台获得的信息帮助我解决问题	1	2	3	4	5	6	7
AO4 从该平台获得的信息帮助我如何做事	1	2	3	4	5	6	7

IO1 使用该平台可以帮助我找到更好的方式来与他人沟通	1	2	3	4	5	6	7
IO2 使用该平台可以帮助我了解如何在重要或困难的情况下处理问题	1	2	3	4	5	6	7
IO3 使用该平台可以帮助我在开始沟通时找到一些有趣的话题	1	2	3	4	5	6	7

SLP1 使用该平台可以让我放松	1	2	3	4	5	6	7
SLP2 使用该平台可以让我打发时间，特别是无聊的时候	1	2	3	4	5	6	7
SLP3 使用该平台可以自我娱乐	1	2	3	4	5	6	7
SLP4 使用该平台增加了我的乐趣	1	2	3	4	5	6	7

SCP1 该平台让我可以和朋友们做一些事情	1	2	3	4	5	6	7
SCP2 该平台让我和朋友们玩得很开心	1	2	3	4	5	6	7
SCP3 该平台为我和朋友提供了一个休闲空间	1	2	3	4	5	6	7
SCP4 该平台让我可以与朋友讨论更多的话题	1	2	3	4	5	6	7

COB1 我通常在该平台上随意浏览	1	2	3	4	5	6	7
COB2 我通常在该平台上阅读评论	1	2	3	4	5	6	7
COB3 我通常在该平台上观看他人视频	1	2	3	4	5	6	7

PB1 我通常在该平台评论其他用户的内容	1	2	3	4	5	6	7
PB2 我通常在该平台点赞其他用户的内容	1	2	3	4	5	6	7
PB3 我通常在该平台转发其他用户的内容	1	2	3	4	5	6	7
PB4 我通常在该平台下载其他用户的内容	1	2	3	4	5	6	7

CRB1 我经常在该平台上传视频内容	1	2	3	4	5	6	7
CRB2 我经常在该平台发布原创内容	1	2	3	4	5	6	7
CRB3 我经常将最新动态或新鲜事等发布该平台	1	2	3	4	5	6	7

PW1 我对该平台销售的产品或服务很感兴趣	1	2	3	4	5	6	7
PW2 我愿意参与到该平台购买产品或服务	1	2	3	4	5	6	7
PW3 我可能会在该平台购买产品或服务	1	2	3	4	5	6	7

三、根据您在快手、抖音、西瓜视频、好看视频等平台的购买产品的经历，回答下列问题。

1. 近一年时间里您是否在快手、抖音、西瓜视频、好看视频等平台购买过产品或服务？

□是　　□否（选择此选项直接跳转至第四部分作答）

2. 近一年时间里您平均多长时间在该平台购买一次产品或服务？

□15 天左右　　□30 天左右　　□45 天左右　　□60 天左右

□90 天左右　　□180 天左右　　□360 天左右　　□其他______

3. 近一年时间里您平均每次购买的金额大概是多少？__________元

四、个人基本信息，请根据您的实际情况作答。

1. 您的性别：□男　　□女

2. 您的年龄：________岁

3. 您的学历：□小学及以下　　□初中　　□高中及以上

4. 您的家庭年收入大约是________万元

5. 您最初使用该平台距今大概多长时间？

□6 个月及以下　　□6 ~ 12 个月　　□1 ~ 2 年　　□2 ~ 3 年　　□3 年以上

6. 您平均每天使用该平台的时间大概________小时？

7. 您对本问卷所涉及内容的了解程度：

□非常不了解　　□基本不了解　　□一般　　□基本了解　　□非常了解

附录 2

研究二调查问卷

日期_______ 问卷编号______

尊敬的先生/女士：

您好！这是一份学术性调查问卷，本调查采用匿名方式，对您填写的相关信息将严格保密，所得数据仅用于学术研究，不做其他用途，请放心填写。本问卷中的答案没有对错之分，只需按照实际情况和您的真实想法填写。衷心感谢您的帮助与支持！

一、基本信息，请根据您的实际情况作答。

1. 近一年的时间里，您在本地居住的时间总和是否超过 6 个月？

□是　　□否

2. 您在本地是否拥有土地承包经营权，进行农业生产？

□是　　□否

3. 近两个月您使用过社会化商务平台吗？（单选或多选都可）

社会化商务平台包括快手、抖音、西瓜视频、好看视频等

□快手　　□抖音　　□西瓜视频　　□好看视频　　□其他______

□没有使用过

4. 您在平台中是否至少关注了 1 个影响者？

影响者是指在特定领域拥有专业知识，并利用平台定期创建有价值内容，吸引众多用户关注，通过把广告整合到创建的内容中实现获利的第三方，既可以是传统名人也可以是普通用户。

□是，关注了，账户名称是______　　□否，没有关注

二、根据您使用快手、抖音、西瓜视频、好看视频等平台的经历，对下列说法的同意程度打分，分数越高代表越同意（1 = 非常不同意；2 = 比较不同意；3 = 有一点不同意；4 = 不确定；5 = 有一点同意；6 = 比较同意；7 = 非常同意），在选项上画“√”即可。

COB1 我通常在该平台上随意浏览	1	2	3	4	5	6	7
COB2 我通常在该平台上阅读评论	1	2	3	4	5	6	7
COB3 我通常在该平台上观看他人视频	1	2	3	4	5	6	7

PB1 我通常在该平台评论其他用户的内容	1	2	3	4	5	6	7
PB2 我通常在该平台点赞其他用户的内容	1	2	3	4	5	6	7
PB3 我通常在该平台转发其他用户的内容	1	2	3	4	5	6	7
PB4 我通常在该平台下载其他用户的内容	1	2	3	4	5	6	7

CRB1 我经常在该平台上传视频内容	1	2	3	4	5	6	7
CRB2 我经常在该平台发布原创内容	1	2	3	4	5	6	7
CRB3 我经常将最新动态或新鲜事等发布该平台	1	2	3	4	5	6	7

PSR1 观看影响者的视频，让我感觉很舒服，像和朋友在一起	1	2	3	4	5	6	7
PSR2 我认为影响者是一个脚踏实地的人	1	2	3	4	5	6	7
PSR3 影响者似乎了解我想知道的各种事情	1	2	3	4	5	6	7
PSR4 当影响者没有按时发布视频时，我想要看到他/她	1	2	3	4	5	6	7
PSR5 我希望能见到影响者本人	1	2	3	4	5	6	7
PSR6 如果影响者发生什么事，我会感到悲伤	1	2	3	4	5	6	7
PSR7 影响者是我愿意与之交往的人	1	2	3	4	5	6	7

SI1 当有人批评这位影响者时，感觉像是一种侮辱	1	2	3	4	5	6	7
SI2 我非常想知道其他人对这位影响者的看法	1	2	3	4	5	6	7
SI3 当我谈论这位影响者时，我通常会说我们而不是他/她	1	2	3	4	5	6	7
SI4 有人称赞这位影响者时，感觉像是对他/她个人的一种补充	1	2	3	4	5	6	7
SI5 如果媒体报道批评影响者时，我会感到尴尬	1	2	3	4	5	6	7

PW1 我对该平台销售的产品或服务很感兴趣	1	2	3	4	5	6	7
PW2 我愿意参与到该平台购买产品或服务	1	2	3	4	5	6	7
PW3 我可能会在该平台购买产品或服务	1	2	3	4	5	6	7

PPF1 和其他渠道的价格相比，该影响者销售产品或服务的价格是公平的	1	2	3	4	5	6	7
PPF2 和其他渠道的价格相比，该影响者销售产品或服务的价格是合理的	1	2	3	4	5	6	7
PPF3 和其他渠道的价格相比，该影响者销售产品或服务的价格是可接受的	1	2	3	4	5	6	7

TIM1 作为一个在线消费市场，该平台在任何时候都可以信任	1	2	3	4	5	6	7
TIM2 作为一个在线消费市场，该平台具有很高的信誉度	1	2	3	4	5	6	7
TIM3 作为一个在线消费市场，该平台是有竞争力的	1	2	3	4	5	6	7

PU1 平台中的影响者可以提高我的购物表现	1	2	3	4	5	6	7
PU2 平台中的影响者可以提高我的购物效率	1	2	3	4	5	6	7
PU3 平台中的影响者可以提高我的购物效果	1	2	3	4	5	6	7

PE1 我和影响者的互动令我很享受	1	2	3	4	5	6	7
PE2 我和影响者的互动令我很兴奋	1	2	3	4	5	6	7
PE3 我和影响者的互动令我很愉快	1	2	3	4	5	6	7

CP1 我会根据以往的经验来购买产品或服务	1	2	3	4	5	6	7
CP2 我非常关注其他用户对产品或服务的评价	1	2	3	4	5	6	7
CP3 在购买产品或服务之前，我希望可以获得具体体验	1	2	3	4	5	6	7

三、根据您在快手、抖音、西瓜视频、好看视频等平台的购买产品的经历，回答下列问题。

1. 近一年时间里您是否在快手、抖音、西瓜视频、好看视频等平台购买过产品或服务？

□是　　□否（选择此选项直接跳转至第四部分作答）

2. 近一年时间里您平均多长时间在该平台购买一次产品或服务？

□15 天左右　　□30 天左右　　□45 天左右　　□60 天左右

□90 天左右　　□180 天左右　　□360 天左右　　□其他______

3. 近一年时间里您平均每次购买的金额大概是多少？__________元

四、个人基本信息，请根据您的实际情况作答。

1. 您的性别：□男　　□女

2. 您的年龄：________岁

3. 您的学历：□小学及以下　　□初中　　□高中及以上

4. 您的家庭年收入大约是________万元

5. 您最初使用该平台距今大概多长时间？

□6 个月及以下　　□6 ~ 12 个月　　□1 ~ 2 年　　□2 ~ 3 年

□3 年以上

6. 您平均每天使用该平台的时间大概________小时？

7. 您对本问卷所涉及内容的了解程度：

□非常不了解　　□基本不了解　　□一般　　□基本了解

□非常了解